海上救捞的海洋环境效应

Marine Environmental Effect on Rescue and Salvage

刘汉明　曾广会　顾泽月　著

海洋出版社

2017年·北京

内容提要

本书概述了与海上救捞相关的海洋环境主要要素，简要分析了海洋环境对海上救捞的影响；论述了海洋环境对失事难船、落水人员、潜艇失事浮标、沉船等救捞对象作用效应的分析方法；对潜水员下潜、水下移动和水下定点作业的抗流能力进行了分析；介绍了救捞船、吊船等救捞平台通过布设定位锚、水鼓和使用动力定位时的海洋环境效应分析方法；分别对无人遥控潜水器吊放运动及安全性、深潜救生艇吊放运动及安全性、救生钟对接援潜能力、难船拖航航向稳定性、吊船起吊稳定性等分析方法进行了阐述。

本书可作为救捞工程硕士研究生课程教材，以及从事救捞工程技术设计与指挥人员的参考用书。

图书在版编目（CIP）数据

海上救捞的海洋环境效应/刘汉明，曾广会，顾泽月著．—北京：海洋出版社，2017.3
ISBN 978-7-5027-9738-6

Ⅰ.①海… Ⅱ.①刘… ②曾… ③顾… Ⅲ.①海洋环境-影响-海难救助-研究
Ⅳ.①U676.8

中国版本图书馆 CIP 数据核字（2017）第 050684 号

责任编辑：白　燕　程净净
责任印制：赵麟苏
海洋出版社　出版发行
http：//www.oceanpress.com.cn
北京市海淀区大慧寺路 8 号　邮编：100081
北京朝阳印刷厂有限责任公司印刷　新华书店发行所经销
2017 年 3 月第 1 版　2017 年 3 月北京第 1 次印刷
开本：787mm×1092mm　1/16　印张：13.25
字数：320 千字　定价：57.00 元
发行部：62132549　邮购部：68038093　总编室：62114335
海洋版图书印、装错误可随时退换

前　言

海上救捞受到海洋环境的严重影响，这种影响和作用是高度复杂的，对海上救捞的方案设计和指挥决策都提出了很高的要求，若设计和决策发生失误，轻则延误援救时机，造成不必要的损失，重则可能造成海上救捞失败、人员牺牲、装备损失。目前，国内对于海上救捞的海洋环境效应尚缺少比较系统、全面的阐述，因此，本书的编写旨在为从事海上救捞的研究、设计与指挥人员提供参考。

本书重点讨论海洋环境对海上救捞影响的分析方法，介绍最新的研究现状。第一章概述了与海上救捞相关的海洋环境主要要素，简要分析了海洋环境对海上救捞的影响；第二章针对海洋环境主要要素对难船水面漂流运动、落水人员生存能力、潜艇失事浮标漂浮状态、沉船起浮海底土壤吸附力和沉船扳正底质土壤阻力进行了讨论；第三章分析了海洋环境主要要素对潜水员下潜、水下移动和水下定点作业抗流能力的影响；第四章介绍了救捞船多点锚泊定位能力、基于水鼓的救捞船大深度定位能力和救捞船动力定位能力的分析方法；第五章分别阐述了无人遥控潜水器吊放运动及安全性、深潜救生艇吊放运动及安全性、救生钟对接援潜能力、难船拖航航向稳定性和吊船起吊稳性等分析方法。

本书采用了国内外有关海上救捞海洋环境效应的主要研究成果，以期成为该领域科学工作者和工程技术人员的重要参考书籍，在此谨向本书中引用文献的作者表示感谢和致敬。同时，本书也是作者近10年来在海上救捞海洋环境效应领域研究成果的综合体现。需要指出的是，海洋环境对海上救捞的影响是全方位的，本书仅针对其中部分内容进行了分析和介绍，希望有更多同仁开展海上救捞海洋环境效应的研究，有更多的研究成果为海上救捞实践提供理论依据。

由于海上救捞的海洋环境效应涉及知识面既广又深，而作者水平有限，书中不当及至错误之处在所难免，诚请广大读者批评指正。

作　者

于2016年10月8日

目 录

第一章 绪 论

1.1 海洋环境概述

海洋环境包括海洋地理环境、海洋水文环境、海洋气象环境、海洋生物环境、海洋工程化学环境等，本书中研究的海洋环境特指海洋水文环境和海洋气象环境，以下简称海洋环境。

海洋环境具有非常强的复杂性与随机性，各种自然现象与环境因素相互关联、相互影响，共同组成了海洋这个复杂多变的环境系。海洋水文气象要素种类繁多，其中对海上救捞影响较大的因素有海风、波浪、海流、海雾等，本节将对这些要素进行简要的介绍。

1.1.1 海风

空气相对于海水表面的运动叫作海风。海浪和海流主要也是由海风引起的。

1.1.1.1 风的变化特性

通过对风速及风向的长期观测，可以总结出风具有以下几点特性：

(1) 风速与风向会根据具体地形特点以及具体高度的不同而产生变化。地形特点以及地表的粗糙度会对风速的大小造成影响，风作用空间的广性或狭窄度也会对风速以及风向的分布产生影响；

(2) 自然界中风的运动具有一定的阵发性。观测时间不同时，风速与风向的变化规律会有差异；

(3) 在自然环境中，风的大小以及方向并非一直保持不变，而是会随时在某一平均风速或主导风向附近进行随机变化，并且其变化规律十分复杂。

1.1.1.2 风力等级以及风向方位

海风作为矢量，包括风速与风向两个变量参数，在实际测量中也会同时测量风速与风向各自数值与分布情况。

在单位时间里，水平方向上空气的运动距离被定义为风速，常用的单位为 m/s 或者 km/h，在进行海上风速的描述时，也会使用 kn 作为风速单位。通常情况下，可以按照具体风速大小及其所对应海面特征，称为“风力等级”或“风级”。常用的风级划分法为“蒲福风级”（Beaufort Wind Scale）。

风向为风吹来的方向。通常以北向作为起始方向，以 22.5°作为方位间隔，共设定 16 个风向方位。分别为北向（N）、东北偏北向（NNE）、东北向（NE）、东北偏东向（ENE）、东向（E）、东南偏东向（ESE）、东南向（SE）、东南偏南向（SSE）、南向（S）、西南偏南向（SSW）、西南向（SW）、西南偏西向（WSW）、西向（W）、西北偏西向（WNW）、西北向（NW）以及西北偏北向（NNW）。

1.1.2 波浪

1.1.2.1 波浪成因及分类

波浪是海洋环境中非常常见的自然现象。有很多因素可以导致波浪的产生，如海面上风的作用、潮汐作用、海底地震作用以及船舶行驶等。其中，风是波浪形成的最主要原因。通常情况下，可以根据波浪的成因将其分为三类。

（1）风浪

风浪是指在风的直接作用下海面上形成的波浪。风浪是分布最为广泛、出现频率最高的波浪类型，通常情况下也是对海上救捞影响最大的波浪类型。风浪通常具有波峰尖削、周期较小、波峰线短的特征，而且波面的分布不具有规律性。当海面上出现大风天气时，海水的波动形成了浪花。随着风力的减小，由大风所产生的波浪在摩擦力和重力的作用下也会随之减弱。风浪的运动方向始终和风的方向保持一致，风浪的波高和风力的大小关系密切，通常情况下，风力越大，与之对应的波高也就会越高。实际上，风浪的大小除了与风力大小有关之外，还会受到风区以及风时的影响。风区所覆盖的范围越大，风浪的等级就会越高；风区的范围越小，风浪的等级就会越低。如海岸附近的风区很小，在海岸附近风作用下所产生的波浪通常都很小。一般情况下作用在海水表面上的风时越长，随之而来的风浪也就越大；风的作用时间越短，随之而来的风浪也不会很大。当风作用在海面上的时间很短时，即使风力等级很大，也未必会有较大的浪产生。

（2）涌浪

海水表面由风浪离开风区后传来的或者当地风力迅速减小、平息，或者风向改变后水表面遗留下来的波动叫作涌浪。涌浪的波峰线比较长，波长也较长，周期比较大，波面比较平坦，具有较高的光滑度，并且在海面上的分布也比较规则。海面上的风向和涌浪的运动方向没有必然联系，二者之间的夹角可以是任意角度。由于涌浪没有外部作用力来使其保持自身形态，当受到不同海区的空气阻力作用时，或者由涡动黏滞性引起的能量消耗时，涌浪的波高会随着传播距离的增大而逐渐减小。涌浪的波长与周期也会在波高减小的同时而随之渐渐变大。长波波速比短波波速要大，在涌浪的运动过程中，长波始终超过短波，而且短波衰减速度较快，对于周期较长、波长较长的波随着传播距离的变长，它的这种特性表现的就越为明显。通常情况下，波浪的衰减速度与波长以及周期相关，波长较小并且周期较短的波浪衰减速度较快。因此，涌浪在经过一定时间的传播与衰减之后，通常会只剩余具有较长波长的波浪，从而形成规则且平缓的波浪状态，具有明显的线性特征。

(3) 混合浪

在海洋中还会同时存在风浪与涌浪，此时两种波浪会相互叠加，所形成的波浪类型称为混合浪。

1.1.2.2　波浪等级

风作用于海面时，不仅会形成波浪，还会对海面形态与外部特征造成影响，产生飞沫、碎浪等海洋现象。因此，应制定风浪的等级。通常情况下选取相应风级在足够长的作用范围以及作用时间下所形成的充分发展的风浪波高作为依据来划分浪级，具体浪级划分如表 1-1 所示。

表 1-1　浪级划分表

浪级	名称	有效波高（m）	海面特征
0	无浪	0	海面十分平静或偶尔有涌浪出现
1	微浪	0~0.1	海面出现涟漪或者同时存在涌浪与涟漪
2	小浪	0.1~0.5	出现很小的波浪，波峰开始出现碎裂
3	轻浪	0.5~1.25	出现相对较大的波浪，波峰出现翻卷，白色浪花开始形成
4	中浪	1.25~2.5	形成具有明显形状的波浪，波峰翻卷，白浪普遍出现
5	大浪	2.5~4	形成大浪，浪花分布非常广泛
6	巨浪	4~6	出现风暴波，浪花沿波浪形成条纹状
7	狂浪	6~9	浪花分布于整个波浪面，波峰完全由浪花覆盖
8	狂涛	9~14	白色浪花分布更加广泛，海面呈现白色
9	怒涛	≥14	海面布满白色浪花，空气中布满飞沫，能见度很小

1.1.3　海流

海水由于温盐效应、气象要素及地球偏向力的影响而产生的长时间、流经途径较稳定的大规模流动叫做海流。通常情况下，海流的流速、流向以及流动路径虽然会随时间产生随机变化，但是变化幅度较小，因此，海流与风及波浪相比具有较高的稳定性。海洋中存在着非常多的海流，大部分海流在较长的一段时间里所流经的路线及其流速、流向是比较固定的。

1.1.3.1　海流分类及成因

在全球范围内海流的规模以及海流持续的时间均各不相同，形成海流的原因也多种多样。根据不同的成因，海流会呈现周期性与非周期性两种形态。通常将周期性的海流称为潮流，将非周期性的海流称为余流。余流的成因较为复杂，根据具体成因不同，又可以进一步分为风海流、密度流等各种海流类型。风海流指由风作用于海水产生流动进而形成的海流，这种海流的强度会随着海水深度的增加而不断减弱，当达到一定深度（几百米）的时候可以将其忽略不计。密度流是指由于不同区域海水盐度及密度存在差异而产生的海流。海水密度的不规则分布主要是由海水的盐度、温度变化而造成的，而海水密度的差别使海水的水位发生了变化，从而导致海面发生倾斜而形成密度流。另外，根据研究及观测发现，海洋中还存在着具有很强随机性及突发性的海流，称为海洋激流。

潮流的形成原因主要是地月引力，因此潮流呈现明显的周期性。通常，潮流的流速、流向都会有周期性的变化。近海岸大多数区域中的海流强度一般都远小于其潮流的强度，所以通常这种情况下可以将潮流近似地当作实际的海流。

根据潮流流向的变化方式，通常将潮流归为旋转式潮流和往复式潮流两类。

（1）旋转式潮流

在比较开阔的海域中，潮流的大小、方向是随着时间的改变而不断变化的，南、北半球潮流的流向分别不断地向左、向右偏，图 1-1 是某点海域在不同时间的潮流矢量图，各矢量末端的连线叫作潮流椭圆，这种潮流被称为旋转式潮流。

（2）往复式潮流

在比较狭窄的海域中，由于受地形的限制，潮流椭圆的形状变得比较扁平，这种潮流叫做往复式潮流，如图 1-2 所示。

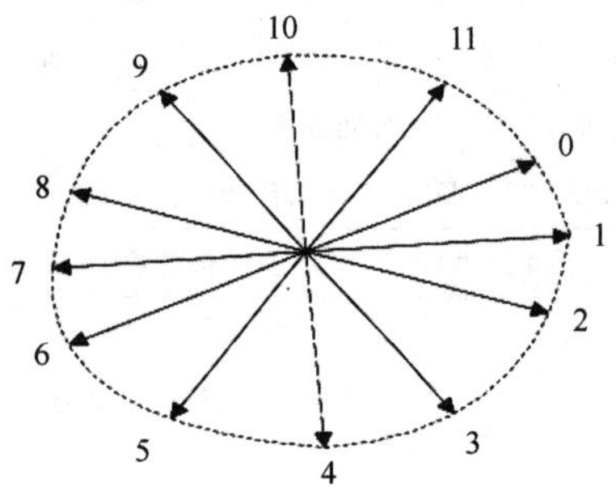

图 1-1　旋转式潮流

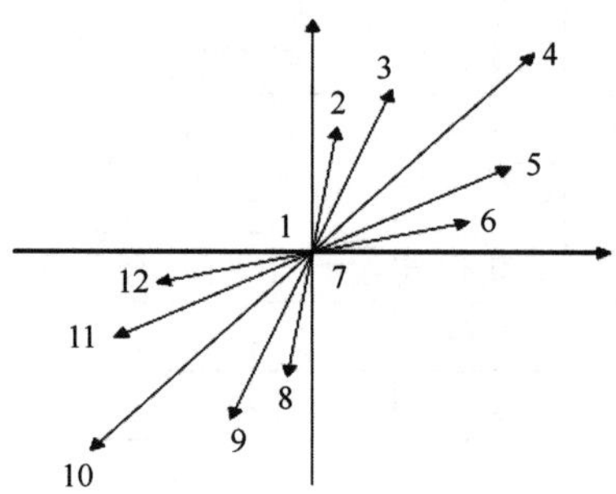

图 1-2　往复式潮流

1.1.3.2　海流的方向

海流同样为矢量，即同时具有流速与流向。海流流向的表示与风向类似，通常以地理方位来表示。在习惯表示方法中，将北向作为起始方位，沿顺时针进行旋转，得到各个方位的具体角度，即北向为 0°，东向为 90°，南向为 180°，西向为 270°。

海流的运动主要按不同水深，在某一水层内进行水平运动。然而在自然海洋环境中，还存在着小范围内的流速较小的垂向海流运动。根据垂向流动的具体方向可以将这部分海流分为上升流与下降流。

1.1.4　海雾

海雾是悬浮在贴近海面的大气中的大量微细水滴（或冰晶）的可见聚合体。海雾是影响船舶安全航行的危险要素之一，发生海雾后，海面上的能见度会变得非常低，不利于船舶的安全航行。每年海上的触礁、偏航、撞船等事故，大部分都是由海雾造成的。

1.1.4.1　雾的形成

主要是空气中水汽达到（或接近）饱和，在凝结核（飞入空气中的海水泡沫蒸发后留在空气中的细微盐粒）上凝结而成。形成的途径是空气温度的降低、空气中水汽的增加。

1.1.4.2　雾的分类

雾按其对能见度的影响分为两类，按国际气象组织规定，使能见度降低到 1 km 以下的称为雾，能见度 1~10 km 的称为轻雾。雾按其形成过程通常分为以下三类。

（1）冷却雾

冷却雾由空气温度的降低而形成。按冷却的原因不同，又可分为：

a. 辐射雾：在晴朗、微风的夜间，由于近海面空气的辐射冷却，水汽达到饱和凝结而成的雾。在近海岸或港湾里，夜晚或清晨常可看到这种雾，尤其是秋冬季常见。辐射雾的特点是范围小、浓度小、低而薄、持续时间不长，一般日出之前最浓，日出后随地面气温升高，雾滴蒸发而逐渐消散或抬升为低云。

b. 平流雾：由于暖湿空气移到冷的海面上，其下部水汽因冷却凝结形成的雾。当海洋上的暖湿空气向较冷的大陆上流动，或热带洋面上的暖湿空气流向中高纬度海区相对较冷的洋面上时，都易产生平流雾，是海雾的主要形式。中国海区的雾，多属于平流雾的性质。

平流雾或海雾的特点是：范围较广，水平范围可达数百海里；厚度大，可高达数百米，有“上接高天，下垂厚地”的景象。另外，海雾浓度大，持续时间一般较长，日变化不明显。

c. 上坡雾：湿空气沿山坡等障碍物抬升时，绝热冷却形成的雾。一般在山区及地形复杂的地区可见。

（2）蒸发雾

蒸发雾由较暖水面上蒸发的水汽，因遇到冷空气冷却达到饱和而成。当寒冷空气流经暖水面时，就会在水面上产生蒸发雾，江河湖面上冬季可见。我国渤海一到冬天，就会出现蒸发雾。

（3）混合雾

由上述两种或多种因素共同作用下形成的雾，称为混合雾。混合雾常在冷暖气团交汇处即锋面附近形成，冬季常出现混合雾。混合雾的特点介于平流雾和辐射雾之间，主要受冷暖气团的特性影响。

1.1.4.3　平流雾的生消及分布

由于平流雾对航海的影响最大，因此，重点讨论其生消及分布规律。

（1）平流雾的形成条件

平流雾是低层大气与海洋之间相互作用的产物，是在特定的海洋水文气象条件下产生的。研究表明，平流雾的形成需要满足一定的冷却条件、环流条件、水汽条件和稳定度条件。

a. 冷的海面

观测表明，水平温度梯度较大的海陆交界区域和冷暖海流交界的水域是平流雾发生最多的区域。平流雾大都出现在这些交汇区的冷海面上，移经其上的暖湿气流容易变性冷却而形成平流雾。统计资料表明，当表层海水温度低于某个临界值时可能发生海雾，而高于此值时则不能发生海雾。在北太平洋，海雾发生的区域大致限于表层水温低于20℃的冷海面上，且4—9月海雾的南界随着等水温线的季节性北上而相应地从30°N向较高纬度推移。

b. 适当的海气温差

从气候资料可以看到，月平均水温低于月平均气温的季节往往就是多雾季节。当海气温差大于8℃时，雾就很少发生。这是因为海水的热容量比空气大得多，海面水温不会太低，若气温比水温高很多时，空气的饱和水汽压就变大，反而难以达到饱和，从而不利于雾的形成。

c. 适宜的风场

据统计，有平流雾时的风力多在2~4级之间，这是因为风力太大时乱流强，容易将上层空气的热量向下传递，从而削弱低层空气的冷却作用，不易生成雾；风力太小时乱流很弱，仅能使近海面上很浅薄的一层空气冷却，即使形成雾也很浅薄。因此，只有在中等风力条件下，才能源源不断的输送暖湿空气，同时产生一定强度的乱流使雾达到一定的厚度。

就风向而言，要求它与表层海水等温线水平梯度的方向大致相同，或者换言之，大致与表层海水等温线垂直为宜。

d. 充沛的水汽

平流过来的暖空气要含有充沛的水汽，即湿度要大。这股气流经过暖海水面时，不断得到大量水分和热量，一旦到达冷水面上，极易生成雾。如前所述，不论何种雾生成，空气中必须要有凝结核，海面上丰富的吸湿性极强的凝结核的存在，利于雾的形成。实际上，大气的相对湿度只要达到80%左右，就能凝结成雾了。当相对湿度小于70%时，一般难以形成雾。

e. 低层逆温层

在平流雾的形成过程中，通常低层大气有平流逆温层存在，它能有效地抑制低层大气中对流的发展，好像一个无形的盖子，阻挡着水汽向高空的扩散，从而使水汽和凝结核大量聚集在底层大气中，对雾的形成极为有利。

（2）平流雾的消散条件

由以上分析可知，海雾的生成和维持是以一定条件为依托的，而一旦这些条件发生逆转或遭到破坏而不复存在时，海雾失去赖以生存的条件，即趋于消散。

平流雾向消散方向转化的条件有两个：一是流场改变，使暖湿平流中断，如冷锋过境或风向有较大转变；二是低层空气增温或风速增大，使近地（海）面层大气稳定状态遭到破坏，雾便消失或抬升成低云。

1.1.5 能见度

正常视力的人在当时的天气条件下还能够看清楚目标轮廓的最大水平距离，称为能见度。正常视力的人在海上所能见到的最大水平距离称为海面能见度。能见度的好坏，反映出大气的透明程度。

1.1.5.1 能见度的主要影响因素

（1）目标物与背景之间的亮度对比

在同样条件下，二者亮度对比越大，越容易将目标物从背景中辨认出来。

（2）大气透明度

大气对自然光的吸收和散射作用，会使目标物与背景之间原来的亮度对比减小。减小的程度与目标物和观测者之间的大气的透明度有关，大气透明度越好，减小得越少。大气透明度与空气中水汽、臭氧以及悬浮物质的含量有关，并且随光线波长的不同而变化。当出现雾、风沙、浮尘、雨、雪等天气现象时，能见度较差。

（3）人眼的对比视觉阈

在一定距离时，当亮度对比小到一定数值时，人眼就无法将目标物从背景中区别出来，此时的亮度对比值称对比视觉阈。该值大小由人眼的视觉特征决定。

海面能见度以链或海里（n mile）表示（1 n mile = 10 链 = 1 852 m）。对船舶航行而言，主要是观测和掌握海上能见度的情况。

1.1.5.2 海上能见度分级

能见度等级划分如表 1-2。通常在气候资料和世界各国发布的天气报告中，能见度不用等级（0~9），而是以等级鉴定，即：能见度恶劣（Poor Visibility）、能见度中等（Moderate Visibility）和能见度极好（Excellent Visibility）等用语来表示。

表 1-2 能见度等级表

等级	能见距离		能见度鉴定等级	海上可能出现的天气现象
	海里（n mile）	千米（km）		
0	<0.3	<0.05	能见度低劣	浓雾
1	0.03~0.1	0.05~0.2		浓雾或雪暴
2	0.1~0.25	0.2~0.5		大雾或大雪
3	0.25~0.5	0.5~1.0	能见度不良	雾或中雪

续表

等级	能见距离		能见度鉴定等级	海上可能出现的天气现象
	海里（n mile）	千米（km）		
4	0.5~1.0	1.0~2.0		轻雾或暴雨
5	1.0~2.0	2.0~4.0	能见度中等	小雪、大雨、轻雾
6	2.0~5.0	4.0~10.0		小雪、中雨、轻雾
7	5.0~11.0	10.0~20.0	能见度良好	小雨、毛毛雨
8	11.0~27.0	20.0~50.0	能见度很好	
9	>27.0	>50.0	能见度极好	

1.2 海洋环境对海上救捞的影响

1.2.1 海上救捞的主要任务

海上救捞是指对海上遇险人员、装备（如船舶、飞机等）进行救助和打捞的一种海上活动。其主要任务是：

（1）搜索失事的船舶、飞机及落水人员；

（2）援救水面失事的船舶、飞机及落水人员；

（3）援救失事沉没潜艇；

（4）打捞沉没船舶、飞机，清除港湾、航道障碍物。

1.2.2 援救水面失事船舶（飞机）及落水人员的任务

海上救捞的每一项任务又有众多的子任务，以援救水面失事船舶（飞机）及落水人员、援救失事沉没潜艇任务为例，对其子任务进行简要介绍。其中，援救水面失事船舶（飞机）及落水人员的主要子任务包括以下方面。

（1）援救破损进水船舶

主要用于因遭受武器攻击，或与其他船舶、物体碰撞后船体破损进水但仍具有一定不沉性的船舶。常用的方法有堵漏排水法、浮筒绑架法、抢滩法等。

（2）援救搁浅触礁船舶

主要用于因航行错误、机械故障、台风袭击等原因而搁浅于浅滩或礁石上的船舶。常用的方法有拖船拖曳法、主机倒车法、抛锚拖绞法、强力收绞法等。

（3）援救失火船舶

常用的方法是先用大功率消防水炮消除难船甲板可见明火，再组成登船损管队进入船舱消除余火，抢救被困人员。

(4) 海上救助拖航

船舶因机械故障等原因失去机动能力，在海上随风浪漂流时，将其拖带回港口或船厂的技术方法。

(5) 海上搜索与救生

搜寻营救海上遇难船舶船员及落水飞行员的技术方法。当难船未沉没而无法保持其不沉性时，援救船舶根据气象条件和海区情况，停靠失事船舶旁或下风下流方向抢救难船人员及重要物品，同时布设好难船的首尾浮标，准确测定难船的经纬度、填写好日志，为打捞沉船提供准确的位置；当难船已经沉没，此时援救的主要任务是搜救落水人员及重要物品，常用的方法是使用水面船舶和救助飞机，以失事海域为中心，根据风向、风速、流向、流速等判断落水人员和物品的漂流范围并进行搜寻；使用救生艇、救生筏、橡皮舟、救生吊篮等专业救助工具将落水人员救起并对其进行医疗救护。

1.2.3　援救失事潜艇的任务

援救失事沉没潜艇的子任务包括以下方面。

(1) 潜艇失事推断及失事信息推测。

(2) 对失事潜艇进行搜索定位。

(3) 拟定援救方案。

(4) 救生船锚泊或动力定位。

(5) 为潜艇艇员创造生存和生活条件。主要包括为潜艇舱室通风换气，提供高压气和失事照明，为潜艇输送食品、装具、再生药板及工具等。

(6) 协助艇员离艇脱险。

(7) 利用救生钟、救生艇等救生装备援救艇员脱险。

(8) 为潜艇吹除主水柜，使潜艇浮出水面。

1.2.4　海洋环境影响海上救捞能力的发挥

由上可见，海上救捞的对象众多、装备多样。由于人员、装备海上遇险的突发性，海洋环境的普遍性、复杂性，所以海上救捞通常是在复杂、甚至恶劣的海洋环境条件下进行的，使得海上救捞对象与救捞装备都受到海洋环境的严重影响。如：

风对海上救捞的两个典型影响，一是风直接作用在飞机和船舶等的水面以上部分，对飞机和船舶等的定位、航行、姿态等产生影响，进而影响海上救捞人员的作业能力。二是风通过产生浪而对船舶等产生影响，这种影响甚至比其自身产生的影响还要大，强烈的大风会产生狂涛巨浪，使船舶产生剧烈的横摇和纵摇，使船舶失稳并发生漂移等。

海浪对海上救捞的影响也是多方面的，如对救捞船定位、潜艇失事浮标漂浮、救捞装备布放、水面脱险艇员生存等产生较大影响。

海流也对海上救捞产生广泛影响，如对救捞船定位、潜艇失事浮标漂浮、水面遇险人员漂流、打捞浮筒的水下布放、救生钟水下对接等产生较大影响。

海水温度对脱险艇员和潜水员的生存能力产生重大影响，其主要体现在暴露在寒冷海水中的艇员和潜水员会导致体温过低，即异常低于人体正常体温，从而直接影响到艇员和潜水员的生命安全。

潮汐、海冰、海洋上的雾及能见度、海底底质、海洋水声环境等因素对海上救捞也有相当的影响，如海雾是影响海上作战、训练的重要气象要素之一。当出现海雾时，一切目测通信联络方法，如信号旗、信号灯等都不能使用；不能用天文、地文方法测定舰位，航标灯失去作用。因此，船舶航行十分困难，雾中航行极易产生互撞、触礁。海雾对海上救捞的最大影响是严重妨碍了水面失事船舶和落水人员的搜索工作。

由于海上救捞是一项突发性强、时间紧、强度大、风险高、技术复杂的综合性海上活动，海洋环境产生的影响和作用是高度复杂的，海上救捞的有效程度受到海洋环境的严重影响和制约，从而对海上救捞方案设计和指挥决策提出了很高要求。若海上救捞方案或决策发生失误，轻则延误援救时机，造成不必要的损失，重则可能造成海上救捞失败、人员牺牲、装备损失。目前，提高海上救捞工程技术人员和指挥员关于海洋环境对海上救捞的影响规律的认识和应用水平，是摆在我国海上救捞领域的重要问题，也是制约我国海上救捞事业发展的瓶颈之一。

第二章　救捞对象的海洋环境效应

海上救捞的对象众多，如失事船舶、飞机、装备、人员等，这些救捞对象或漂浮于海面、或沉没于海底，但都在一定程度上受到海洋环境的影响，海洋环境或对救捞对象产生进一步的破坏，如海浪对搁浅船舶结构的破坏，风、海流、海浪对水面落水人员安全的损害等；或对救捞对象的救捞作业产生影响，如风、海流、海浪对水面难船漂浮位置的影响，对潜艇失事浮标状态的影响，海底底质条件对沉船扳正与打捞影响等。通过开展海洋环境对救捞对象影响规律研究，可为海上救捞决策指挥和方案设计提供理论依据。

2.1　难船水面漂流运动分析

在收到失去动力而在海上漂浮船舶的失事信息后，如何快速、科学地制订搜索方案，保证迅速展开搜索是搜救成功的关键。而对水面失事难船漂流运动进行准确计算分析，提供难船的漂浮范围，是科学制订搜索方案的前提之一。因此，失去动力船舶在水面的漂流运动规律是搜索救援技术的重要研究内容[1]。目前，关于海上船舶由于失去动力的漂浮运动的研究极少，大多是针对正常船舶的操纵性能进行研究，如小川阳弘将潮流影响计入到船舶操纵性数学方程中，研究了强潮流引起船舶倾覆的机理[2]；Kashiwagi 研究了不均匀海流对其船舶运动的影响[3]，但没有考虑潮流对其纵向运动的影响；杨盐生采用了 Kashiwagi 相同的模型，模拟仿真计算了 11 万吨级散货船在弯曲航道中的运动[4]；Kobayashi 通过计算确定了抵抗潮流所需要的舵面积大小，潮流作为均匀流来考虑；而《国际航空和海上搜寻救助手册》中提供的方法所针对的船型有限、考虑的因素较少，且未提供方法来源和误差范围[5]。因此，深入开展难船水面漂流运动研究十分必要。

难船水面漂流运动是风、流、浪外载力对难船综合作用的结果，风、流、浪对难船的外载力包括了纵向力、横向力和扭转力，造成难船漂流方向和船艏向的不确定，且难船漂流的方向和船艏向随时间和空间而变化，进而造成难船漂流运动具有较强的随机特点。因此，开展风、流、浪联合作用下的船舶漂流运动仿真计算及规律研究是非常必要的。根据船舶操纵理论，建立风、流、浪联合作用下的船舶漂流运动仿真计算模型，通过仿真计算与分析，揭示难船水面漂流运动规律。

2.1.1　难船水面漂流运动模型

风、流、浪联合作用下的船舶漂流运动计算模型采用 MMG（Ship Manoeuvring Mathematical Model Group）非线性模型，将坐标系原点取在船舶重心处，则其运动模型如下[6]：

$$
\begin{cases}
(M + M_x)\dot{u} - (M + M_y)vr = X_H + X_A + X_W + X_C \\
(M + M_y)\dot{v} + (M + M_x)ur = Y_H + Y_A + Y_W + Y_C \\
(I_Z + J_Z)\dot{r} = N_H + N_A + N_W + N_C
\end{cases}
\quad (2-1)
$$

其中，M 为船舶的质量，M_x、M_y 为附加质量，I_Z 和 J_Z 分别为惯性矩和附加惯性矩，u，v 为船舶运动的速度分量，r 为转首角速度，$\dot{u}$、$\dot{v}$ 为船舶运动的加速度分量，$\dot{r}$ 为转首角加速度，X，Y，N 分别为作用于船体上的纵向外力、横向外力及力矩；各项下标含义，H 为裸船体、A 为风、W 为浪、C 为水流。为对式（2-1）进行仿真计算，首先需要确定难船的外载力、船体水动力等。

2.1.2 难船外载力计算模型

作用在难船上的海洋环境外载力有三种，分别是波浪力、风力和流力。每种外载力都有多种计算方法，适用于不同的计算目的。从方便工程应用出发，这里仅介绍外力的估算方法。

2.1.2.1 波浪力

当难船漂浮在波浪中时，如果波浪是规则的，则难船除了产生与波浪频率一致的摇荡运动外，还伴有难船平均位置的偏移；如果波浪是不规则的，则伴之有长期的漂移运动，这一运动的频率远较不规则波浪的特征频率为低，而且振荡运动的平均位置亦将不在船舶原先的平衡位置上，而是产生了漂移。这一现象说明，在船体上必然作用有定常的或缓变的（低频的）波浪力。理论研究结果证明，波浪中船体漂移是由于波浪二阶力所造成的，该二阶力是由定常项、和频项、差频项三部分组成的，并把水平方向二阶力的定常部分称为漂移力。由于它和波高平方成正比关系，一旦波高增大，漂移力将迅速增加。因此，难船环境外载力中必须要包括漂移力，即难船波浪力的计算主要是计算漂移力。

在工程实际应用中，适用于不同水深范围的波浪理论有微幅波理论、斯托克斯五阶波理论、椭圆余弦波理论、孤立波理论等，在计算中可根据具体情况选择合适的波浪理论。早期广泛应用的 Morison 方程法，是建立在半经验半理论上的对于固定细长构件遭遇波浪荷载的一种行之有效的二维计算方法；近代由于海洋结构物尺度的大型化和形状的复杂化以及环境因素的极端化，建立在势流理论上的三维源汇分布法或 Green 函数法得以开发与应用；在现行的船舶设计规范中对一般船舶和小尺度结构物的运动与荷载的计算中，Morison 方程法与切片法仍然是被推荐的计算方法；对于组合结构海洋结构物的各组成部分，又可根据其形状的不同分别应用相应的计算方法，最大限度地简化计算；也有文献在分析波浪力对船舶产生的作用力时采用了设计波法和非线性的斯托克斯五阶法；而 Kijima 在计算中采用 Newman 基于细长体理论得到了较为复杂的计算公式。

由于准确计算方法较为复杂，且考虑难船漂流运动计算的目的，推荐采用如下的波浪漂移力近似计算公式：

$$\begin{cases} X_W = 0.5\rho g L\zeta_D^2 C_{XW}\cos(\theta_F + \varphi) \\ Y_W = 0.5\rho g L\zeta_D^2 C_{YW}\sin(\theta_F + \varphi) \\ N_W = 0.25\rho g L^2\zeta_D^2 C_{NW}\sin(\theta_F + \varphi) \end{cases} \tag{2-2}$$

其中，g——重力加速度，取 9.8 m/s²；

ρ——海水密度，取 1.025 kg/m³；

ζ_D——平均波浪幅值，单位（m）；

θ_F——波浪方向；

φ——船艏向；

L——船长，单位（m）；

X_W——波浪纵向外载力，单位（N）；

Y_W——波浪横向外载力，单位（N）；

N_W——波浪外载力矩，单位（N·m）；

C_{XW}、C_{YW}、C_{NW}——波浪漂移力系数。该系数可用以下回归式进行计算：

$$\begin{cases} C_{XW} = 0.05 - 0.2(\lambda/L) + 0.75(\lambda/L)^2 - 0.51(\lambda/L)^3 \\ C_{YW} = 0.46 - 6.83(\lambda/L) - 15.65(\lambda/L)^2 + 8.44(\lambda/L)^3 \\ C_{NW} = 0.11 + 0.68(\lambda/L) - 0.79(\lambda/L)^2 + 0.21(\lambda/L)^3 \end{cases} \tag{2-3}$$

其中，λ 为波浪平均波长，单位（m）。关于平均波浪波长和平均波浪幅值的取值见表2-1：

表 2-1　平均波浪波长和平均波浪幅值的参数表

	风级	离地 10 m 处的最大风速	浪级	平均波高幅值（m）	平均波长（m）		海况等级	平均风速（m/s）	平均波高幅值（m）	平均波长（m）
风级、浪级参数表	0	0.2	0	0	0	海况等级参数表	0	1.03	0.02	0.25
	1	1.5	1	0.1	1.83		1	4.63	0.52	7.63
	2	3.3	2	0.5	7.32		2	6.18	0.79	12.2
	3	5.4	3	1.25	19.81		3	8.24	1.43	21.66
	4	7.9	4	2.5	38.10		4	10.04	2.14	30.2
	5	10.7	5	4.0	60.96		5	12.61	3.33	50.02
	6	13.8	6	6.0	91.44		6	15.7	5.16	78.69
	7	17.1	7	9.0	134.11		7	20.59	8.88	135.42
	8	20.7	8	14.0	213.36		8	24.2	11.74	179.95
	9	24.4	—	—	—		9	36.55	22.72	305
	10	28.4	—	—	—		—	—	—	—
	11	32.6	—	—	—		—	—	—	—

2.1.2.2　风力

空气中的风与船舶水上部分的相对运动产生的阻力称为风力。风力包括纵向风力、横向风力和扭转力矩，它们与船舶水上部分的外形、尺度以及风的大小及方向有关。通常可由船体水上部分的模型风洞试验或带有上层建筑的船模倒置于水中的拖曳试验求得。风力由摩擦阻力和黏压阻力两部分组成，由于空气黏性小，摩擦阻力仅占很小部分，故船舶风力主要是黏压阻力。

石油公司国际海事论坛（OCIMF）在1977年和1994年两次发表了超大型油船的风载和流载计算方法，以及系统完整的模型试验资料，目前已成为各种应用研究的标准力计算方法，只是在使用时需注意正确选择各种影响参数，同时还需进行各种修正，如干舷比修正、长宽比修正、纵倾修正等。

通过比较分析，推荐采用如下公式计算风力漂移力，该计算公式计算方便，结果稳定性好，比较适合于在难船漂流运动计算中使用。

$$\begin{cases} X_{\mathrm{A}} = \dfrac{1}{2}\rho_a V_R^2 A_{TV} C_{\mathrm{A}x} \\ Y_{\mathrm{A}} = \dfrac{1}{2}\rho_a V_R^2 A_{LV} C_{\mathrm{A}y} \\ N_{\mathrm{A}} = \dfrac{1}{2}\rho_a V_R^2 A_{LV} L C_{\mathrm{A}N} \end{cases} \tag{2-4}$$

其中，V_R ——风速，单位（m/s）；

ρ_a ——空气密度，单位（$\mathrm{kg/m^3}$）；

L ——船长，单位（m）；

A_{TV}、A_{LV} ——作业船水面以上部分船体正、侧向投影面积，单位（$\mathrm{m^2}$）；

X_{A} ——风力纵向力，单位（N）；

Y_{A} ——风力横向力，单位（N）；

N_{A} ——风力力矩，单位（N·m）；

$C_{\mathrm{A}x}$、$C_{\mathrm{A}y}$、$C_{\mathrm{A}N}$ ——纵向、横向和扭转风阻力系数，可按以下回归公式进行计算：

$$C_{\mathrm{A}x} = \begin{cases} 0.505\,427 - 0.004\,771\beta - 0.000\,057\beta^2 & 0^\circ \leqslant \beta \leqslant 60^\circ \\ 0 & 60^\circ < \beta < 120^\circ \\ 1.998\,40 - 0.022\,485\beta + 0.000\,048\beta^2 & 120^\circ \leqslant \beta \leqslant 180^\circ \end{cases} \tag{2-5}$$

$$C_{\mathrm{A}y} = \begin{cases} -0.011\,487 + 0.024\,447\,7\beta - 0.000\,162\beta^2 & 0^\circ \leqslant \beta \leqslant 50^\circ \\ 0.8 & 50^\circ < \beta < 130^\circ \\ -0.859\,721 + 0.033\,872\beta - 0.000\,162\beta^2 & 130^\circ \leqslant \beta \leqslant 180^\circ \end{cases} \tag{2-6}$$

$$C_{\mathrm{A}N} = \begin{cases} 0.000\,75 + 0.003\,55\beta - 0.000\,028\beta^2 & 0^\circ \leqslant \beta \leqslant 45^\circ \\ -0.002\,357\beta + 0.211\,071 & 45^\circ < \beta < 135^\circ \\ 0.260\,26 - 0.006\,450\beta + 0.000\,028\beta^2 & 135^\circ \leqslant \beta \leqslant 180^\circ \end{cases} \tag{2-7}$$

其中，β ——风向角（相对于船艏向）。

2.1.2.3 流力

水与船舶水下部分的相对运动产生的阻力称为流力，因此，水流作用到难船的外力和难船漂流与静水产生的相对运动在本质上都属于流力，它分为纵向流力、横向流力和扭转力矩。

在文献中，多有流阻力公式的论述，通过比较分析，以下计算公式计算方便，结果稳定性好，比较适合于在救捞工程中使用。

（1）纵向水流力

船舶纵向水流力可按下式计算：

$$X_C = \frac{1}{2}\rho V^2 S C_{CX} \tag{2-8}$$

其中，C_{CX} ——纵向水流力系数，可按下式计算：

$$C_{CX} = C_{CXF} + \Delta C_{CXF} + C_{CXR} \tag{2-9}$$

其中，S ——浸湿面积，单位（m^2）；

V ——流速，单位（m/s）；

C_{CXF} ——纵向水流力摩擦阻力系数，按第八届 ITTC 换算公式计算：

$$C_{CXF} = 0.075(\lg R_n - 2)^{-2} \tag{2-10}$$

R_n ——雷诺数，取 $R_n = \frac{VL}{\nu}$，式中 ν 为运动黏性系数，$\nu = \mu/\rho$，μ 为黏性系数，ρ 为海水密度；

ΔC_{CXF} ——粗糙度补贴，取 0.4×10^{-3}；

C_{CXR} ——剩余阻力系数，由黏压阻力和兴波阻力两部分组成，由于作业船静止不动，相对于摩擦阻力，剩余阻力较小，因此，可以不加考虑；

X_C ——纵向水流力，单位（N）。

（2）横向水流力、水流扭转力矩

难船所受横向水流力 Y_C、水流扭转力矩 N_C 主要是水流对较大横向尺度物体的黏性力，可按照下式进行计算：

$$\begin{cases} Y_C = \frac{1}{2}\rho V^2 L Y'_C \\ N_C = \frac{1}{2}\rho V^2 L^2 N'_C \end{cases} \tag{2-11}$$

其中：Y'_C ——横向水流力系数，可按式（2-12）进行估算：

$$Y'_C = -\pi\left(\frac{d}{L}\right)^2(1 + 0.4c_b \cdot B/L) \tag{2-12}$$

N'_C ——水流扭转力矩系数，可按式（2-13）进行估算：

$$N'_C = -\pi\left(\frac{d}{L}\right)^2(0.5 + 2.4d/L) \tag{2-13}$$

d ——吃水；

c_b ——方型系数。

实际计算中，可将具有一定入射角的水流分解成相对于船纵向和横向的水流，再分别计算难船所受到的纵向水流力、横向水流力和横向水流扭转力矩。

2.1.3 难船水动力系数估算方法

难船水面漂流运动模型（式（2-1））中的难船水动力主要包括船的流体惯性力、力矩和流体黏性力、力矩等，可通过模型实验、流体数值计算、近似估算等方法获得。由于船舶类型的多样性，无法事先对所有可能的船舶类型通过模型实验、流体数值计算方法获得其水动力参数，现场计算耗时较多。因此，实际工程计算中采用近似估算方法是较好的选择。

船体水动力分为惯性力项和黏性力项两部分，分述如下。

2.1.3.1 船体流体惯性力项估算方法

船体流体惯性力主要包括船舶质量 M、附加质量 M_x 和 M_y、转动惯性矩 I_Z 和转动附加惯性矩 J_Z。其中，船舶的质量 M 可由船舶重量或排水量获得。

转动惯性矩 I_Z 可按下式估算：

$$I_Z = (1 + C_b^{4.5})M + (L^2 + B^2)/24 \tag{2-14}$$

其中，L、B、C_b 分别为船舶的长、宽、方型系数。

附加质量 M_x 和 M_y、转动附加惯性矩 J_Z 可由元良图谱的回归式或由平面运动机构（PMM）及旋臂试验数据的回归公式两种方法进行估算。

（1）元良图谱的回归公式

$$\begin{cases} M_x = m'_{11} \cdot M \\ M_y = m'_{22} \cdot M \\ J_Z = m'_{66} \cdot I_Z \end{cases} \tag{2-15}$$

式中，m'_{11}、m'_{22}、l_{66} 为相应的流体惯性力系数，可按如下元良图谱的回归公式计算：

$$m'_{11} = \frac{1}{100}[0.398 + 11.97c_b(1 + 3.73d/B) - 2.89c_b L/B(1 + 1.13d/B) + 0.175c_b(\frac{L}{B})^2(1 + 0.541d/B) - 1.107 \cdot L/B \cdot d/B] \tag{2-16}$$

$$m'_{22} = 0.882 - 0.54c_b(1 - 1.6d/B) - 0.156(1 - 0.673c_b) \cdot l/B + 0.826d/B \cdot L/B \cdot (1 - 0.678 \cdot d/B) - 0.638c_b \cdot d/B \cdot L/B \cdot (1 - 0.669d/B) \tag{2-17}$$

$$l_{66}/L = \frac{1}{100}[33 - 76.85c_b(1 - 0.784c_b) + 3.43 \cdot L/B \cdot (1 - 0.63c_b)] \tag{2-18}$$

（2）平面运动机构及旋臂试验数据的回归公式

一般对于纵向流体惯性力系数 m'_{11}，由于其本身数值较船的质量要小得多，仅约为其值的0.1，因此，通常不必进行精确的估算，由此求得的值可满足使用精度要求。同样忽略 $Y_{\dot{r}}\dot{r}$、$N_{\dot{v}}\dot{v}$ 小量，由平面运动机构及旋臂试验数据，采用多元回归而得的估算公式：

$$m'_{22} = -Y'_{\dot{V}} = \pi \cdot (d/L)^2 \cdot [1 + 0.16c_b\frac{B}{d} - 5.1(\frac{B}{L})^2] \tag{2-19}$$

$$m'_{66} = -N'_{\dot{r}} = \pi \cdot (d/L)^2 \cdot \left(\frac{1}{12} + 0.017c_b \frac{B}{d} - 0.33 \frac{B}{L}\right) \tag{2-20}$$

2.1.3.2　船体流体黏性力项估算方法

式（2-1）中的 X_H、Y_H、N_H 分别为船体的纵向流体黏性力、横向流体黏性力、扭转流体黏性力，其中，X_H 即为船舶的直航阻力，可按相关的计算方法进行计算；而船体的横向、扭转流体黏性力可按下式计算：

$$Y_H = \frac{1}{2}\rho L d U^2 \cdot Y'_H \tag{2-21}$$

$$N_H = \frac{1}{2}\rho L^2 d U^2 \cdot N'_H \tag{2-22}$$

式中，Y'_H、N'_H 为船体的横向、扭转流体黏性力系数，可采用井上正祐给出的计算方法：

$$Y'_H(\beta,\ r') = Y'_\beta \cdot \beta + Y'_r \cdot r' + Y'_{\beta\beta} \cdot |\beta| \beta + Y'_{\beta r} \cdot \beta |r'| + Y'_{rr} \cdot r' |r'| \tag{2-23}$$

$$N'_H(\beta,\ r') = N'_\beta \cdot \beta + N'_r \cdot r' + N'_{\beta\beta r} \cdot \beta^2 r' + N'_{rr\beta} \cdot \beta r^2 + N'_{rr} \cdot r' |r'| \tag{2-24}$$

式中，β 为漂角，航向与艏向之间的夹角，

式中的线性导线为

$$Y'_\beta = \pi k/2 + 1.4c_b \cdot B/L$$

$$Y'_r = \pi k/4$$

$$N'_\beta = k$$

$$N'_r = 0.54k$$

式中的非线性导线为

$$Y'_{\beta\beta} = -0.048\,265 + 6.293(1 - c_b) \cdot d/B$$

$$Y'_{\beta r} = 0.379\,1 - 1.28(1 - c_b) \cdot d/B$$

$$Y'_{rr} = 0.004\,5 - 0.445(1 - c_b) \cdot d/B$$

$$N'_{rr} = -0.080\,5 + 8.609\,2 \cdot (c_b \cdot B/L)^2 - 36.981\,6 \cdot (c_b \cdot B/L)^3$$

$$N'_{\beta\beta r} = -6.085\,6 + 137.473\,5(c_b \cdot B/L) - 1\,029.514(c_b \cdot B/L)^2 + 2\,480.608\,2(c_b \cdot B/L)^3$$

$$N'_{rr\beta} = 0.063\,5 - 0.044\,14(c_b \cdot d/B)$$

式中，k 为船体的展弦比，$k = 2d/L$。L、B、d、c_b 分别为船舶的长、宽、吃水、方型系数。

2.1.4　模型仿真计算

对式（2-1）运动模型进行仿真计算，首先需要进行仿真计算软件的逻辑流程、结构、内部与外部接口、算法说明、变量描述等多方面的工作，这里仅就软件的逻辑流程和基本结构组成进行分析[7-8]。

2.1.4.1　软件的逻辑流程分析

由于难船失事时间可能较长，在这一时间过程中，风、流、浪等环境条件可能在不断

发生变化，因此，整个仿真过程应在每个时间点和空间位置上采集当前时间风、流、浪参数，在仿真计算时间步长内，认为这些环境参数是不变的，从而进行单步的仿真计算，以此类推，完成整个仿真计算工作。以四阶龙格—库塔法为模型解算的基本仿真计算方法。

根据此基本思想，其软件逻辑流程如图 2-1 所示。

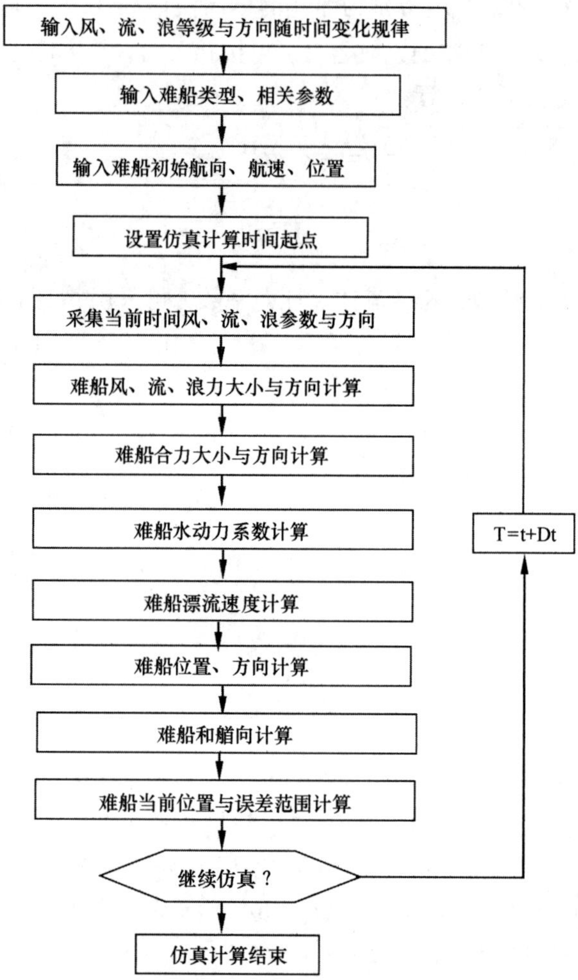

图 2-1　仿真计算逻辑流程图

2.1.4.2　软件的结构设计

由于在仿真过程中，需要在每个时间点和空间位置上采集当前时间风、流、浪参数，同时标绘失事船舶的当前位置及漂流运动轨迹，因此，软件需要在 Gis 系统（地理信息系统）上进行开发工作。可选用 ArcGis 开发系统平台，在系统上安装电子海图，以方便失事船舶的当前位置及漂流运动轨迹的标绘；同时在系统中矢量叠加水面流场、海浪场、内场，以满足在每个时间点和空间位置上采集当前时间风、流、浪参数的需要；软件中需要建设船舶参数数据库，以满足失事船舶水动力及漂流运动仿真计算的需要。根据上述分析，软件的基本组成如图 2-2 所示。

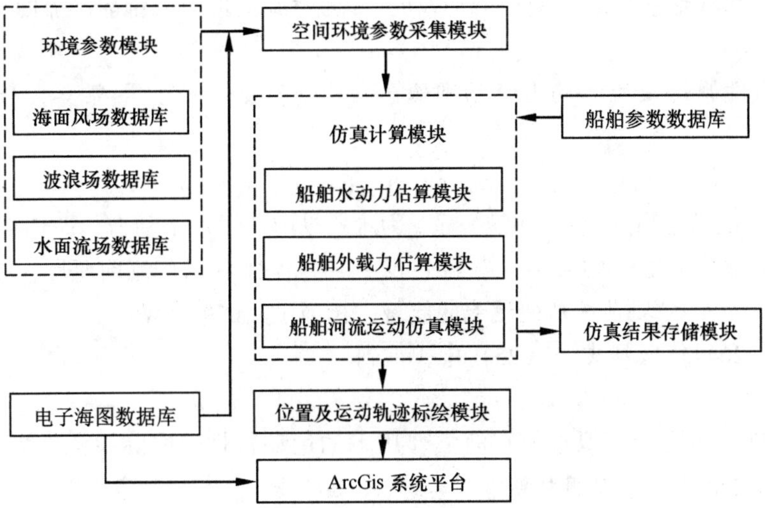

图 2-2　软件结构图

2.1.5　定常海流水面难船漂流运动模拟与特性分析

以某难船水面漂流为研究对象，只考虑难船及海流的一维运动，对难船水面漂流运动进行仿真计算与特性分析。船舶失去动力漂流时，海流对难船运动影响较大。国内外关于海流对船舶运动影响研究一般采用相对运动原理，将海流速度叠加到船舶速度中，针对动力学进行数值仿真计算，得到难船在海流中的运动规律。

2.1.5.1　坐标系

坐标系如图 2-3 所示，这里只考虑难船及海流的一维运动，固定坐标系为 $o\xi$，船体运动坐标系为 o_1x；船体速度在固定坐标系 $o\xi$ 下的投影速度为 u，沿坐标轴 $o\xi$ 方向为正；海流相对固定坐标系 $o\xi$ 下的速度为 u_c，沿坐标轴 $o\xi$ 方向为正。

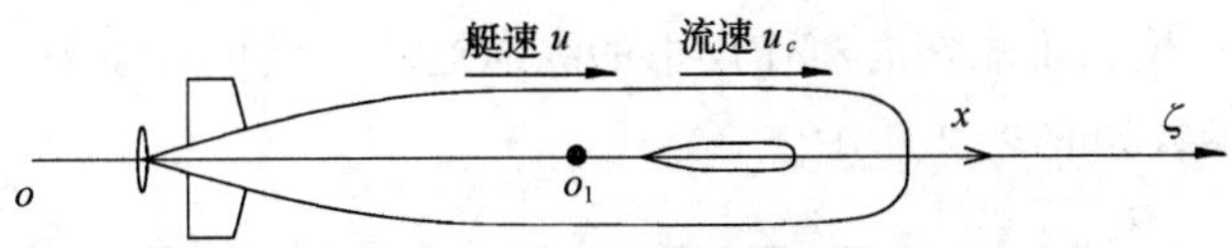

图 2-3　难船运动平台坐标模型

2.1.5.2　难船动力学方程

在只考虑船及海流的一维运动情况下，难船纵向运动方程为

$$m \cdot \dot{u} = T(n,\ u,\ u_c) + X(\dot{u},\ \dot{u}_c,\ u,\ u_c) \tag{2-25}$$

其中：m 为船体质量，单位为 kg；$X(\dot{u}, \dot{u}_c, u, u_c)$ 为船体纵向水动力，单位为 N，其大小取决于艇速 u 和海流速度 u_c 及对应的加速度；T 为螺旋桨推力，难船漂流时，螺旋桨推力为零。

按照相对性原理及流体动力学基本概念，式（2-25）等式右端第二项分解成如下形式：

$$X(\dot{u}, \dot{u}_c, u, u_c) = -m_{11}(\dot{u} - \dot{u}_c) + X_1(u - u_c) \tag{2-26}$$

其中：m_{11} 为难船纵向附加质量，$X(u - u_c)$ 为难船纵向非惯性水动力，即相当于船体阻力，其大小取决于相对速度 u_c 的大小。当（$u - u_c$）>0，流体从船首流向艇尾，相当于艇向前运动，当（$u - u_c$）<0 则流体从艇尾流向艇首，相当于船倒航运动。

将式（2-26）代入到式（2-25）中，得到

$$(m + m_{11})\dot{u} = X_1(u - u_c) - m_{11}\dot{u}_c \tag{2-27}$$

式（2-27）将用于模拟难船在海流作用下的运动特性，实际海流有两种海流情况：定常海流 u_c =C 和非定常周期性潮流 $u_c = u_{c0}\cos(\omega t + \varepsilon)$。若将非定常潮流 $\dot{u}_c = \omega u_{c0}\sin(\omega t + \varepsilon)$ 代入到上式，则可得到：

$$(m + m_{11})\dot{u} = X_1(u - u_c) - m_{11}\omega u_{c0}\sin(\omega t + \varepsilon) \tag{2-28}$$

难船阻力按定义为

$$X_1(U) = 1/2\rho U^2 C_D(R_e) \tag{2-29}$$

其中，R_e 为雷诺数，C_D 为艇体阻力系数，与雷诺数 R_e 有关，将由模型试验和 CFD 计算来确定，若为常数则难船阻力与航速关系为 2 次式，考虑到难船微速航行雷诺数变化范围，以及一般物体绕流雷诺数在 10^6 左右内的阻力系数可能的变化，这里将采用 3 次项的形式：

$$X_1(U) = X_u U + X_{uu} U^2 + X_{uuu} U^3 \tag{2-30}$$

式中，$X_1(U)$ 为难船纵向阻力；X_u、X_{uu}、X_{uuu} 是对应的阻力回归系数；U 为航行速度。

将式（2-30）阻力代入到式（2-27）难船纵向动力学方程中，便得到模拟难船动力学模型。其中阻力相关水动力系数由模型试验和 CFD 计算来确定。

2.1.5.3 难船漂流计算与分析

采用式（2-27）模拟难船在海流作用下的纵向运动，模拟对象为假设的 3 000 吨级难船，该难船的主要参数如表 2-2 所示。

表 2-2 难船主要参数和水动力系数的模拟计算

参数及符号	单位	数值	参数符号	单位	数值
质量（$\times 10^6$）	kg	3.000	阻力回归系数（$\times 10^4$）	kg · s $^{-1}$	9.317
附加质量（$\times 10^5$）	kg	1.178	阻力回归系数（$\times 10^4$）	kg · m^{-1}	-1.557
阻力回归系数（$\times 10^3$）	kg · s $^{-1}$	9.317			

（1）定常海流潜艇漂流运动模拟与分析

设置定常海流速度、难船初始航速大小如下：

a. 定常海流速度 u_c =1.0 kn、2.0 kn；

b. 难船失去动力时的初始航速（以下称为初始航速）u_0 = 0.5 kn、1.0 kn、2.0 kn、4.0 kn。

图 2-4 为定常海流 u_c =2.0 kn，难船初始航速 u_0 = 1.0 kn、4.0 kn 时艇的速度 u 与航行距离 ξ 随时间变化的计算曲线图。图 2-5 则为定常海流 u_c =1.0 kn，难船初始航速 u_0 = 0.5 kn、2.0 kn 时艇的速度 u 与航行距离 ξ 随时间变化的计算曲线图。

仿真计算结果表明，不论难船初始航速大小，最终都将趋向于海流速度大小，即难船将随海流漂流；难船航速以过阻尼方式渐近到海流速度，即难船航速大小不出现振荡变化，难船航行速度迅速衰减（递增）至海流速度；难船航行距离基本上与时间成线性关系，可以用海流速度大小估算 $\xi = u_c \times T$，稳定阶段的差异与艇的初始航速有关。

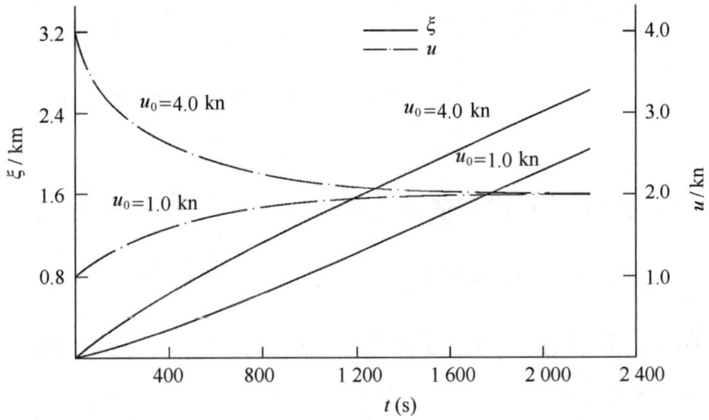

图 2-4　定常海流（2.0 kn）、不同初始航速的难船航速 u 与航程 ξ

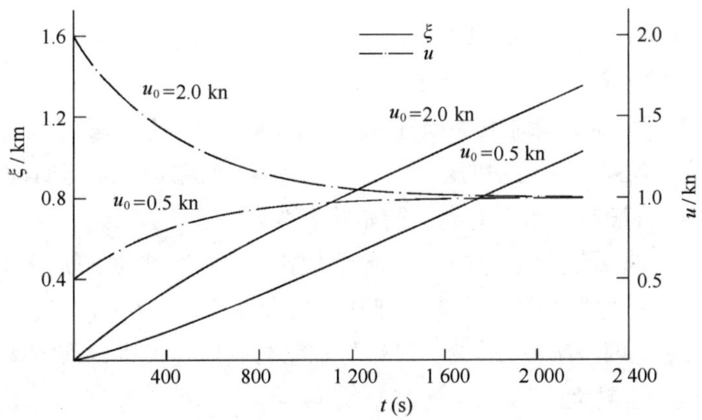

图 2-5　定常海流（1.0 kn）、不同初始航速的难船航速 u 与航程 ξ

通过仿真计算，并将计算得到的漂流速度项 u 进行回归可以得到如下的速度变化规律：

$$u(t) = u_c + (u_0 - u_c)e^{-K_u t} \tag{2-31}$$

定义公式（2-31）中指数 K_u 为“漂流指数”，根据模拟计算回归结果其大小取决于定常海流速度 u_{c0} 的大小，对所研究难船的典型数值是：当 $u_c = 2.0$ kn 时，$K_u = 0.002\ 3\ s^{-1}$；当 $u_c = 0.5$ kn 时，$K_u = 0.002\ 6\ s^{-1}$。

如果将式（2-31）代入到式（2-27）中，并忽略船体阻力的非线性项，不难得到理论估算的漂流指数为

$$K_u = X_u/(m + m_{11}) \tag{2-32}$$

将表 2-2 中数值代入式（2-25），得到理论计算结果 $K_u = 0.002\ 9\ s^{-1}$。

根据式（2-31）不难计算经过时间 T 后难船漂流距离：

$$\xi(T) = u_c T - \frac{(u_0 - u_c)}{K_u}[e^{-K_u T} - 1] \tag{2-33}$$

或近似为

$$\xi(T) = u_c T + \frac{(u_0 - u_c)}{K_u} \tag{2-34}$$

即初始航速对漂流距离修正影响估算式如下：

$$\Delta\xi = \xi(T) - u_c T = \frac{(u_0 - u_c)}{K_u} \tag{2-35}$$

式（2-35）结果说明漂流距离修正值与初始航速和海流速度差值呈线性关系，对本难船而言，当差值为 4 kn 时，$\Delta\xi = \pm 1.38$ km。

（2）潮汐海流中难船漂流运动模拟与分析

模拟潮汐海流中难船漂流运动参数设置如下：

a. 潮汐海流速度幅值 $u_{c0} = 0.5$ kn、1.0 kn；

b. 难船初始航速 $u_0 = 0.5$ kn、1.0 kn、1.5 kn、2.0 kn、4.0 kn；

c. 半日潮汐海流周期 $T = 12$ h，即圆频率 $\omega = 2\pi/T$。

图 2-6 和图 2-7 分别为难船初始航速 u_0 为 0.5 kn、2.0 kn，潮汐海流速度幅值 u_{c0} 为 1.0 kn，潮汐海流中难船漂流运动的航程 ξ、航速 u 和海流速度 u_c 随时间变化曲线图。模拟时间为 6 h，即半日潮汐的半个周期，初始状态为顺流。

图 2-6 和图 2-7 曲线变化规律为，在顺流段难船在海流推动下航程增加，逆流段航程减少；航程 ξ 呈现不对称性抛物线形态，即到达最大顶流时（6 h），航程 ξ 不为零，这里定义为剩余航程 $\Delta\xi$。剩余航程 $\Delta\xi$ 大小显然与难船初始航速及潮汐海流幅值大小有关，初始航速越大剩余航程也越大。

模拟计算结果表明，难船初始航速不论是否大于或小于潮汐海流幅值，剩余航程 $\Delta\xi$ 均为正值，即进入海流中为顺流状态，则具有增程效应。图 2-6 和图 2-7 曲线表明，除初始阶段难船航速与海流速度不一致外，其余为难船速度略微大于海流速度，这就是增程效

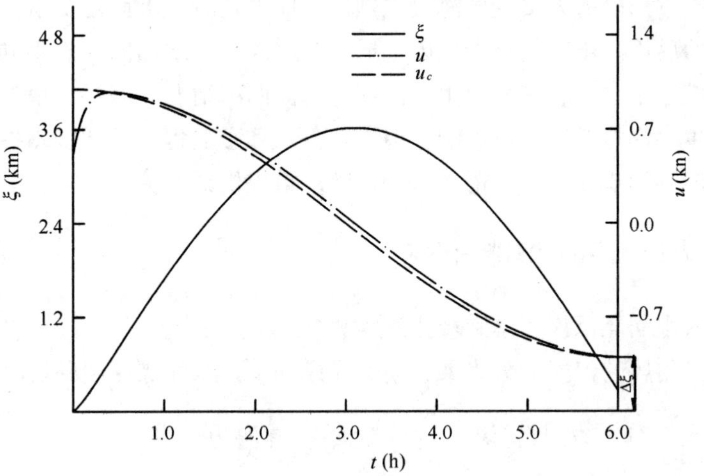

图 2-6　半日潮流 1.0 kn、初始航速 0.5 kn 的难船航速 u 与航程 ξ

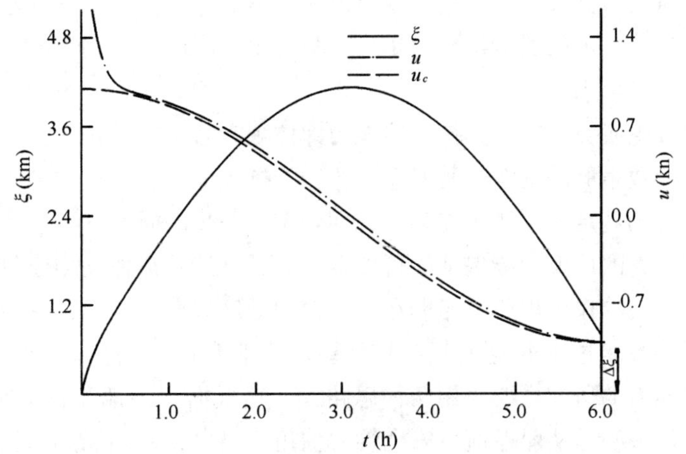

图 2-7　半日潮流 1.0 kn、初始航速 2.0 kn 的难船航速 u 与航程 ξ

应的主要原因。可见难船漂流增程效应出现在失去动力进入海流时为顺流状态。

通过上述研究，可以得出如下结论：

(1) 漂流指数大小与难船阻力成正比，与难船的纵向惯量成反比；

(2) 潮汐海流中难船微速航行的漂流效应可达到数千米。

上述结论暂局限于难船水下纵向漂流的讨论，难船非稳定航向条件下漂流运动的机理问题需要进一步深入研究。

2.2 落水人员生存能力分析

造成人员落水而漂浮水面的原因有多种，如水面船舶失事破损失去自浮能力而弃船时、水面船舶严重摇摆或人员受到海浪强烈冲击而失足时、潜艇艇员从失事沉没海底的潜艇脱险浮出水面后等。不同的落水原因造成了落水人员在水面的状态不同，主要有人员着救生器材单人漂浮于水面、乘坐救生艇漂浮于海面两种情况。海洋环境对处于这两种状态的落水人员的生存都将产生严重影响，但影响方式和影响程度不同，掌握海洋环境对落水人员生存状况的影响规律，将为落水人员搜救决策提供科学依据。

2.2.1 落水人员耐风、浪能力分析

无论是单人水面漂浮，还是乘救生艇漂浮于海面上的落水人员，其生存主要受到风、浪的影响，将其耐风、浪能力分为乘救生艇漂浮和单人水面漂浮两种情况进行分析。

2.2.1.1 落水人员乘救生艇漂浮时的耐风、浪能力分析

乘救生艇漂浮时落水人员的耐风、浪能力体现在救生艇能够抵御风、浪而不致倾覆的能力。其中，风的作用主要体现在救生艇水面以上部分所造成的倾覆力矩，包括作用在水面以上的艇体和风帆，其大小的体现主要是风速；浪的作用主要体现在浪在救生艇上所形成的倾覆力矩。当风、浪的联合倾覆力矩大于救生艇固有的扶正力矩时，就将造成救生艇的倾覆，而导致人员落水。

落水人员乘救生艇漂浮时，其抗风浪能力即体现为救生艇的抗风浪能力，即在多少级风浪条件下能保证救生艇的安全，其概念与船舶的抗风浪能力是一致的。但目前，尚无对救生艇抗风浪能力的规定与说明，需要对此问题做进一步的研究。

回答船舶在多大的风浪中能保证航行安全的问题，涉及流体动力学等多方面，例如涉及风的作用规律、浪的作用规律及船舶在波浪上的摇摆规律，等等，甚至还与人们对船舶的操纵经验有关。鉴于这一问题的复杂性，要作出非常准确的计算和判断比较困难。目前，船舶抗风浪能力的研究主要采用两种思路，一是根据《海船稳性规范》，从船舶稳性角度进行研究；另一种是从船舶航行安全性评估角度出发，采用船舶耐波性理论与方法进行研究。以下将综合船舶稳性和耐波性两个方面对救生艇的抗风浪能力进行分析。

（1）救生艇耐波性分析

船舶耐波性是由许多基本的耐波性因素所决定，通常包括自由度的运动、线（角）速度与加速度，以及诸如甲板上浪、螺旋桨出水、船首砰击等耐波性事件和晕船率等。综合多方面因素考虑，船舶耐波性衡准如表 2-3 所示。

表 2-3　船舶耐波性衡准及其允许概率

序号	衡准因素	衡准值	允许概率
1	横摇（°）	8.0	0.05
2	纵摇（°）	3.0	0.05
3	升沉（m）	2.0	0.05
4	船首 1 站砰击概率	—	0.05

续表

序号	衡准因素	衡准值	允许概率
5	船首甲板上浪概率	—	0.05
6	螺旋桨出水概率	—	0.05
7	船首柱垂向加速度 g	0.4	0.05
8	艏摇（°）	2.0	0.05

注：1. 以上衡准是针对船舶正常航行所提出的，而对于船舶倾覆和人员所能承受的极限衡准要高于上述值，但不同船舶和人的个体差异较大，上述衡准值可作参考。

2. 救生艇的进水角在20°左右。

就救生艇而言，由于不存在船首柱、甲板、螺旋桨等结构，因此，其耐波性研究的重点是船舶的横摇、纵摇和升沉运动。下面通过救生艇的横摇运动分析，对其耐波性进行研究。

船舶的强迫横摇运动方程如下：

$$\ddot{\theta} + 2\nu_\theta\dot{\theta} + n_\theta^2\theta = n_\theta^2 a_{e0}\sin\omega t \tag{2-36}$$

式中，ν_θ——横摇阻尼系数；

n_θ——静水恢复力矩系数。

式（2-36）是典型的二阶常系数线性微分方程，采用代入法求解，设特解为

$$\theta = \theta_a\sin(\omega t - \varepsilon_{\theta-\alpha}) \tag{2-37}$$

式中，θ_a——横摇幅值；

$\varepsilon_{\theta-\alpha}$——横摇 θ 与扰动源 α 的相位差。

将式（2-37）及其导数 $\dot{\theta}$ 和 $\ddot{\theta}$ 代入式（2-36），经过整理后可得

$$\theta_\alpha = \frac{\alpha_{e0}}{\sqrt{(1-\Lambda^2)^2 + 4\mu_\theta^2\Lambda^2}} \tag{2-38}$$

$$\varepsilon_{\theta-\alpha} = \mathrm{arctg}\frac{2\mu_\theta\Lambda}{1-\Lambda^2} \tag{2-39}$$

式中，$\mu_\theta = \dfrac{\nu_\theta}{n_\theta}$ 为无因次横摇阻尼系数；$\Lambda = \dfrac{\omega}{n_\theta}$ 为调谐因子。

两式中，只有变量 μ_θ 和 Λ；以 Λ 为变量，以 μ_θ 为参变量，画出了幅值放大因子和相位差的变化规律，如图2-8、图2-9所示，前者称为幅频曲线，后者称为相频曲线。

当 $\Lambda \to 0$ 时，$\dfrac{\theta_\alpha}{\alpha_{e0}} \to 0$，$\varepsilon_{\theta-\alpha} \to 0$。

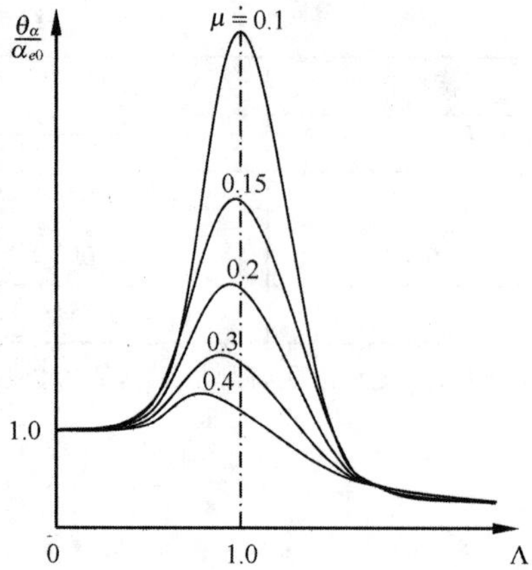

图 2-8　幅频曲线

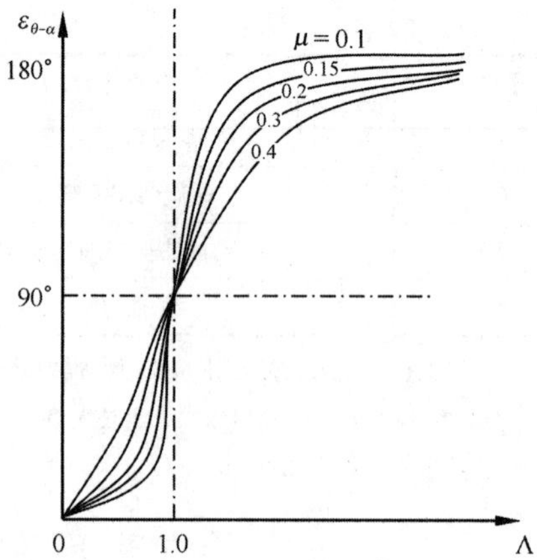

图 2-9　相频曲线

这种情况相当于浅吃水平底船在大浪中，摇幅和相位都和波浪一致。

以某 5 人救生艇为例，其主尺度如下：

艇长：　　　　3.05 m

艇宽：　　　　1.40 m

舷高：　　　　0.39 m

可见，该救生艇属于典型的浅吃水平底船，即该救生艇在波浪中的摇摆角与波浪的波倾角相同。推而广之，救生艇的各项运动与波浪的幅值和频率基本相同。

表 2-4　海况定义及波倾角计算

风			海浪		波倾角（°）
风级	名称	平均风速（m/s）	1/10 大波波高平均值（ft①）	波浪在 90%累积率下的波长（ft）	
0	无风	0			
1	软风	0.836	0.09	0.42	12.18
2	轻风	2.36	0.6	3.35	10.15
3	微风	4.34	2.3	13.5	9.67
4	和风	6.69	6.0	35.5	9.59
5	劲风	9.35	9.3	55.5	9.51
6	强风	12.29	15.6	94	9.42
7	疾风	15.48	23.6	142.5	9.40
8	大风	18.92	37.0	222	9.46
9	烈风	22.57	48.9	295	9.41
10	狂风	26.44	67.4	405	9.45

① 1 ft=3.048×10^{-1} m.

续表

风			海浪		波倾角（°）
风级	名称	平均风速（m/s）	1/10 大波波高平均值（ft）	波浪在 90%累积率下的波长（ft）	
11	暴风	30. 50	81. 8	492. 5	9. 43
12	飓风	34. 75	94. 6	—	—

说明：波浪在 90%累积率下的波长为推算值。

由表 2-4 可知，波浪的波倾角一般在 10°左右，这样的横摇角对于救生艇上的人员耐受性产生了较大的影响，但尚不至于影响到人身安全；但当风级达到 3 级时，1/10 大波的波高所导致的救生艇垂荡运动已超过了人的耐受能力。在横摇与垂荡的共同作用下，救生艇上的人员是无法长期耐受的。因此，可以得到结论：从耐波性出发，救生艇的最大抗风浪能力应不大于 3 级风力。

（2）救生艇稳性分析

根据船舶稳性研究的观点，在风浪联合作用下，船舶抗风浪能力的标志是采用如下情况的校核结果：假定船舶正横于规则的涌浪中，并且和波浪发生共振，这时的摇摆角叫作共振摇摆角，以 φ 表示。在共振条件下，当船舶摆动到一舷最大角 φ 而正要返回到正浮位置并摆向另一舷时，又遭到正横方向吹来的突风作用，由突风作用引起的动倾力矩的方向与船舶共振横摇角 φ 的方向相反，而和船舶正要返回的方向一致，如图 2-10 所示。在这种情况下，船舶最大能承受的风力等级作用而不致倾覆就作为船舶抗风浪能力的标志。

正如救生艇耐波性分析中所言，该救生艇的横摇角与波浪的波倾角相同，一般在 10°左右，且与波浪等级无关。因此，可以以 10°作为救生艇最严重的横摇角，在此基础上，再考虑风倾力矩对稳定的影响，即是将动稳性中的初始横摇角设为 10°。该问题的求解相当于有初始横倾角时船舶的抗风浪能力。

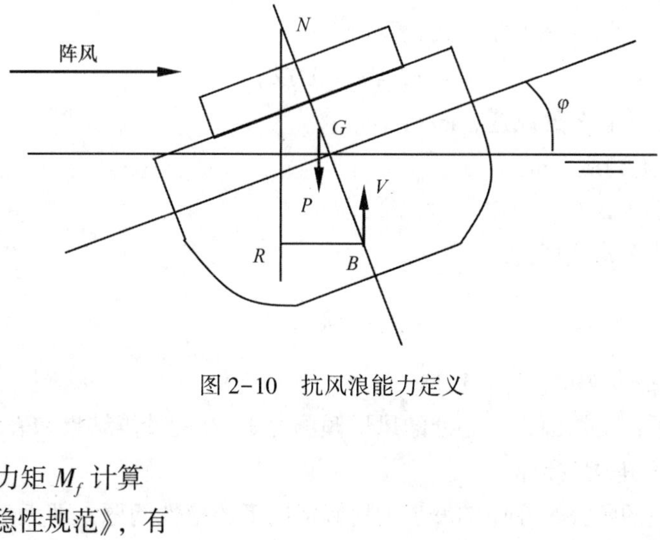

图 2-10　抗风浪能力定义

a. 风压倾侧力矩 M_f 计算

根据《海船稳性规范》，有

$$M_f = P_f A_f Z_f \tag{2-40}$$

式中，P_f——风的静压力，如表2-5所示，kg/m^2；

A_f——受风面积，m^2。当海上风较大时，从保证航行安全出发，应不使用风帆，则救生艇的受风面积应为艇体水面以上部分；

Z_f——倾斜力臂，设风为长期作用，即静作用，船舶产生均匀的横移运动，这时船体水下部分的侧面上将产生水的阻力，它有风压力相平衡，阻力的作用点可取在1/2吃水处，则 $Z_f = z_n - T/2$，z_n 为受风面积 A_f 的中心高度，m。

表2-5　1946年蒲氏风级表（10 m处）

风力（级）	平均风速（m/s）	平均风压（kg/m^2）	风压倾侧力矩（kg·m）
0	0	0	
1	0.836	0.054 7	2.49×10^{-3}
2	2.36	0.437	1.98×10^{-2}
3	4.34	1.476	6.71×10^{-2}
4	6.69	3.50	0.159
5	9.35	6.83	0.311
6	12.29	11.80	0.538
7	15.48	18.74	0.854
8	18.92	27.98	1.276
9	22.57	39.84	1.81
10	26.44	54.65	2.49
11	30.50	72.74	3.31
12	34.75	94.44	4.30

注：风压倾侧力矩 M_f 指受风面积中心处。

风速沿竖直方向的变化可按下式计算：

$$v_Z = v_{10}(0.1Z)^{\alpha} \tag{2-41}$$

式中，v_Z——海面以上 Z 处风速，m/s；

Z——海面以上高度，m；

α——一般可取1/7。

各处风压可按下式计算：

$$p_{fz} = C_0 \frac{\rho}{2} v_z^2$$

式中，$\rho = 0.132\ kg \cdot s^2/m^4$，$C_0 = 1.186$。

则不同风级下，受风面积中心处的风压倾侧力矩 M_f 的计算结果如表2-5所示。

b. 最小倾覆力矩 M_c 计算

船舶倾覆力矩的研究是在船舶发生大横倾情况下的稳性问题，即大角稳性。在只考虑风的持续作用情况下，研究船舶在静倾斜力矩作用下船舶可能达到的最大倾角是否大于允许的倾角。这种研究是在船舶静稳性曲线的基础上进行的。由于救生艇横倾达到20°时，水线即达到艇的进水角，因此，对于救生艇的静稳性曲线只划到20°。

静稳性曲线反映了船舶在受到外力受用发生倾斜，所产生的恢复力矩与横倾角大小的关系。恢复力矩由船形稳性力矩和重量稳性力矩组成，如图2-10所示：

$$M_q = M_f + M_w \tag{2-42}$$

其中，M_f 为船形稳性力矩，$M_f = P \cdot BR$；P 为救生艇包括载5人时的重量；BR 为不同横摇角情况下的 BR 值可通过作图法获得；M_w 为重量稳性力矩，$M_w = -P(z_g - z_b)\sin\varphi$；$z_g$ 为救生艇重心高度；z_b 为救生艇浮心高度。

根据上述公式及数据，计算得到的救生艇的静稳性曲线值如表2-6所示，静稳性曲线如图2-11所示。

表2-6　静稳性曲线值

横倾角（°）	0	5	10	15	20
BR（m）	0	0.21	0.42	0.62	0.82
M_f（kg·m）	0	111.93	223.86	330.46	437.06
M_w（kg·m）	0	-18.40	-36.65	-54.63	-72.19
M_q（kg·m）	0	93.53	187.21	275.83	364.87

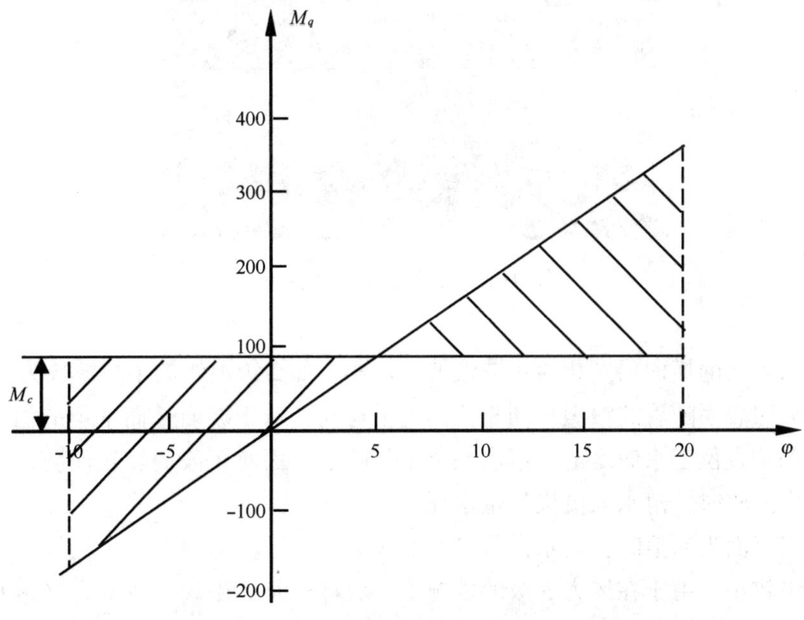

图2-11　静稳性曲线

在静稳性曲线图上作一平行于横轴的直线，使其与静稳性曲线从-10°（初始横摇角）

至 20°（最大允许角）之间所包围的两个面积相等（如图 2-11 中的两个阴影），则该直线至横轴的距离 M_C 即为当救生艇初始横摇角为-10°时，使救生艇达到最大允许横摇角 20°时所需要的倾覆力矩。从图上测量可知：$M_C \approx 94$ kg · m。

由表 2-4 可知，作用在救生艇上的风压倾侧力矩是无法达到此倾覆力矩的，即单纯风的作用是无法限制救生艇在海上使用的。这是因为，救生艇具有较低的干舷和受风面积，而又具有非常大的型宽，救生艇的艇宽与艇长之比为 0. 46，而属于典型肥胖型的大型油船的船宽与船长之比仅为 0. 15。因此，救生艇可以提供非常大的恢复力矩。

综合上述分析，救生艇的抗风浪能力主要是受到浪的大小所决定的，即由耐波性所决定的，即在 3 级风作用下所形成的海浪已经超出了救生艇横摇和升沉运动所允许的幅值范围。因此，救生艇的最大抗风浪能力应不得大于 3 级风力。

2. 2. 1. 2　落水人员单人水面漂浮时的耐浪能力分析

落水人员单人水面漂浮时，主要是波浪对落水人员生存能力产生影响。当落水人员穿着救生衣或佩戴救生圈或潜艇艇员脱险后穿着脱险服漂浮于水面时，落水人员只有肩以上部位于水面之上，如图 2-12 所示。

图 2-12　脱险艇员水面姿态

由于落水人员的横向尺度相对于波浪波长较小，如 2 级浪级的平均波长为 7. 32 m，落水人员将在波浪表面随着波浪做相同相位的上下运动，对于波面长而平坦的涌浪，落水人员可保持头部一直位于水面之上，落水人员不易呛水；而对于波面较短而陡的风浪，特别是当波峰产生破碎时，落水人员极易呛水死亡。

因此，当海面为涌浪时，落水人员可承受较大的浪级；但当海面为风浪时，落水人员可承受的浪级较小，由于在风力 3 级的情况下，波峰即开始破碎，因此，当落水人员处于 3 级风力下的海况时，其生命即开始受到海浪的严重威胁。

2.2.2 落水人员耐低温能力分析

落水人员的生理条件、装备条件、生存欲望、衣服类型及浸湿程度、起始体温、饥渴程度、疲惫程度、心理压力等，都将对其生存状况产生重要影响，但落水人员死亡案例表明，造成落水人员死亡的最主要的直接原因是低温作用，据统计，在第二次世界大战中，英国海军在海战中丧生的官兵约2/3是因为体热丧失而冻死的。因此，研究海上落水人员在低温下的生存能力和应对措施，对于提高落水人员生存率、减少死亡率具有重要的意义。

2.2.2.1 低温对人体机体影响机理

当机体受到低温、寒冷刺激时，引起体内一系列增加产热反应和减少散热反应。依靠体温调节系统的活动，可使深部体温在一定范围内保持稳定。总的来说，人体对低温、寒冷的反应大致分为两个阶段：机体对低温、寒冷的代偿反应期，低温、寒冷对人体的损害期。

（1）机体对低温、寒冷的生理代偿

a. 外周血管反应：低温条件下，人体最初出现外周血管收缩反应，使皮肤温度下降，缩小与外界的温差，以形成“隔热层”保持深度体温，但这种调节机制是有限的。当落水人员所接触的水温很低时，随即导致寒冷性血管扩张。这是因为人体外周组织冷却到一定程度时，失去了交感神经对血管收缩反应的调节能力。当皮肤温度降到31℃时，人就感到寒冷。

b. 颤抖：寒冷可引起人体肌肉紧张增加、颤抖等。寒战可以产热，最强烈的颤抖可产生1.465～1.674 MJ/h（350～400 kcal/h）的热量。但自发颤抖只能使体温不再下降或减少下降（颤抖所产生的热量很快被皮肤散失），而不能补偿机体的热量损失。在常压空气环境中，颤抖是一种自发的促使深部体温升高的反应，然而在水下环境中，颤抖往往导致外周血管扩张，从而增加了人体的热散失。所以，水下颤抖对人的低温耐力是不利的。有经验的落水人员对冷水的克服办法之一，就是减少在冷水中的颤抖反应。

c. 代谢率升高：人在水下低温环境中，通过升高代谢率，加速组织氧化，来补偿机体热损失。

d. 心血管反应：人在寒冷的环境中暴露，心律一般加快，血搏出量和血压也有上升的趋势，但如果温度太低，导致深部体温过低，则心律反而减慢。所有这些，都是机体对寒冷暴露的重要的生理反应。

（2）低温对人体损伤性的影响

人体暴露在寒冷的空气、水中会导致体温过低，即异常低于人体正常体温。当人体体温开始降低时，机体只能通过收缩体表血管减少血流和肌肉颤抖产生更多的热量来维持体温。当人体热量损失时间过长时，机体则不能保存或产生足够的热量，中心体温开始下降。人体的体心温度大约为37℃（直肠温度代表），体表的平均温度约为33℃；当体心温度低于35℃时，低温就会发生，这时人员的思维发生混乱，语言不清，可能导致进一步损害；当体心温度低于32℃时，人员可失去知觉；如体心温度继续下降到31℃左右时，产热的主要代偿方式——颤抖就会停止发生；到27℃时，人员就会死亡。

当上述生理代偿过程不足以弥补散失的热量时，将出现体温降低和中枢神经系统机能障碍、冻伤、冻僵等。

2.2.2.2 落水人员乘救生艇漂浮时耐低温能力分析

落水人员乘救生艇漂浮时，人体与海水是分隔的，造成落水人员身体低温的主要影响因素是空气的温度和空气流动的速度。人体热量流失的速度会随空气温度的降低而加快，同时，风对于暴露于空气中的潜艇脱险艇员也是一个危险因素，因为体温的降低随风速的加快而加快，而风速与气温相互作用、共同影响将会对潜艇脱险艇员产生更加严重危害。因此，在寒冷有风的天气条件下，由于冷空气吹过暴露的皮肤，人员会感到十分寒冷。图2-13为气温与风速对人员生存的影响。

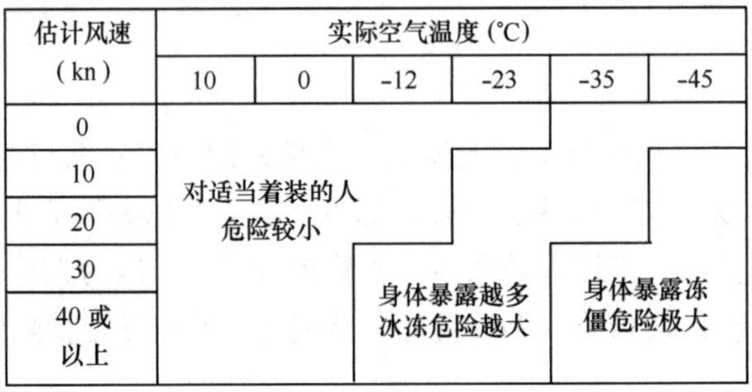

图2-13 气温与风速对人员生存的影响

2.2.2.3 落水人员单人水面漂浮时耐低温能力分析

当落水人员穿着救生衣或佩带救生圈或潜艇艇员脱险后穿着脱险服漂浮于水面时，落水人员通常只有肩以上部位于水面之上，此时造成落水人员低温的主要因素是海水水温。海水因吸收了太阳的辐射热而具有一定的温度。由于水的比热比空气约大3倍，太阳辐射热通过水的热传导也只能达到一定的深度，水温的升高或降低也较空气缓慢。一般地，海水温度随水深的增加而降低。表层水温较高、较稳定，故称等温层，是研究落水人员单人漂浮时耐低温能力的主要环境范围；以我国北方海域5月的水温为例，表层厚度为10 m左右，水温约14℃。

海水水温过低给落水人员带来的影响比空气温度的影响要严重得多，这是因为水的传热能力比空气大得多，使得落水人员的体热很快就会被冷水带走。因此，在水中由于体温过低而导致的死亡是陆地上的4倍以上，通常浸泡在低于33℃的水中就会出现体温过低的现象，这也远高于陆地上的情况。鉴于水温在任何海域都低于人体体温，即便是艇员穿着脱险服，皮肤不直接与水接触，但由于皮肤温度与水温之间存在的温差，仍将丧失大量体热，且远较空气中体温下降的速度快。人体体热丧失的速度取决于水温、防护衣物的多少以及落水者的行为方式。当然，强烈的求生欲望和生存信心对于延长其存活时间具有十分重要的作用。

第二次世界大战期间，法西斯德国监狱的纳粹党徒用囚犯进行惨无人道的试验，得到了一组人在冷水中生存时间的数据，也是目前公认的数据。即人在水温为 0℃、2.5℃、5℃、10℃、25℃的海水中生存时间分别为 0.25 h、0.5 h、1.0 h、3.0 h、24.0 h；《国际航空和海上搜寻救助手册》中给出的水温与人员体温过低之间的关系如图 2-14 所示，以上两组数据可作为评估落水人员单人水面漂浮时海水低温能力的参考值。由于人在冷水中可生存的时间太短，因此在海难事故中，遇难的落水人员大部分都是由海水低温造成的。

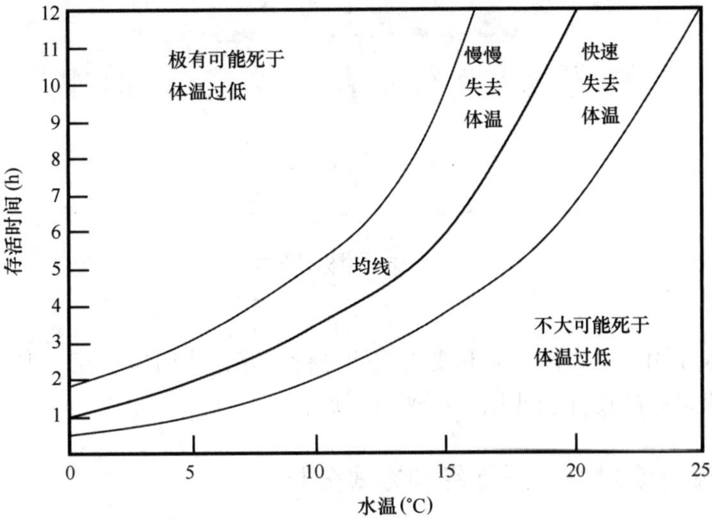

图 2-14　水温与人员体温过低之间的关系

2.3　潜艇失事浮标漂浮状态分析

快速、有效地对失事潜艇进行搜索定位是援救失事潜艇的首要任务，为此，潜艇上都装备有潜艇失事浮标（以下简称浮标），如图 2-15 所示。当潜艇失事沉没后，将失事浮标释放至水面，为搜索提供搜索目标。通常失事浮标是锥体结构，其典型外形见图 2-16。通常在失事浮标下面接有电缆，电缆内含有钢丝，借以提高电缆的强度。在失事浮标的使用过程中发现存在以下几个问题：

（1）浮标易被海水淹没；

（2）失事浮标发生大角度倾斜，致使信号灯发出的灯光信号难以被发现，甚至无线电信号无法发出；

（3）浮标缆发生断缆，致使浮标丢失。

造成上述问题的原因主要是由于风、流、浪对失事浮标的作用。因此，通过对失事浮

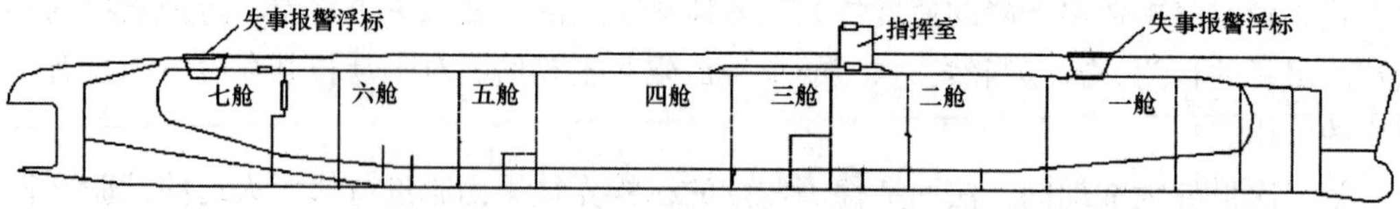

图 2-15　失事浮标布置图

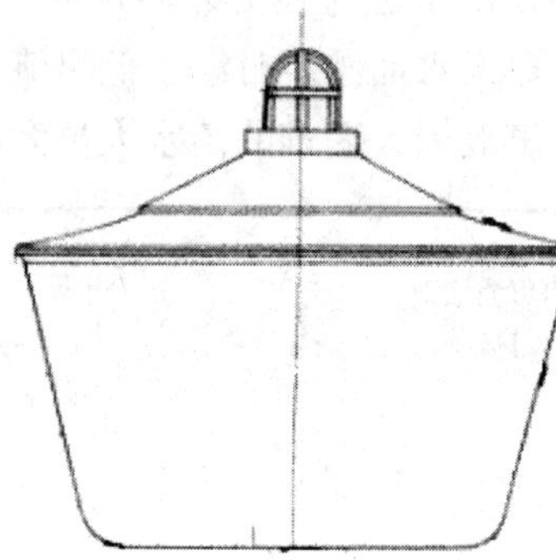

图 2-16　浮标外形图

标在风、流、浪作用下的漂浮状态和受力规律进行研究，找出风、流、浪对失事浮标的作用规律，为失事浮标的设计和使用提供理论依据。

2.3.1　风、流、浪对失事浮标影响方式分析

失事浮标在使用中所出现的问题主要是由风、流、浪的影响所造成的。

（1）风对浮标的影响分析

风作用于浮标暴露于水面之上的部分，将在浮标上产生一个横向力，该作用力使浮标产生一定的倾角，当倾角过大时，海水将淹没浮标上的灯光信号，影响到无线电信号的正常发出；同时，该力可导致浮标的倾斜和浮标的横向移动，从而牵引浮标和浮标缆的横向运动。

（2）海流对浮标的影响分析

海流作用于浮标水下部分及浮标缆上将产生一个横向的力，该力与风作用在浮标水面以上部分的力形成一个合力，从而使浮标和浮标缆产生横向运动，使得浮标漂离其的释放位置。如果该力过大，就将导致浮标及浮标缆所受向上的力不足，使浮标露出水面的部分过小，从而导致无法在水面发现浮标或灯光信号。

风、流对浮标及浮标缆的作用还体现在浮标缆上产生一个张力，但由于这个张力是由稳定的风、流作用产生的，因此，可认为该张力是一个静力。

由于风、流是相对稳定的，故浮标姿态及浮标缆张力是定常的，这种定常的姿态和张力构成了浮标及浮标缆的基本特征。

(3) 浪对浮标的影响分析

海浪的基本特征在于其时变性和随机性，即表征海浪的各项主要参数，如波高、波长、周期等，都是随时间随机变化的。因此，海浪对浮标的影响也是随时间而变化的。

海浪对浮标的影响体现在两个方面：一是对浮标缆受力的影响；二是对浮标在水面动态姿态的影响。海浪波是在其平衡位置做上下运动的，故其对浮标及浮标缆的作用主要体现在作用于浮标的垂直力上，浮标再将这一力传递到浮标缆上。浮标在这样一个垂直力的作用下，将产生垂直运动，进而带动浮标缆的运动。

由于海浪的时变性特点，其对浮标缆受力和浮标在水面动态姿态的影响都是随时间而变化的，即认为浮标及浮标缆是在风、流作用下所产生的定常姿态及受力作为均值的基础上，再进行波动。但是，随着海浪等级的提高，这种波动可能相当大，甚至超过其均值。因此，需要对海浪对浮标的影响做进一步的分析。

首先，对失事浮标系统进行静力计算，即分析风、流对失事浮标系统的影响，指出导致浮标被海水淹没或信号灯发出的信号难以被发现的条件；然后，对失事浮标系统采用频域方法进行动力分析，求出浮标缆在各种海况下的最大拉力，并综合考虑各种因素，分析浮标缆断缆的原因；最后，通过对失事浮标在各种海况条件下运动特性的研究，预报其在波浪下的运动规律，找出浮标在波浪作用下难以被发现的原因，从而为失事潜艇搜索指挥决策和失事浮标设计提供理论依据。

2.3.2 失事浮标的静力分析

通过对失事浮标系统进行静力分析，研究在定常风、流作用下，失事浮标漂浮状态和浮标缆受力规律，进而分析失事浮标被海水淹没等原因，同时，为失事浮标动力分析奠定基础。

2.3.2.1 失事浮标系统的静力分析模型

设水深为 H，假设浮标缆位于一维垂直平面内，海流没有垂直分量，水平流速亦位于浮标缆所在平面内。假定浮标系统在风、流作用下处于稳定平衡状态，对浮标和浮标缆分别建立静力平衡方程，再对联立的方程进行求解分析。

(1) 浮标缆平衡方程

如图 2-17 所示为浮标缆上任一微段 ds 的受力，图中，T 为拉力，dT 为 ds 上的拉力变化，φ 为拉力 T 的倾角，$d\varphi$ 为 ds 上的倾角变化，F 为单位长度上的法向流拖曳力，G 为单位长度上的切向流拖曳力，w 为锚泊线单位长度重量，V_c 为流速，ε 为锚泊线单位长度上的伸长。

根据图 2-17 的静平衡关系可以得到：

在缆的切线方向上：

$$(T + dT)\sin d\varphi - w \cdot ds \cdot \cos\varphi - F(1+\varepsilon)ds = 0 \tag{2-43}$$

在缆的法线方向上：

$$-T+(T+\mathrm{d}T)\cos\mathrm{d}\varphi-w\cdot\mathrm{d}s\cdot\sin\varphi+G(1+\varepsilon)\mathrm{d}s=0 \tag{2-44}$$

在上两式中，考虑到 $\mathrm{d}\varphi$ 趋近于 0 时，$\cos\mathrm{d}\varphi$ 趋近于 1，$\sin\mathrm{d}\varphi$ 趋近于 $\mathrm{d}\varphi$，忽略高阶无穷小量 $\mathrm{d}T\cdot\mathrm{d}\varphi$，便可得到：

$$\frac{\mathrm{d}T}{\mathrm{d}s}=w\sin\varphi-G(1+\varepsilon)$$

$$\frac{\mathrm{d}\varphi}{\mathrm{d}s}=\frac{1}{T}[w\cos\varphi+F(1+\varepsilon)] \tag{2-45}$$

从几何关系则可以得到：

$$\frac{\mathrm{d}x}{\mathrm{d}s}=(1+\varepsilon)\cos\varphi$$

$$\frac{\mathrm{d}y}{\mathrm{d}s}=(1+\varepsilon)\sin\varphi \tag{2-46}$$

以上各式中的 ε、G、F 按下列公式计算：

$$\varepsilon=\frac{T}{AE} \tag{2-47}$$

式中，A 为锚泊线截面积，E 为弹性模量。

$$G=\frac{1}{2}c_T\rho c(V_c\cos\varphi)^2$$

$$\frac{\mathrm{d}y}{\mathrm{d}s}=(1+\varepsilon)\sin\varphi \tag{2-48}$$

式中，ρ 为水的密度，c 为锚泊线直径，c_T 为切向流拖曳力系数，其值按下式计算：

$$c_T=c_N(d+e/\cos\varphi) \tag{2-49}$$

式中，d，e 是与缆形状及表面有关的系数，对圆形缆 $d=-0.035$，$e=0.083$，c_N 为法向流拖曳力系数（对圆形缆取 1.2）。

将式（2-40）至式（2-42）代入式（2-36）至式（2-39），便得到一组微分方程，根据给定的锚泊线条件，对这组微分方程求解，即可求得沿锚泊线的各点处张力 T，倾角 φ 以及各点的坐标 X，Y。

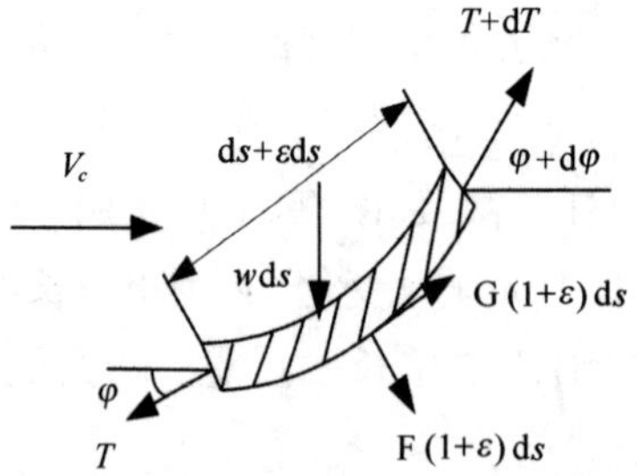

图 2-17　锚泊线微段受力图

(2) 浮标平衡方程

漂浮于水面的浮标，在定常的风、流作用下将产生漂移，但由于浮标缆的系留作用，浮标漂移至一定距离后必处于某一平衡状态，根据图 2-18 所示受力情况可得平衡方程如下：

$$\begin{cases} D_a + D_c = T\cos\varphi \\ B(\theta,\ h) = W_B + T\sin\varphi \\ M_a + M_c = T(X_c^2 + Z_c^2)^{\frac{1}{2}}\sin\left[\varphi + \theta - \mathrm{arctg}\left(\dfrac{Z_c}{X_c}\right)\right] + B(\theta,\ h)\cdot\overline{GZ(\theta,\ h)} \end{cases} \tag{2-50}$$

式中，T 为浮标缆上端的拉力，φ 为 T 的倾角，D_a 为风引起的水平力，D_c 为流引起的水平力，W_B 为浮标的重量，$B(\theta,\ h)$ 为浮标的浮力，θ 为浮标的倾角，h 为浮标的正浮吃水，M_a 为风引起的对浮标重心轴的力矩，M_c 为流引起的对浮标重心轴的力矩，X_c、Z_c 为浮标缆系结点与浮标重心的水平及垂直距离，$\overline{GZ(\theta,\ h)}$ 为浮标的静复原力臂。

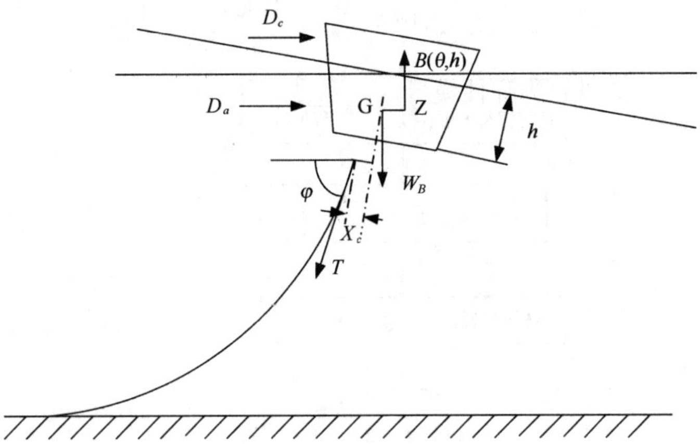

图 2-18　浮标受力图

其中，D_a、M_a、D_c、M_c 按照下列各式计算：

$$D_a = c_k A_a V_a^2$$
$$M_a = D_a l_a$$
$$D_c = c_D \cdot \frac{1}{2}\rho A_c V_c^2$$
$$M_c = D_c l_c \tag{2-51}$$

式中，c_k 为经验系数，A_a 为浮标的水上部分在与风向垂直的平面上的投影面积，A_a 为风速，l_a 为风力中心与浮标重心的距离，c_D 为流拖曳力系数，ρ 为水密度，A_c 为浮标的水下部分在与流向垂直的平面上的投影面积，V_c 为流速，l_c 为流力中心与浮标重心的距离。

(3) 解算方法

可以看出，在式 (2-50) 中有 4 个未知参数：T、θ、φ、h，其余的参数均为已知。在这 4 个未知数中，T、φ 与浮标缆的悬垂状态有关，θ、h 与浮标的浮态有关。为了求得方程的唯一解，需要根据浮标缆的悬垂状态补充条件。因为当浮标缆上端的拉力 T 与倾角 φ 满足方程（2-50）的要求时，其下部必须同时满足与海底接触的相应条件，即当浮标缆未被全部提起时，其上端点与悬垂线最低点的垂直距离应等于上端点至水底平面的垂直距离；当浮标缆全部提起时，该距离不变，同时下端点的倾角 $\varphi \geqslant 0$。

计算时可先假定一个浮标吃水 h，从而算出浮力 B，进而用逐步近似法便可求得一组 T、φ、θ。这样求得的一组解虽然满足浮标的浮态平衡条件，但未必能满足浮标缆悬垂状态的要求，因此需要检验。检验方法是以所求得的 T、φ 作为浮标缆上端点的边界条件，利用（2-50）式沿浮标缆从上至下积分，如果其符合上述相应条件，这组解则成立。否则重新假定一个 h，重复上面的计算，直至出现符合相应条件的解，程序框图如图 2-19 所示。

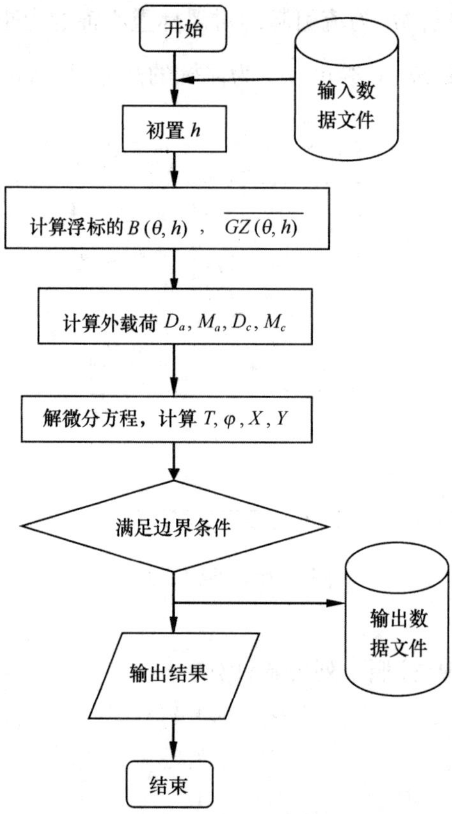

图 2-19　浮标静力计算程序框图

（4）浮标缆的悬链线方程

在许多情况下，需要浮标缆在静止情况下的位形及张力分布，这可以通过求解浮标缆的悬链线方程得到。如图 2-20 所示，浮标缆下端与底面相切，坐标原点 o 定在切点上，上端受拉力 T，水平分量与垂直分量分别为 T_H、T_V，水深为 H，浮标缆长为 l，水平投影长为 S，单位长度水中重量为 w。

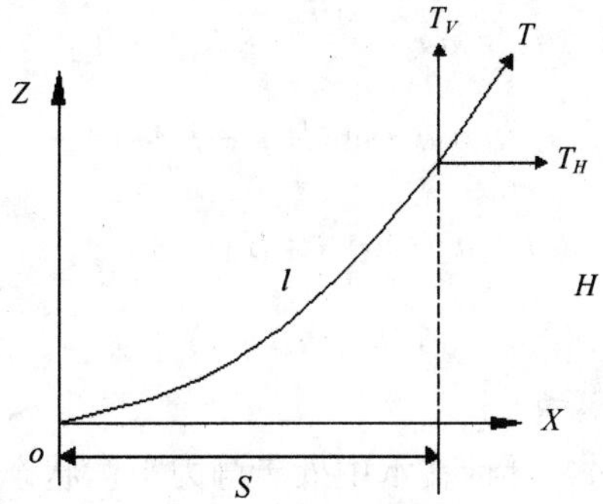

图 2-20　悬链线示意图

取微段进行力学分析，如图 2-21 所示。

$$dT_H = 0 \tag{2-52}$$

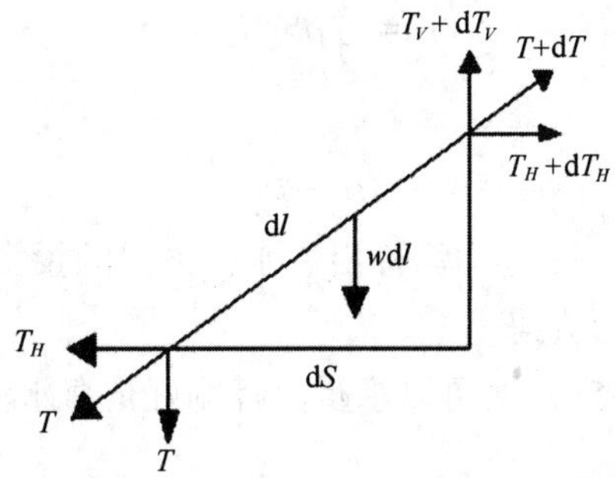

图 2-21　悬链线微段示意图

则水平分量在浮标缆各点都相等。

垂直方向：

$$dT_V = w dl$$

而

$$T_V = T_H \cdot \frac{dH}{dS}$$

将上式对微分 S，则

$$T_H \frac{d^2H}{dS^2} = w\frac{dl}{dS} = w\sqrt{1 + (\frac{dH}{dS})^2}$$

将上式积分，可得悬链线方程为：

$$H = a(\mathrm{ch}\frac{S}{a} - 1) \tag{2-53}$$

式中，$a = T_H/w$ 为悬链线参数。

由此可推出以下四式：

$$T_H = aw = \frac{wH}{2}[(l/h)^2 - 1] \tag{2-54}$$

$$S = a \cdot \mathrm{ch}^{-1}(1 + H/a) \tag{2-55}$$

$$l = a \cdot \mathrm{sh}\frac{S}{a} = H\sqrt{1 + \frac{2a}{H}} \tag{2-56}$$

$$T = w(H + a) \tag{2-57}$$

(5) 浮标淹没条件判断模型

当浮标完全被海水淹没时，浮标在水中处于静力平衡状态，此时的水深、流速可由下面的方法求得。

设浮标在水中的正浮力为 B，则可得垂向静力平衡：

$$\sqrt{T^2 - T_H^2} = B - G \tag{2-58}$$

设浮标在水中的水平方向受到流体的作用力为 F 由默里森方程可得：

$$F = \frac{1}{2}\rho S_0 C_D V^2$$

则水平方向静力平衡为：

$$F = T_H \tag{2-59}$$

式中，G 为浮标在空气中的重量；S_0 为浮标沿着水流方向的投影面积；C_D 为拖曳力系数，这里取 1.2；B 为海水密度；B 为流速。

由式（2-58）和式（2-59）便可以求得浮标刚好被海水淹没时的流速和水深。

2.3.2.2 失事浮标稳定姿态和浮标缆受力分析

以假设的失事浮标为对象，根据上述失事浮标系统稳定姿态的计算模型，进行失事浮标系统稳定姿态和浮标缆受力的计算。

(1) 失事浮标稳定姿态计算分析

首先，根据计算结果整理出浮标吃水和流速的关系，再根据浮标被淹没的判断模型，分析得到浮标完全被海水淹没规律，如图 2-22 所示；然后，根据计算结果整理出不同水深情况下浮标倾角和流速的关系，根据对浮标不同吃水、倾角与浮标信号灯被海水淹没的情况分析，得到浮标灯刚好被海水淹没情况下浮标倾角和浮标吃水的关系，如图 2-23 所示；再归纳得到浮标灯刚好被海水淹没情况下水深和流速的关系，如图 2-24 所示。

通过对计算结果的分析可知，失事浮标难以被发现的原因有两种情况：一是由于受到海流的影响，浮标完全被海水淹没，如图 2-25 所示；二是由于受到风、流的影响，浮标倾斜比较大，浮标的信号灯被海水淹没，两者都将使浮标的灯光信号难以被发现，无线电信号无法发出，如图 2-26 所示。

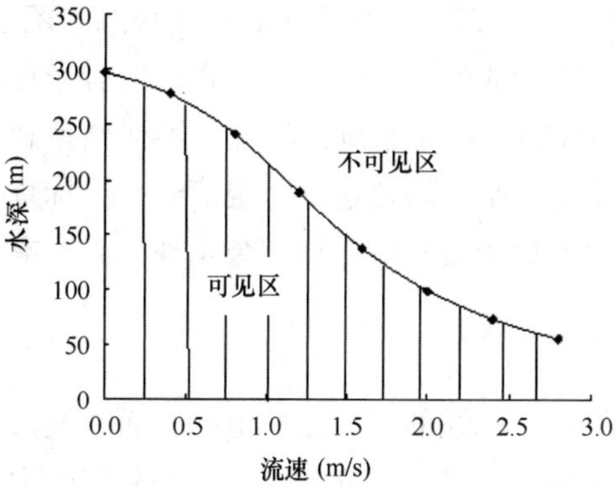

图 2-22　浮标完全被海水淹没的分区图

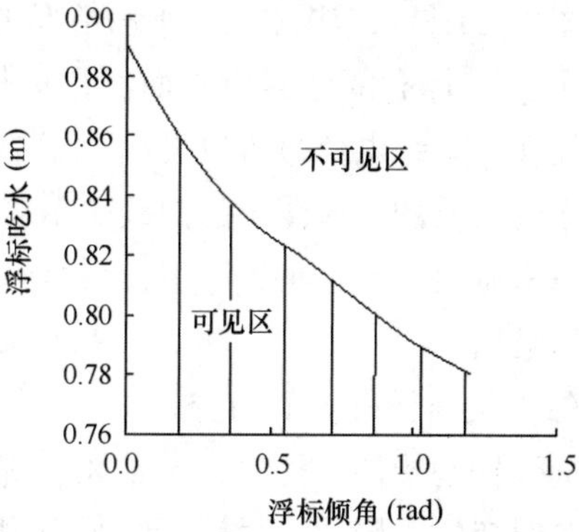

图 2-23　浮标灯刚好被海水淹没情况下浮标倾角和浮标吃水的关系图

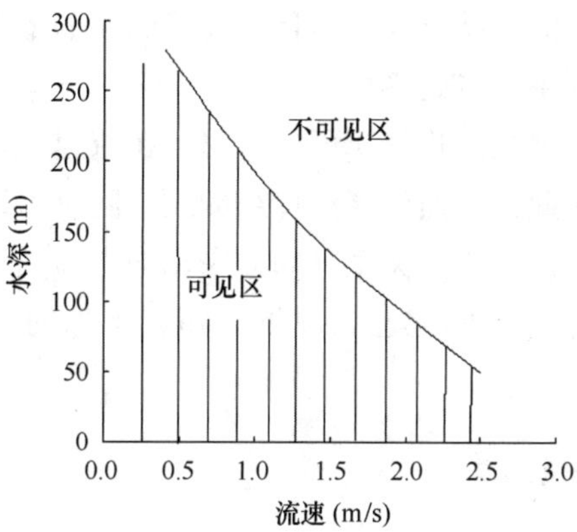

图 2-24　浮标灯刚好被海水淹没情况下水深和流速的关系图

图 2-22 是对应图 2-25 所示情况的计算结果。图中曲线以下部分表示浮标的可见区，曲线以上部分表示浮标的不可见区。通过该曲线可判断在水深和流速一定的情况下，失事浮标放出后会不会被海水淹没，判断方法如下：如果水深和流速的交点落在可见区，则表示在该情况下，浮标不会被淹没，若落在不可见区，则表示浮标将被海水淹没。

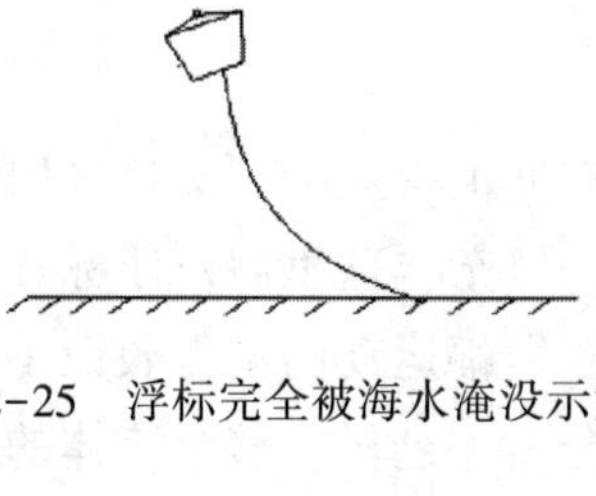

图 2-25　浮标完全被海水淹没示意图

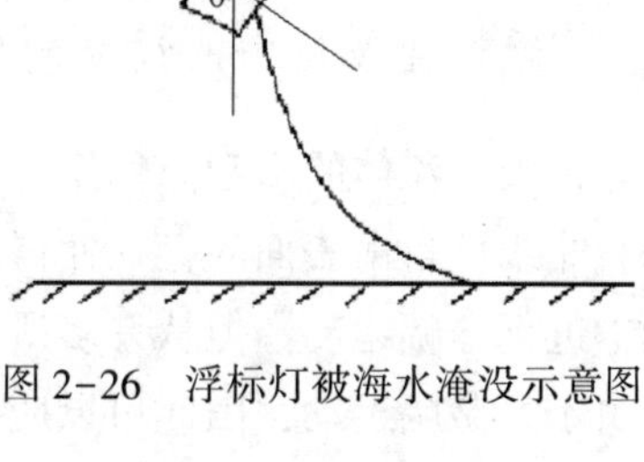

图 2-26　浮标灯被海水淹没示意图

图 2-24 是对应图 2-26 所示情况的计算结果。在夜间，如果浮标的漂浮状态如图 2-26 所示，浮标有部分露出水面，浮标灯被海水淹没，那么，浮标灯发出的灯光信号将难以被发现，无线电信号难以发出。图 2-23 是浮标灯刚好被海水淹没情况下浮标倾角和浮标吃水的关系图，该图上的曲线表示当浮标达到某一吃水、倾角达到一定值时，浮标灯刚好被海水淹没，在这种情况下，信号灯在夜间发出的灯光信号将会很难被发现，无线电信号难以发出。

（2）失事浮标缆静力分析

同浮标的漂浮一样，在定常风、流作用下，失事浮标缆的受力是稳定的，而在波浪作用下是时变的。因此，对浮标缆受力规律的分析包括了在风、流静力作用下的稳定受力的分析，在波浪作用下叠加在稳定受力值基础之上的受力变化规律的分析两种情况。

由于关心的是浮标缆断裂的原因，只需要对浮标缆上的最大拉力点进行研究。通过对仿真计算结果的整理得到不同水深和流速条件下拉力沿着缆长的分布。从中可见，浮标缆上的最大拉力点出现在浮标的系结点处，而且，随着流速的增加，拉力在不断地增加。因此，以下研究只针对浮标的系结点处进行。

从风速对浮标系结点拉力的影响规律可以看出：在流速一定的情况下，浮标系结点的拉力受风速的影响不大。因此，下面计算浮标缆的拉力问题可以固定在某一风速下进行。

从浮标系结点的拉力和流速之间关系可知，在相同水深情况下，随着流速的增加，浮标系结点的拉力不断增加；在相同流速情况下，随着水深的增加，浮标系结点的拉力也增大。

2.3.3 失事浮标的动力分析

在绝大多数情况下，失事浮标系统是在既有风、流作用，又有波浪作用下运动的。因此，需要对波浪作用下的失事浮标的浮标缆动力进行研究。

对失事浮标系统进行动力分析，就是研究浮标缆最大受力随着海浪频率的变化规律，这势必需要针对不同频率的海浪进行最大受力计算，而单一频率海浪即为理论上的规则波。因此，采用规则波理论对失事浮标缆进行动力分析。由于失事浮标系统是由失事浮标和浮标缆两部分组成，二者在波浪作用下，相互影响，相互耦合，因此，需要先对失事浮标在规则波作用下的运动响应进行分析，然后，以此响应作为浮标缆运动的上边界条件，通过仿真计算分析浮标缆的受力规律。

2.3.3.1 浮标在波浪中的运动响应模型

浮标在周围流体的水动力作用下产生运动，而浮标在波浪上运动，又对其周围流体产生扰动。非线性自由表面的存在使得对它的运动求解大为复杂，这里假设浮标在微幅规则波作用下进行微幅运动。但从许多研究和应用领域来看，微幅运动的前提假设是合理和充分的。由于是微幅运动，因此可以应用线性理论来进行分析。这里，整个流体的动力求解是以势流理论为基础的，即假定流体是均匀、不可压缩的，其运动是无旋的，从而存在在流域中满足拉普拉斯方程的速度势，该速度势在流体边界上满足一定的边界条件。求解这个边值问题，就可得到速度势和流体速度分布，再由伯努力方程，得到压力分布，进而求得流体作用力，最终可由刚体运动假设求得浮标的运动响应。

（1）坐标系的选取和运动量的描述

在下面的讨论中，取如下的坐标系统：坐标系 $o_0x_0y_0z_0$ 固定在流体中，不随流体或浮标运动；选择 $o_0x_0z_0$ 平面与静水面重合，o_0y_0 轴垂直向上，位于浮标中心处，o_0x_0 轴位于浮标中纵剖面内，此坐标系称空间固定坐标系。另一个坐标系 $oxyz$ 与浮标固结，随浮标一起摇荡，当浮标处于平衡位置时，它与空间固定坐标系 $o_0x_0y_0z_0$ 重合，此坐标系称为动坐标系。

在空间固定坐标系中，动坐标系的原点 o 的位置（$\bar{x}$，$\bar{y}$，$\bar{z}$）是浮标相对于固定坐标系的线位移，称为纵荡 $\bar{x}$，垂荡 $\bar{y}$，横荡 $\bar{z}$。

浮标摇荡时的姿态由动坐标系的转动来描述。当没有旋转时，动坐标系的位置由线位移确定，设为 $o\hat{x}\hat{y}\hat{z}$，转动后，动坐标系 $oxyz$ 转到某一新位置，则动坐标系相对于转动前 $o\hat{x}\hat{y}\hat{z}$ 的角位移决定了浮标运动的姿态。角位移用三个欧拉角来定义。如图 2-27 所示。

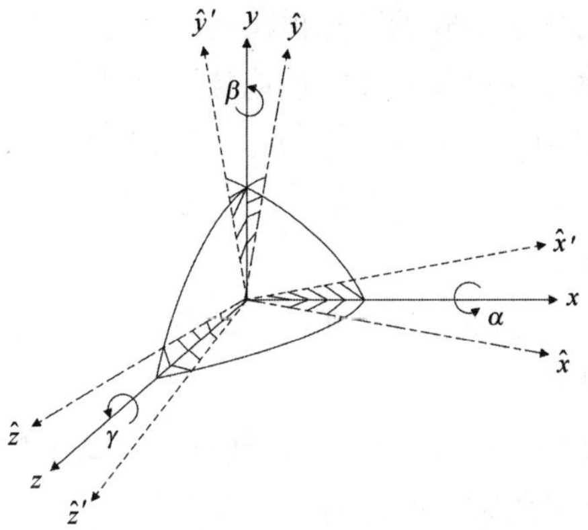

图 2-27　欧拉角的定义

α，β，γ 分别定义为浮标横摇，首摇和纵摇的角位移。

在浮标做微幅摇荡时，坐标系 $o\hat{x}\hat{y}\hat{z}$ 与 $oxyz$ 的变换关系为：

$$\begin{bmatrix}\hat{x}\\ \hat{y}\\ \hat{z}\end{bmatrix}=\begin{bmatrix}1 & -\gamma & \beta\\ \gamma & 1 & -\alpha\\ -\beta & \alpha & 1\end{bmatrix}\begin{bmatrix}x\\ y\\ z\end{bmatrix} \tag{2-60}$$

显然，动坐标系中某一位置在固定坐标系 $o_0x_0y_0z_0$ 中可以表达为：

$$(x_0,\ y_0,\ z_0)=(\bar{x},\ \bar{y},\ \bar{z})+(x,\ y,\ z)+(\alpha,\ \beta,\ \gamma)\times(x,\ y,\ z) \tag{2-61}$$

角速度与欧拉角的关系，准确到一阶量时，可近似写为：

$$(\omega_1,\ \omega_2,\ \omega_3)=(\dot{\alpha},\ \dot{\beta},\ \dot{\gamma}) \tag{2-62}$$

（2）浮标的辐射速度势

根据势流理论可知，浮标的速度势包括辐射势、绕射势和入射势三个部分。所谓的辐射势就是由于物体振荡运动引起流体扰动的那部分速度势，而绕射势就是流体流过固定不动的物体所产生的那部分速度势，入射势就是入射波的速度势。辐射势的求解是最复杂也是最重要的，下面将会看到，有了辐射势后，很大情况下绕射势可通过辐射势直接求解，而入射势的求解相对较简单。下面先介绍辐射势的求解。

当浮标在静水面上无航速摇荡时，流场中一阶不定常速度势 $\nabla^2\Phi(x, y, z, t)$ 的定解问题是：

【L】 $\nabla^2\Phi(x, y, z, t)=0$ 在流场内

【F】 $\dfrac{\partial^2\Phi}{\partial t^2}+g\dfrac{\partial\Phi}{\partial y}=0$ 在 $y=0$ 上

【S】 $\dfrac{\partial\Phi}{\partial n}=v_j\cdot n_j$ 在物体表面上

【B】 $\dfrac{\partial\Phi}{\partial n}|_{y=-H}=0$ 在底部

【R】远离物体的自由面上有波外传。

上述定解问题的表述对任意形式的浮标摇荡运动都是适用的。当浮标在规则波中作微幅的自由摇荡运动时，精确到一阶量，浮标运动的整个动力系统即可以认为是一个线性系统，则浮标的运动必是简谐的。设其圆频率为 ω，瞬时位移为：

$$\xi_j=\mathrm{Re}\{\bar{x}_j e^{-i\omega t}\} \tag{2-63}$$

浮标的摇荡运动速度为：

$$v_j=\dot{\xi}_j=\mathrm{Re}\{-i\omega\bar{x}_j e^{-i\omega t}\} \tag{2-64}$$

相应地，浮标的摇荡速度势为：

$$\Phi(x, y, z, t)=\mathrm{Re}\{\varphi(xz, y, z)e^{-i\omega t}\} \tag{2-65}$$

φ 为空间速度势，它满足的物面条件为：

$$\frac{\partial\varphi}{\partial n}=-i\omega\bar{x}_j\cdot\tilde{n}_j \tag{2-66}$$

将 φ 进一步分解，取

$$\varphi(x, y, z)=-i\omega\bar{x}_j\varphi_j(x, y, z) \tag{2-67}$$

则 $\dfrac{\partial\varphi_j}{\partial n}=\tilde{n}_j$ 在物面上

φ_j 只与物体形状和运动模态 j 有关，与运动的大小无关。对于给定的物体，在某一确定的振荡频率下便可一劳永逸地求出来，称为规范化速度势 φ_j，满足以下的定解条件：

【L】 $\nabla^2\varphi_j(x, y, z)=0$ 在流场内

【F】 $\dfrac{\partial\varphi_j}{\partial y}-\nu\varphi_j=0$ 在 $y=0$ 上

【S】 $\dfrac{\partial\varphi_j}{\partial n}|_{S_0}=\tilde{n}_j$ 在物面上

【B】$\frac{\partial \varphi_j}{\partial y}|_{y=-H}=0$　　　　在底部

【R】$\lim\limits_{y->\infty} \sqrt{R}\left(\frac{\partial \varphi_j}{\partial R} - ik\varphi_j\right) = 0$　　　　其中：$R = (x^2 + y^2)^{\frac{1}{2}}$

水深为无限时：

$$k = \nu = \frac{\omega^2}{g} \tag{2-68}$$

水深为 H 时：

$$\nu = \frac{\omega^2}{g} = k\tanh kH \tag{2-69}$$

用格林函数求解辐射速度势。流场中任意点 $P(x, y, z)$ 的势函数值可以表示为：

$$\varphi_j(P) = \frac{1}{4\pi}\iint_{S_0} \sigma(Q) G(P, Q) \mathrm{d}S_0 \tag{2-70}$$

其中，$Q(\xi, \eta, \zeta)$ 为物面上的，$\sigma(Q)$ 为在物面上的源强分布密度，由物面条件决定。

格林函数应满足的定解条件，在水深有限时为：

【L】　$\nabla^2 G(P, Q) = \delta(P-Q)$　　　　在流场内

【F】$\frac{\partial G}{\partial y} - \nu G=0$　　　　在 $y=0$ 上

【B】$\frac{\partial G}{\partial y}|_{y=-H}=0$　　　　在底部

【R】$\lim\limits_{y->\infty} \sqrt{R}\left(\frac{\partial G}{\partial R} - ikG\right) = 0$

设 $G(P, Q) = \frac{1}{r} + \frac{1}{r_2} + G^*$，其中：

$$r = r(P, Q) = [(x-\xi)^2 + (y-\eta)^2 + (z-\zeta)^2]^{\frac{1}{2}}$$

$$r_2 = r(P, Q) = [(x-\xi)^2 + (y+2H-\eta)^2 + (z-\zeta)^2]^{\frac{1}{2}}$$

G^* 代表一个在整个流场中处处调和的函数，即 $\nabla^2 G^* = 0$。

Wehausen 和 Laitor 给出了满足上述定解条件的格林函数的特解形式为：

$$G(P, Q) = \frac{1}{r} + \frac{1}{r_2} + P \cdot V\int_0^\infty \frac{(2m+\nu)e^{-mH}\cos m(\eta+H)\cos m(y+H)}{m \cdot \sinh mH - \nu\cosh mH} J_0(mR)\mathrm{d}m$$
$$+ i\frac{2\pi(k+\nu)e^{-kH} \cdot \sin kH \cdot \cos k(\eta+H) \cdot \cos k(y+H)}{\nu H + \sinh kH} J_0(kR) \tag{2-71}$$

J_0 为第一类零阶贝塞尔函数。格林函数求得以后，对于给定的边界条件，由式（2-58）得决定源强 $\sigma(Q)$ 的积分方程：

$$\frac{1}{2}\sigma(P) + \frac{1}{4\pi}\iint_{S_0} \sigma(Q) \frac{\partial G(P,Q)}{\partial n}\mathrm{d}S = \frac{\partial \varphi_j(P)}{\partial n} \quad P \in S_0 \tag{2-72}$$

其中，$\frac{\partial \varphi_j}{\partial n}|_{S_0}=\tilde{n}_j$ 由物面条件提供。

将浮标表面 S_0 分成小块面元，设在每块面元上分布等强度的源，即 σ 是常数，并且在每一块面元上选择一个控制点 P_n，在这些离散的控制点上满足边界条件，于是积分方程（2-72）离散化成一组线性代数方程组：

$$\frac{1}{2}\sigma_n(P_n)+\frac{1}{4\pi}\sum_{i=1}^{n}\sigma_i\iint_{\Delta S}\sigma(Q)\frac{\partial G(P_n,Q_i)}{\partial n}\mathrm{d}S_i=\tilde{n}_{jn}(P_n) \tag{2-73}$$

源强确定以后，按式（2-73）可得场内任一点的辐射速度势。

（3）作用在浮标上的流体动力

在确定了速度势以后，作用在浮标表面上的压力即可根据伯努利方程求得，精确到一阶量：

$$P(x,y,z,t)=-\rho\frac{\partial \Phi}{\partial t}$$

由

$$\Phi(x,\ y,\ z,\ t)=\mathrm{Re}\{-i\omega\bar{x}_j\varphi_j(x,\ y,\ z)e^{-i\omega t}\}$$

得

$$\frac{\partial \Phi}{\partial t}=\mathrm{Re}\{-\omega^2\bar{x}_j\varphi_j(x,y,z)e^{-i\omega t}\} \tag{2-74}$$

由于浮标作微幅运动，它受到的流体动力为：

$$F_j=\iint_{S_0}P\cdot\tilde{n}_j\mathrm{d}S=\mathrm{Re}\{e^{-i\omega t}\omega^2\bar{x}_k\rho\iint_{S_0}\varphi_k\frac{\partial\varphi_j}{\partial n}\mathrm{d}S\} \tag{2-75}$$

引入符号：

$$\mu_{jk}+\frac{i\lambda_{jk}}{\omega}=\rho\iint_{S_0}\varphi_k\frac{\partial\varphi_j}{\partial n}\mathrm{d}S$$

则

$$F_j=\mathrm{Re}\{e^{-i\omega t}\omega^2\bar{x}_k(\mu_{jk}+\frac{i\lambda_{jk}}{\omega})\}=-\ddot{x}\mu_{jk}-\dot{x}_k\lambda_{jk} \tag{2-76}$$

式中，μ_{jk} 称为附加质量，λ_{jk} 称为阻尼系数。

（4）作用在浮标上的波浪力

作用在浮标上波浪力分为作用在浮标上的波浪干扰力和流体动力两个部分的和：

$$F_{zj}=F_j+F_{wj} \tag{2-77}$$

对于波浪干扰力，取斯托克斯波，设其前进方向沿 o_0x_0 正方向，波速为 C，波峰与 o_0z_0 轴平行，则入射波速度势为：

$$\begin{aligned}\Phi_I&=\mathrm{Re}[\varphi_I e^{-i\omega t}]\\&=\mathrm{Re}[\frac{Ag}{i\omega}\frac{\cosh k(y+H)}{\cos kH}e^{ik(x\cos\beta+z\sin\beta)}e^{-i\omega t}]\end{aligned} \tag{2-78}$$

因为浮标漂浮在水面上，没有航速，因此，由哈斯金特关系式，波浪干扰力可直接由入射波速度势和辐射势求得，而不必求解绕射势，即由：

$$\iint_{S_0} \varphi_D \tilde{n}_j \mathrm{d}S = \iint_{S_0} \varphi_j \frac{\partial \varphi_j}{\partial n} \mathrm{d}S \text{ 及} \frac{\partial \varphi_D}{\partial n} = -\frac{\partial \varphi_I}{\partial n}$$

可得

$$\iint_{S_0} \varphi_D \tilde{n}_j \mathrm{d}S = -\iint_{S_0} \varphi_j \frac{\partial \varphi_I}{\partial n} \mathrm{d}S \tag{2-79}$$

设散射势为 $\Phi_S = \Phi_I + \Phi_D$，对于流场中的一阶近似，流场中的动压力为：

$$P = -\rho \frac{\partial \Phi_S}{\partial t} = \mathrm{Re}\{-i\omega\rho\varphi_S e^{-i\omega t}\}(\Phi_S = \varphi_S e^{-i\omega t}) \tag{2-80}$$

作用在浮标上的波浪干扰力为：

$$F_{wj} = \mathrm{Re}\{f_{wj} e^{-i\omega t}\} \tag{2-81}$$

其中：$f_{wj} = i\omega\rho \iint_{S_0} \varphi_S \tilde{n}_j \mathrm{d}S$

将 $\varphi_S = \varphi_I + \varphi_D$ 代入上式，得

$$f_{wj} = i\omega\rho \iint_{S_0} \left(\varphi_I \frac{\partial \varphi_j}{\partial n} - \varphi_j \frac{\partial \varphi_I}{\partial n}\right) \mathrm{d}S \tag{2-82}$$

（5）浮标的运动方程及求解方法

由于浮标结构的特殊性，它关于横轴和纵轴对称，因此，求解时可进行简化，只考虑纵荡、垂荡、纵摇响应即可。

将浮标体用浮体线性方程表示，写出其响应函数（不包括浮标缆的影响）如下。

假定运动为简谐振动，在某一频率的振荡时，浮标体的纵荡响应、垂荡响应、纵摇响应 $\bar{x}$，$\bar{z}$，$\bar{\theta}$ 可由如下代数方程组确定：

$$[A]\begin{bmatrix} \bar{x} \\ \bar{z} \\ \bar{\theta} \end{bmatrix} = \begin{bmatrix} \bar{X}_\omega \\ \bar{Z}_\omega \\ \bar{M}_\omega \end{bmatrix}$$

$$[A] = -[a]\omega^2 + [b]i\omega + [c] \tag{2-83}$$

式中，$[a]$ 为附加质量系数矩阵，$[b]$ 为阻尼系数矩阵，$[c]$ 为复原力系数矩阵，可用静水力方法求得；波浪力已经由前面计算得到，$\bar{X}_\omega$，$\bar{Y}_\omega$，$\bar{Z}_\omega$ 为波浪力和波浪力矩。

针对上述浮标在波浪中的运动响应模型采用基于三维势流理论的线性波浪力计算方法，可采用 POTTHY 计算软件对浮标在规则波中的运动响应进行计算。由于该方法能够比较真实地模拟实际情况，因而计算结果较为可靠。计算结果分为浮标在规则波中的水动力系数、浮标在规则波中的运动响应两个部分，该计算结果可用于建立浮标缆动力模型的边界条件。

2.3.3.2　失事浮标缆的动力分析

首先，建立浮标缆的动力计算模型；然后，求解此模型，分析浮标缆在各种海况下的

受力规律；最后，判断浮标缆的断缆原因。

（1）浮标缆动力模型的建立

在研究浮标缆的动力方程时，采用两组坐标系。一组是相对于空间固定不动的直角坐标系，其 x 轴的正向和流的方向一致，如图 2-28 所示。另一组是局部坐标系，采用拉格朗日坐标 s，s 为沿浮标缆方向的长度，局部坐标系坐标轴的方向为对于在浮标缆上任一固定点的切向和法向方向 $\hat{t}$ 和 $\hat{n}$，浮标缆沿长度的倾角分布 φ，法向速度 u、切向速度 v 的表示如图 2-29 所示。

浮标缆的动力分析可以采用沿浮标缆长度方向 s 的坐标及时间 t 作为基本变量（见图 2-29），采用浮标缆沿长度的倾角分布（φ），法向速度（U），切向速度（V）以及张力（T）作为要求解的函数。

浮标缆在局部坐标系下的法向速度 U、切向速度 V 与在直角坐标系下的速度 u，v 存在如下的变换关系：

$$\begin{cases} U = u\sin\varphi - v\cos\varphi \\ V = u\cos\varphi + v\sin\varphi \end{cases} \tag{2 - 84}$$

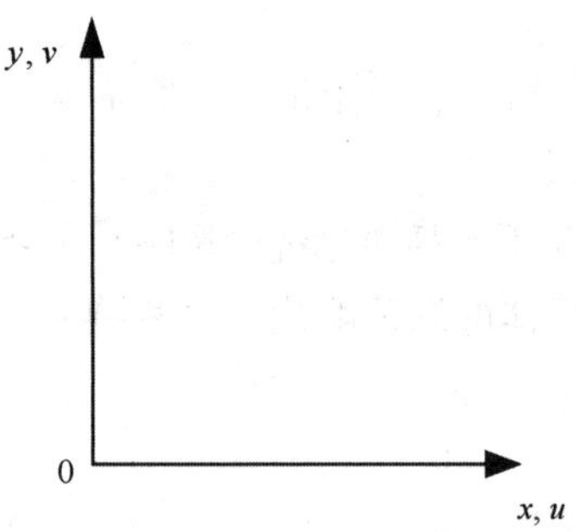

图 2-28　固定坐标系

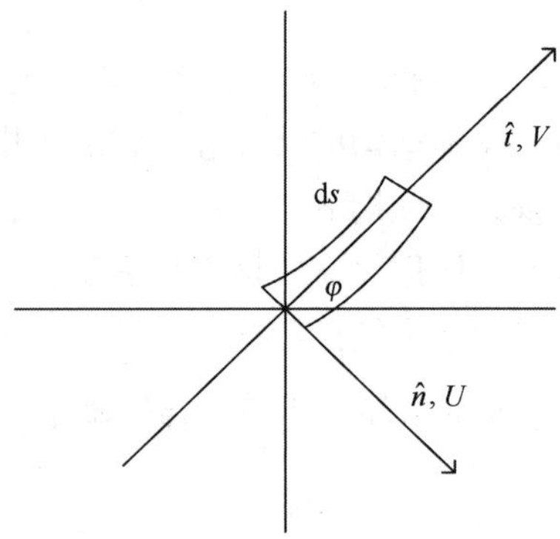

图 2-29　锚泊线空间坐标表示

由于浮标缆为柔性体，拉伸后微段由 $ds \to (1+\varepsilon)ds$，根据几何关系，拉伸后的浮标缆上的任一点所对应的空间坐标 x，y 对 s 的偏导数为：

$$\begin{cases} \dfrac{\partial x}{\partial s} = (1+\varepsilon)\cos\varphi \\ \dfrac{\partial y}{\partial s} = (1+\varepsilon)\sin\varphi \end{cases} \tag{2 - 85}$$

在频域理论中，求解的函数为浮标缆沿长度方向的倾角分布 φ，法向速度 U，切向速度 V 以及张力 T 作为要求解的函数。基本变量采用沿浮标缆长度方向 s 及时间 t。浮标缆所受到的力有张力 T，重力 W_c（水中重量），切向和法向水动力 F，G，则对微段 ds，有沿 $\hat{t}$ 方向的合力为：

$$-W_c\sin\varphi ds + G(1+\varepsilon)ds + dT$$

沿 $\hat{n}$ 方向的合力为：

$$W_c\cos\varphi\mathrm{d}s + F(1+\varepsilon)\mathrm{d}s - T\mathrm{d}\varphi$$

对于加速度，根据式（2-84）可得浮标缆在直角坐标系下的速度 u，v 与在局部坐标系下的法向速度 U，切向速度 V 存在如下的变换关系：

$$\begin{cases}u = U\sin\varphi + V\cos\varphi \\ v = -U\cos\varphi + V\sin\varphi\end{cases} \tag{2-86}$$

代表对时间的偏导数。

则 $\hat{t}$ 方向的加速度为：

$$u_t\cos\varphi + v_t\sin\varphi$$

则 $\hat{n}$ 方向的加速度为：

$$u_t\sin\varphi - v_t\cos\varphi$$

将式（2-78）代入到加速度的表达式当中，可得

$\hat{t}$ 方向的加速度为：

$$U\varphi_t + V_t$$

$\hat{n}$ 方向的加速度为：

$$U_t - V\varphi_t$$

根据牛顿运动定理，作用力为质量和加速度的乘积，考虑到沿 $\hat{t}$ 方向和 $\hat{n}$ 方向的质量（包含附加质量）有所不同，沿浮标缆切向和法向的运动微分方程组可表示为：

$$\hat{n}\text{ 方向：}W_c\cos\varphi + F(1+\varepsilon) - T\varphi_s = \mu_1 U_t - \mu V\varphi_t \tag{2-87}$$

$$\hat{t}\text{ 方向：}-W_c\sin\varphi + G(1+\varepsilon) + T_s = \mu_1 U\varphi_t + \mu V_t \tag{2-88}$$

式中，ε 为单位长度应变；μ 为浮标缆单位长度质量；μ_1 为浮标缆单位长度法线方向质量（包括附加质量）；W_c 为浮标缆单位长度水中重量；F 为法向流体动力函数；G 为切向流体动力函数。下标 s 代表对浮标缆长度的偏导数。

将加速度的表达式分别对时间和长度求偏导数，可得

$$\begin{cases}U_s - V\varphi_s = -(1+\varepsilon)\varphi_t \\ V_s + U\varphi_s = \varepsilon_t\end{cases} \tag{2-89}$$

这两个方程代表了从几何关系方面导出的浮标缆关系式。

这样，由式（2-87）、式（2-88）、式（2-89）共同组成了浮标缆的运动微分方程组，现重新写在下面，以方便今后求解。

$$\begin{cases}\mu_1 U_t - \mu V\varphi_t = -T\varphi_s + F(1+\varepsilon) + W_c\cos\varphi \\ \mu V_t + \mu_1 U\varphi_t = T_s + G(1+\varepsilon) - W_c\sin\varphi \\ U_s = -(1+\varepsilon)\varphi_t + V\varphi_s \\ V_s = \varepsilon_t - U\varphi_s\end{cases} \tag{2-90}$$

再补充浮标缆的静拉伸关系：

$$\varepsilon = \frac{T}{AE} \tag{2-91}$$

其中，A 为链索截面积；E 为链锁材料有效静弹性模量。

可以清楚地看出，这些方程为非线性的。因为方程组只涉及浮标缆的振荡速度，当速度为小量时就可应用摄动法展开，将方程化成线性方程，然后求解。展开方法如下：

令：

$$U = U'(s,\ t)$$
$$V = V'(s,\ t)$$
$$T = T_0(s) + T'(s,\ t)$$
$$\varphi = \varphi(s) + \varphi'(s,\ t) \qquad (2-92)$$

式中：U' 为绕平衡位置振荡的法向速度；V' 为绕平衡位置振荡的切向速度；T' 为偏离平衡位置的张力变化量；φ' 为偏离平衡位置的倾角变化量；T_0 为静平衡位置处沿 s 的张力分布；φ_0 为静平衡位置处沿 s 的倾角分布。

同时将力函数 F，G 对 U'，V' 展开成泰勒级数，取其首项，得

$$F = F_0 + F_U U' + F_V V' + F_\varphi \varphi'$$
$$G = G_0 + G_U U' + G_V V' + G_\varphi \varphi' \qquad (2-93)$$

其中，F，G 的表达式为：

$$\frac{F}{\frac{1}{2}\rho C C_R} = [(V_C - u)^2 + v^2]\sin^2(\varphi - \alpha)$$

$$\frac{G}{\frac{1}{2}\rho C C_R} = [(V_C - u)^2 + v^2][\mathrm{d}\cos^2(\varphi - \alpha) + e\cos(\varphi - \alpha)]$$

$$\alpha = \tan^{-1}\frac{-v}{V_C - u} \qquad (2-94)$$

根据上式可以得到 F_U，F_V，F_φ，G_U，G_V，G_φ 和 F_0，G_0。

式中，C 为浮标缆等效直径；C_R 为拖曳力系数，对圆形缆取 1.2；d，e 为对圆形缆取 -0.035，0.083；V_c 为 x 方向来流速度；u，v 为浮标缆 x，y 方向运动速度。

再令

$$U'(s,\ t) = \overline{U}(s)e^{i\omega t}$$
$$V'(s,\ t) = \overline{V}(s)e^{i\omega t}$$
$$T'(s,\ t) = \overline{T}(s)e^{i\omega t}$$
$$\varphi'(s,\ t) = \overline{\varphi}(s)e^{i\omega t} \qquad (2-95)$$

方程便可简化整理成如下形式：

$$\begin{bmatrix} \dfrac{\mathrm{d}\bar{\varphi}}{\mathrm{d}s} \\ \dfrac{\mathrm{d}\bar{T}}{\mathrm{d}s} \\ \dfrac{\mathrm{d}\bar{U}}{\mathrm{d}s} \\ \dfrac{\mathrm{d}\bar{V}}{\mathrm{d}s} \end{bmatrix} = [B] \begin{bmatrix} \bar{\varphi} \\ \bar{T} \\ \bar{U} \\ \bar{V} \end{bmatrix} \tag{2-96}$$

式中：

$$[B] = \begin{bmatrix} \dfrac{(1+\varepsilon_0)F_\varphi - W_c \sin\varphi_0}{T_0} & \dfrac{-\dfrac{\mathrm{d}\varphi_0}{\mathrm{d}s} + \dfrac{F_0}{AE}}{T_0} & \dfrac{-i\omega\mu_1 + (1+\varepsilon_0)F_U}{T_0} & \dfrac{(1+\varepsilon_0)F_V}{T_0} \\ -(1+\varepsilon_0)G_\varphi - W_c\cos\varphi_0 & -\dfrac{G_0}{AE} & -(1+\varepsilon_0)G_U & i\omega\mu - (1+\varepsilon_0)G_V \\ -i\omega(1+\varepsilon_0) & 0 & 0 & \dfrac{\mathrm{d}\varphi_0}{\mathrm{d}s} \\ 0 & \dfrac{i\omega}{AE} & -\dfrac{\mathrm{d}\varphi_0}{\mathrm{d}s} & 0 \end{bmatrix}$$

（2）边界条件的确定

浮标缆的运动与其上下边界条件相关联。由于浮标缆下端固定在潜艇上，故浮标缆下端点的边界条件为：

$$U = V = 0,\ s = 0$$

这样可得下端点的速度幅值为：

$$\bar{U} = \bar{V} = 0 \tag{2-97}$$

浮标缆上边界条件相当重要，原因是它不仅决定了浮标缆运动的解，而且是浮标缆和浮标的连接点。同时其比较复杂，需要由浮标缆和浮标的连续性条件确定。上端点的速度为：

$$\begin{cases} U = u\sin\varphi - v\cos\varphi \\ V = u\cos\varphi + v\sin\varphi \end{cases} \tag{2-98}$$

其中，（U，V）为浮标缆在局部坐标系下的速度，（u，v）为浮标缆在固定坐标系下的速度，也是浮标在系结点的速度。系结点处的速度与浮体的运动的关系为：

$$\begin{cases} u = \dot{x} + Y_c\dot{\beta} \\ v = \dot{z} - X_c\dot{\beta} \end{cases} \tag{2-99}$$

其中，$\dot{x}$，$\dot{y}$，$\dot{\beta}$ 为浮标的纵荡、垂荡、纵摇运动速度。X_c，Y_c 是系结点处的坐标。这样可得上边界速度的幅值：

$$\begin{cases}\bar{U}=i\omega(\bar{x}+Y_c\bar{\beta})\sin\varphi_0-i\omega(\bar{y}-X_c\bar{\beta})\cos\varphi_0\\ \bar{V}=i\omega(\bar{x}+Y_c\bar{\beta})\cos\varphi_0+i\omega(\bar{y}-X_c\bar{\beta})\sin\varphi\end{cases}\tag{2-100}$$

式中的角度均为静态值，说明浮标缆上端点在静态位置附近受到扰动，它的大小取决于浮标的运动。

（3）方程的求解

方程（2-96）为一对 s 的齐次线性微分方程组，并在浮标缆的上下端点出给定了边界条件，即所谓的两点边值问题，可以通过 Goodman-Lance 法求得上端点为给定频率的正弦振荡时的动力响应，即频率域的解。

具体解法如下：

令式（2-96）的转化方程为：

$$\begin{bmatrix}\frac{\mathrm{d}X_1}{\mathrm{d}s}\\ \frac{\mathrm{d}X_2}{\mathrm{d}s}\\ \frac{\mathrm{d}X_3}{\mathrm{d}s}\\ \frac{\mathrm{d}X_4}{\mathrm{d}s}\end{bmatrix}=-[\boldsymbol{B}]^{\mathrm{T}}\begin{bmatrix}X_1\\ X_2\\ X_3\\ X_4\end{bmatrix}\tag{2-101}$$

其中矩阵［$\boldsymbol{B}$］的上标“T”表示转置，则如下关系式成立：

$$X_1\overline{\varphi_1}+X_2\bar{T}_1+X_3\bar{U}_1+X_4\bar{V}_1=C$$

将此关系式用于浮标缆的两端可得：

$$(X_1\overline{\varphi_1}+X_2\bar{T}_1+X_3\bar{U}_1+X_4\bar{V}_1)_{上}=(X_1\overline{\varphi_1}+X_2\bar{T}_1+X_3\bar{U}_1+X_4\bar{V}_1)_{下}\tag{2-102}$$

其中下标“上”代表上边界，下标“下”代表下边界。

令上端的 X_1 到 X_4 的值分别为：$X_1=X_2=X_4=0$，$X_3=1$，代入方程（2-90），沿浮标缆由上到下作积分，可求得下端点的值，记为 $X_{1I,}$，X_{2I}，X_{3I}，X_{4I}，将代入（2-91）式，可得：

$$(X_{1I}\overline{\varphi}_1+X_{2I}\bar{T}_1+X_{3I}\bar{U}_1+X_{4I}\overline{V_1})_{下}=\bar{U}_{1上}\tag{2-103}$$

同样，令 $X_1=X_2=X_3$，$X_4=1$，沿浮标缆由上到下作第二次积分，可求得下端点的值，记为 $X_{1II,}$，X_{2II}，X_{3II}，X_{4II}，代入式（2-66）可得：

$$(X_{1II}\overline{\varphi}_1+X_{2II}\bar{T}_1+X_{3II}\bar{U}_1+X_{4II}\overline{V_1})_{下}=\bar{V}_{1上}\tag{2-104}$$

根据上面求得的边界条件便求解方程（2-96）。计算程序框图如图 2-30 所示。

2.3.4 失事浮标的运动特性分析

在 2.3.2 节中研究了在风、流作用下，浮标在水中的稳态姿态规律。但失事浮标通常是在有波浪的情况下运动的，而且由于波浪的影响，使得浮标相对于只有风、流的情况更加难以被发现。因此，需要对失事浮标在风浪中的运动特性进行研究，并在此基础上分析

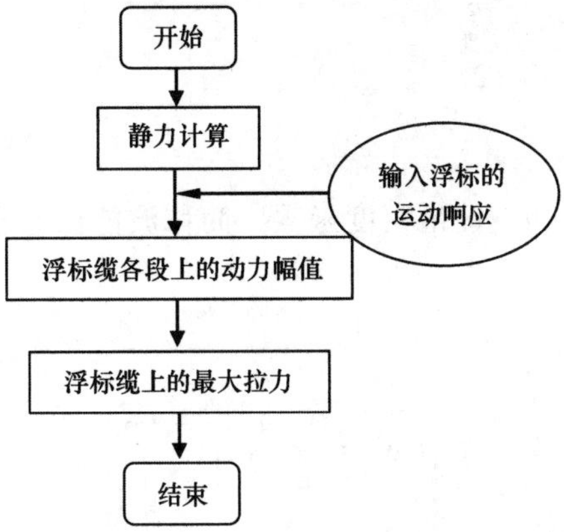

图 2-30 失事浮标系统动力计算程序框图

失事浮标在风浪中难以被发现的原因。对失事浮标在风浪中运动特性的研究是对其在真实环境条件下的运动规律研究，能够较好反映真实波浪情况的波形应是随机波，因此，其研究应是建立在随机波基础之上的。

2.3.4.1 风浪及风浪谱

由风所激起的海浪为风浪，它的波形、波浪参数是随机变化的，理论研究通常用长峰不规则波予以简化。所谓的长峰不规则波，是假定风沿着一个方向吹，每个波峰、波谷线都很长而且是平行的，且垂直于前进方向，但是波长和波高是随机变化且不规则的，所以又称为平面不规则波或二元不规则波，简称长峰波。这种简化了的海浪仍然是一种随机海浪，是由无数的规则波叠加而成的，需用统计的方法进行研究。

将波浪波形曲线 $X(t)$ 用傅立叶方法进行分解，可得

$$X(t) = \sum_{i=0}^{\infty} X_{ai}\cos(\omega_i t + \varepsilon_i) \tag{2-105}$$

可见，每一个被加项都是一个规则波，即

$$X_i(t) = X_{ai}\cos(\omega_i t + \varepsilon_i) \tag{2-106}$$

一定的波况下，对应一定频率 ω_i 的子波 X_{ai} 是确定的，只是相位角 ε_i 随机地落在 $0\sim2\pi$ 之间，且 ε_i 的每一个可能值的概率相同，所以 $X(t)$ 是一个随机函数。

根据规则波理论，海平面上某一规则波的能量为

$$E_i = \rho g \frac{X_{ai}^2}{2} \tag{2-107}$$

式中：ρ 为海水密度。

组成海浪的子波频率区间为（$0\sim\infty$），则在频带 $\omega\sim\omega+\mathrm{d}\omega$ 中所有子波的波能为

$$\sum_{\omega}^{\omega+\mathrm{d}\omega} E_i = \rho g \sum_{\omega}^{\omega+\mathrm{d}\omega} \frac{X_{ai}^2}{2} \tag{2-108}$$

令：$S_{xx}(\omega)\,\mathrm{d}\omega=\frac{1}{\rho g}\sum_{\omega}^{\omega+\mathrm{d}\omega}E_i=\sum_{\omega}^{\omega+\mathrm{d}\omega}\frac{X_{ai}^2}{2}$

则定义 $S_{xx}(\omega)\ \frac{\sum_{\omega}^{\omega+\mathrm{d}\omega}\frac{X_{ai}^2}{2}}{\mathrm{d}\omega}$为波能谱密度函数，简称波能谱。它表明了风浪中的波能随着频率的分布情况。

我国海区的风浪谱为：

$$S_{xx}(\omega)=\frac{0.74}{\omega^5}\exp-\frac{96.2}{u^2\omega^2} \tag{2-109}$$

式中，ω 为圆频率；u 为风速。

2.3.4.2 浮标在风浪中的运动特性

（1）浮标在风浪中的横摇运动特性

将浮标看成一个线性变换系统，其输入为 $S_{xx}(\omega)$，输出为 $S_{\theta\theta}(\omega)$，应用频谱分析方法，可得二者之间的关系式：

$$S_{\theta\theta}(\omega)=R_{\theta x}(\omega)S_{xx}(\omega) \tag{2-110}$$

式中，$S_{\theta\theta}(\omega)$ 为横摇运动角位移的谱密度函数，简称横摇谱；$R_{\theta x}$为横摇幅频特性函数。

由浮标在规则波中的运动方程可求得：

$$R_{\theta x}(\omega)=\frac{\omega^4}{g^2}\times\frac{\alpha_\theta^2}{(1-\lambda_\theta^2)^2+4\mu_\theta^2\lambda_\theta^2} \tag{2-111}$$

式中，λ_θ 为横摇频率比，$\lambda_\theta=\frac{\omega}{\omega_\theta}$；$\omega_\theta$ 为浮标横摇固有频率；μ_θ 为海水横摇阻尼系数（为 0.05~0.1）；g 为重力加速度（9.81 m/s^2）；α_θ 为浮标的吃水和尺寸修正系数，可在 0.9~1.0 之间选取。

ω_θ 可以由下式计算：

$$\omega_\theta=\frac{1}{2\pi}\sqrt{Wh/I} \tag{2-112}$$

式中，W 为浮标的重量；h 为浮标的稳性高；I 为浮标绕其通过重心轴的惯性矩。

曲线下的面积即为横摇运动角位移 $\theta(t)$ 的方差。

$$m_\theta=\int_0^\infty S_{\theta\theta}(\omega)\,\mathrm{d}\omega \tag{2-113}$$

因而可得横摇运动特性参数如下：

平均横摇运动幅值：$\bar{\theta}_\alpha=1.25\sqrt{m_\theta}$

有义横摇幅值：$\bar{\theta}_{\alpha1/3}=2.0\sqrt{m_\theta}$

最大横摇幅值：$\bar{\theta}_{\alpha1/10}=2.55\sqrt{m_\theta}$

平均横摇周期：$\bar{T}_\theta = 2\pi\sqrt{\dfrac{m_\theta}{m_{2\theta}}}$，其中 $m_{2\theta} = \int_0^\infty \omega^2 S_{\theta\theta}(\omega)\mathrm{d}\omega$

(2) 浮标在风浪中的升沉运动特性

升沉运动的分析方法同横摇运动相似。其位移 $z(t)$ 的谱密度函数为

$$S_{zz}(\omega) = R_{zx}(\omega) S_{xx}(\omega) \tag{2-114}$$

升沉幅频特性函数 $R_{zx}(\omega)$ 可由浮标在规则波中的运动方程求得：

$$R_{zx}(\omega) = \frac{1}{(1-\lambda_z^2)^2 + 4\mu_z^2\lambda_z^2} \tag{2-115}$$

式中：$\lambda_z = \dfrac{\omega}{\omega_z}$ 为升沉频率比；ω_z 为浮标升沉固有频率；μ_z 为海水升沉阻尼系数（为 0.3~0.4）；

曲线 $S_{zz}(\omega)$ 下的面积即为横摇运动角位移 $z(t)$ 的方差：

$$m_z = \int_0^\infty S_{zz}(\omega)\mathrm{d}\omega \tag{2-116}$$

则可得升沉运动特性参数如下：

平均升沉幅值：$\bar{z}_\alpha = 1.25\sqrt{m_z}$

有义升沉幅值：$\bar{z}_{\alpha 1/3} = 2.0\sqrt{m_z}$

最大升沉幅值：$\bar{z}_{\alpha 1/10} = 2.55\sqrt{m_z}$

平均升沉周期：$\bar{T}_\alpha = 2\pi\sqrt{\dfrac{m_z}{m_{2z}}}$，其中 $m_{2z} = \int_0^\infty \omega^2 S_{zz}(\omega)\mathrm{d}\omega$

2.3.5　失事浮标漂浮状态及浮标缆受力规律分析

针对前述失事浮标漂浮在风、流、浪作用下的状态及浮标缆受力分析模型进行仿真计算，通过对仿真结果的分析，给出失事浮标在风、流、浪作用的水面状态及浮标缆受力变化规律，进而对失事浮标发生被水流淹没和浮标缆断缆的原因进行深入的分析。

2.3.5.1　失事浮标漂浮状态规律分析

如前所述，浮标在定常风、流作用下所呈现的漂浮状态亦是定常的，即反映其漂浮姿态的参数是稳定的；而在波浪作用下的浮标的姿态是时变的。因此，对浮标漂浮状态规律的分析包括了在风、流静力作用下的稳定漂浮位置的分析，在波浪作用下叠加在稳定漂浮位置基础之上的姿态变化规律的分析两种情况。

(1) 失事浮标系统稳定姿态的计算结果分析

首先，根据计算结果整理出浮标吃水和流速的关系，再根据浮标被淹没的判断模型分析，得到浮标完全被海水淹没规律，如图 2-31 所示；然后，根据计算结果整理出不同水深情况下浮标倾角和流速的关系，根据对浮标不同吃水、倾角与浮标信号灯被海水淹没的

情况分析，得到浮标灯刚好被海水淹没情况下浮标倾角和浮标吃水的关系，如图 2-32；再归纳得到浮标灯刚好被海水淹没情况下水深和流速的关系，如图 2-33 所示。

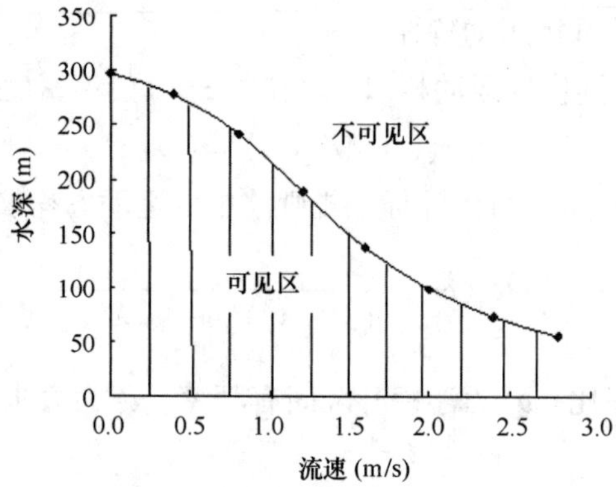

图 2-31　浮标完全被海水淹没的分区图

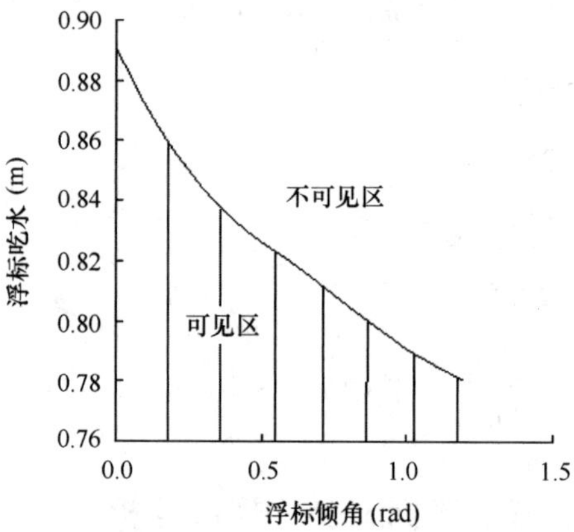

图 2-32　浮标灯刚好被海水淹没情况下浮标倾角和浮标吃水

失事浮标难以被搜索发现的原因有两种情况：一是由于受到海流的影响，浮标完全被海水淹没，如图 2-34 所示；二是由于受到风、流的影响，浮标倾斜比较大，浮标的信号灯被海水淹没，使得在夜间浮标灯发出的灯光信号难以被发现，如图 2-35 所示。

图 2-31 是对应图 2-34 所示情况的计算结果。图中曲线以下部分表示浮标的可见区，曲线以上部分表示浮标的不可见区。通过该曲线可判断在水深和流速一定的情况下，失事浮标放出后会不会被海水淹没，判断方法为，如果水深和流速的交点落在可见区，则表示在该情况下，浮标不会被淹没，若落在不可见区，则表示浮标将被海水淹没。

图 2-33 是对应图 2-35 所示情况的计算结果。在夜间，如果浮标的漂浮状态如图 2-35 所示，浮标有部分露出水面，浮标灯被海水淹没，那么，浮标灯发出的灯光信号将难以被发现。图 2-32 是浮标灯刚好被海水淹没情况下浮标倾角和浮标吃水的关系图，该图上的曲线表示当浮标达到某一吃水时，倾角达到一定值时，浮标灯刚好被海水淹没，在这

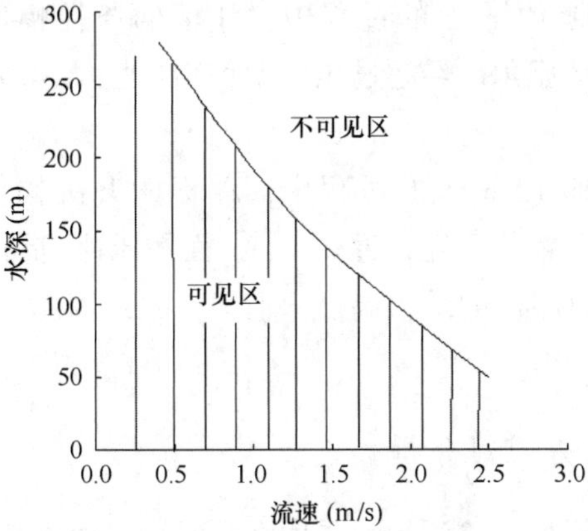

图 2-33　浮标灯刚好被海水淹没情况下水深和流速关系

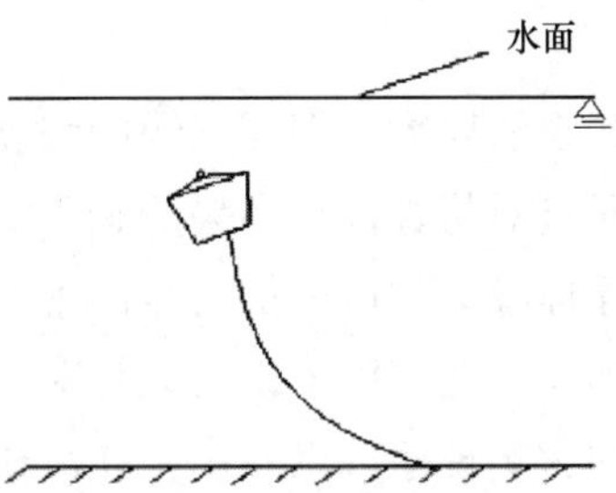

图 2-34　浮标完全被海水淹没图

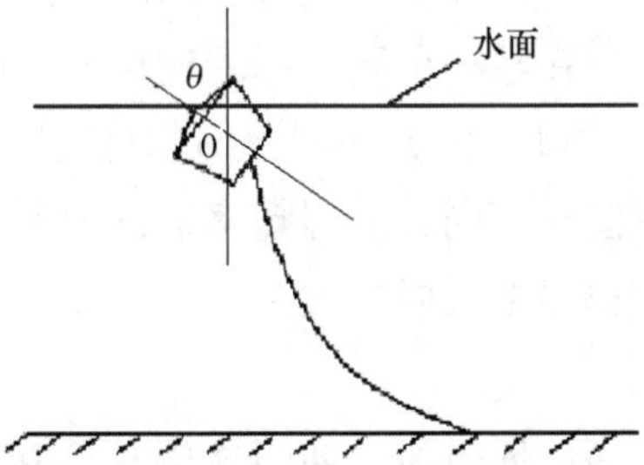

图 2-35　浮标灯被海水淹没示意图

种情况下，信号灯在夜间发出的灯光信号将会很难被发现。

（2）浮标在风浪中的运动特性的计算结果分析

根据在 2.3.4 节中有关浮标在风浪中运动特性的计算模型，进行失事浮标系统在波浪作用下的动态姿态计算。对于风浪而言，风速与波浪参数的统计关系可以反应风速与“真实”波浪之间的关系，即风速可以与海况有相当高程度的对应关系。因此，根据计算模型，分别进行了浮标横摇幅值同风速关系、浮标升沉幅值同风速关系的计算。由计算结果可以看出：

a. 在风速由 0 增加到 10 m/s 的过程中，浮标的横摇幅值增加很快，在风速达到 10 m/s时，浮标的最大横摇倾角已经超过 30°，而在风速达到 20 m/s 时，浮标的最大横摇倾角则接近 40°。

b. 在风速由 0 增加到 10 m/s 的过程中，浮标的升沉幅值增加很快，在风速达到 10 m/s时，浮标的最大升沉幅值已经超过 0. 8 m，而在风速达到 20 m/s 时，浮标的最大升沉幅值则已经超过 1 m，而浮标的最大高度只有 0. 9 m，因此，浮标在这种情况下，会出现时隐时现的现象。

2. 3. 5. 2　失事浮标缆受力规律分析

同浮标的漂浮规律一样，失事浮标缆受力在定常风、流作用下是稳定的，而在波浪作用下是时变的。因此，对浮标缆受力规律的分析包括了在风、流静力作用下的稳定受力的分析，在波浪作用下叠加在稳定受力值基础之上的受力变化规律的分析两种情况。

（1）浮标缆受力计算结果

由于关心的问题是浮标缆断裂的原因，即浮标缆的强度，则只需要对浮标缆上的最大拉力点进行研究。因此，首先通过对仿真计算结果的整理得到不同水深和流速条件下拉力沿着缆长的分布。从中可见，浮标缆上的最大拉力点出现在浮标的系结点处，而且，随着流速的增加，拉力在不断地增加。因此，以下研究只针对浮标的系结点处进行。

从风速对浮标系结点拉力的影响规律可以看出：在流速一定的情况下，浮标系结点的拉力受风速的影响不大。因此，下面计算浮标缆的拉力问题可以固定在某一风速下进行。从浮标系结点的拉力和流速之间关系可知，在相同水深情况下，随着流速的增加，浮标系结点的拉力不断增加；在相同流速情况下，随着水深的增加，浮标系结点的拉力也增大。

由于浮标缆的最大拉力出现在浮标缆和浮标的连接处，因此只需对浮标缆和浮标连接处的动拉力幅值进行了计算，得到了在 2～6 级海浪下动拉力幅值随着波浪频率的变化规律，即浮标缆的最大动拉力幅值在相同波浪圆频率下，随着波浪浪级的增大而增大；在相同波浪浪级下，随着波浪圆频率的增大而增大。

（2）浮标缆断缆原因分析

浮标缆上的最大拉力出现在浮标缆与浮标的系结处，最大拉力为静拉力与动拉力的幅值之和。

分析表明，当没有波浪的影响时，在流速为 2 m/s 时，浮标缆上的最大拉力远小于浮标缆的断缆拉力，因此，在只有海流的情况下，浮标缆不会发生断缆。即仅从浮标缆所承受静拉力而言，其强度是有保证的。

浮标缆在不同的海况下，受到的动拉力也不同。在同一海况下，随着波浪频率的增加浮标缆上的动拉力幅值也在增加；随着海况等级的增加，浮标缆上的动拉力幅值也在增加。海面状况越恶劣，浮标缆上的拉力就越大。而浮标缆在六级海况下，流速 2 m/s，水深 200 m 时，所受最大拉力没有达到破断拉力。因此，浮标缆不会因为抗拉强度不够而导致断缆，即在正常情况下，浮标缆的强度是有保证的。

在实际情况中出现浮标缆断缆可能有三个方面的原因：一是浮标缆经长期使用后可能存在某种缺损，导致应力集中和强度不足而发生断缆；二是在浮标释放后，浮标缆不断摇荡，与放置浮标的专用围壁发生摩擦，而该围壁的棱角比较锋利，经过反复摩擦就可能最终导致断缆；三是浮标缆的不断摇荡而引起浮标缆的疲劳，进而导致断缆。

2.4　沉船起浮海底土壤吸附力分析

浸没于海底的结构体在离底上浮过程中，不可避免地要遇到海底底质对结构体的吸附作用，这表现在为使结构体离底上浮，需要提供比结构体的水下重量更大的提升力。尤其是对于黏性底（如黏土和淤泥等），这种现象更为明显。这一部分超过结构体水下重量的提升力即克服海底底质对于结构体的吸附力。海底土壤对沉船吸附力是沉船打捞重量的重要组成之一，其计算准确性在相当大的程度影响沉船打捞的成功率。

目前国内对于海底吸附力的研究甚少，大多是采用经验公式，如：

$$F_x = \mu \cdot P$$

其中，μ 为不同海底底质的吸附系数，P 为结构体的水下重量。

该式认为海底底质的吸附力是与坐沉结构体的水下负浮力成正比的，其准确性取决于 μ 的选取，在实际应用中底质性质随意性很大，而且这一公式并没有反映结构体的形状、与底质的接触面积以及时间等因素的影响，而实际上这些因素的作用是十分明显的。

2.4.1　吸附力的形成机理

从广义上说，吸附力是结构体、土与液体三者之间的相互作用，它是结构体被从土中拉起过程中表现出来的一种作用力，在通常情况下液体指水，土为黏性土。吸附力由三部分组成，它们是土与结构体底面间的黏着力，结构体被提升过程中产生的负孔隙水压力及土与结构体侧面产生的侧摩阻力。在某些特殊情况下，如结构体被拉出土体但未与土的表面完全脱离时，吸附力仅由黏着力和负孔隙水压力两部分组成[14]。

2.4.1.1　黏着力

黏着力是土与外物通过水所产生的吸引力，是土颗粒与外物分子对水分子共同吸引引起的，实质是土颗粒—水—外物分子三者之间相互作用的结果。黏着力反映土的黏着性的大小，土的黏着性是指土颗粒吸附到外物上性质，可用黏着强度（N/m^2）表示。黏着力的形成机理可用结合水理论进行阐述。

结合水是指土颗粒表面由电场引力吸附的土中水。细小土颗粒表面上的负电荷，围绕土粒形成电场。在土粒电场范围内的水分子以及水溶液中的阳离子（如 Na^+、Ca^{+2}等）一起被吸附在土粒周围。水分子为极性分子，受电场作用而定向排列，且越靠近土里表面吸附越牢固。随着距离的增大，电场吸引力减弱，活动性增大。因此，可将结合水分为强结合水和弱结合水两部分。

受土粒表面强大吸引力（可达几千个大气压力）作用吸附于土粒表面的结合水称为强结合水，又称吸着水。在强大吸力作用下强结合水不发生自由移动。强结合水具有极大的黏滞性、弹性和抗剪强度，其性质接近固体，对土的工程性质影响较小。

位于强结合水外围，受土粒表面吸引力作用较弱的结合水称弱结合水，又称薄膜水。弱结合水能够发生自由移动。弱结合水层较强结合水层厚，具有较高的黏滞性和抗剪强度，对土的工程性质影响很大。黏着力就是由于土粒与外物对弱结合水的共同吸引产生的，因此，可以用弱结合水理论来分析各种影响因素对黏着力的影响。

黏着力的主要影响因素包括：

（1）土的含水量

当土的含水量较低时，水分几乎全部被土粒所吸附，表现为强结合水，而没有可被土粒和外物共同吸引的弱结合水，土粒与金属等外物之间不能形成水膜，因此无黏着力。随着含水量的增加，有一部分水表现为结合水。当弱结合水数达到一定程度时，在土粒与外物之间形成水膜，水膜内的弱结合水除了能被土粒吸引外，也能被外物所吸引，因此，表现出黏着力。当含水量增加到水膜面积最大时，能被土粒和外物共同吸附的弱结合水数达到最大，黏着力达到最大值；随着含水量再进一步增加，水膜过厚，能够被土粒和外物同时吸引的弱结合水数量减少，黏着性又开始减弱；当土表现出流体的性质时土粒和外物之间完全被自由水分开，黏着性完全消失。因此，可以说黏着性是土在一定含水量范围内表现出来的性质。

（2）土粒的比表面积

比表面积是指单位质量（或体积）的颗粒所具有的表面积。土粒对水分子吸引力大小取决于土粒的比表面积大小。土粒的比表面积越大，土粒对水分子的吸引力就越大，土粒周围的弱结合水层就越厚，可被土粒与外物共同吸附的弱结合水数越多，因此，黏着力就越大；反之，若土粒的比表面积越小，土粒对水分子的吸引力就越小，土粒周围的弱结合水层就越薄，可被土粒与外物共同吸附的弱结合水数越少，因此，黏着力就越小。

由于土质和黏粒矿物种类的不同，土粒的比表面积也不同。因此，土的质地、黏粒矿物种类也影响着黏着力的大小。如黏性土颗粒小，比表面积大，黏着力比较大；砂性土颗粒较大，比表面积小，黏着力比较小甚至没有。

（3）结构体的材料性质

结构体材料的亲水性也影响黏着力的大小，不同材料的亲水性也不同。材料的亲水性是指物体能否被水湿润，反映物体对水分子引力的大小。如果物体对水分子的引力大于水分子间的引力，则湿润良好，即亲水性强，容易黏着；反之，若物体对水分子的吸引力小于水分子之间的引力，则不能湿润，即亲水性差，不易黏着。例如，土对钢的黏着性大于对聚四氟乙烯（塑料的主要成分）的黏着性，因此，可以通过塑料膜覆盖来减少土的黏着力。

另外，土中阳离子种类和有机质含量对黏着力也有一定的影响。例如含 Na^{+}离子多的土比含 Ca^{+}离子多的土黏着力大。因为 Na^{+}离子使土粒分散，增加比表面积，黏着力变大；

Ca^+离子使土粒凝聚，减少比表面积，黏着力变小。富含有机质的土，由于腐殖质的黏着力小，当腐殖质成胶膜包裹黏粒时，便改变了接触面的性质而使黏粒的黏着力减弱。同时，腐殖质还能促进土粒结构的形成，使黏性土的黏着性减弱。但是，腐殖质的黏着力比砂粒大，故可增强砂土的黏着力。

2.4.1.2　负孔隙水压力

负孔隙水压力是由于结构体被提升时，加在土上的力突然变小，水分来不及流入土中引起的。从有效应力原理可知，加在土上的力由土骨架和孔隙水共同承担。对黏性土来说，在卸载的瞬间土骨架来不及发生变形，水分不能立即流入，因此变化的力由孔隙水单独承担，表现为负孔隙水压力。瞬间过后，土骨架发生膨胀变形，水分逐渐流入，负孔隙水压力逐渐消散，由孔隙水承担的荷载逐渐转化为由土骨架承担。影响负孔隙水压力的因素主要有：

（1）土的渗透性

负孔隙水压力的产生和消散都与土的渗透性密切相关。负孔隙水压力是由于卸载瞬间水分不能及时流入引起的，而水分能否及时流入取决于土颗粒间隙大小也就是土的渗透性好坏。负孔隙水压力的消散需要一个过程，土的渗透性好坏影响负孔隙水压力的消散。黏土渗透性差，卸载瞬间水分不能及时流入，因此产生负孔隙水压力；同时，渗透性差也使水分的流入速度很慢，负孔隙水压力消散缓慢；如果为砂土，则由于砂土渗透性好，在卸载瞬间一般水分能够充分流入，不产生负孔隙水压力，即使产生负孔隙水压力数值也非常小，在较短的时间内也能完全消散。

（2）提升速度

当结构体被拉升速度较快时，允许负孔隙水压力消散的时间很短，负孔隙水压力来不及消散，因此吸附力较大；反之，当拉升速度较慢时，允许负孔隙水压力消散的时间很长，负孔隙水压力能够充分消散，吸附力较小。

2.4.1.3　侧摩阻力

侧摩阻力是结构体被拉起过程中结构体侧面与土体间的摩擦力，主要是由土的性质、结构体材料和尺度决定的。根据《海上固定式平台入级建造规范》（1992）（ZC 规范）中推荐的抗拉桩极限承载力计算公式中有关侧摩阻力计算公式进行计算。

$$Q_f = \sum f_i \cdot As_i \qquad (2-117)$$

式中，Q_f 为侧摩阻力，kN；As_i 为第 i 层土中的桩侧面积，m^2；f_i 为第 i 层土的单位面积侧摩阻力，kPa。

（1）黏性土中的单位面积侧摩阻力

对于打入黏性土中的桩，单位面积侧摩阻力 f 应小于或等于黏土的不排水抗剪强度 S；缺乏资料时，可按下列条件取值：

a. 当 $S \leqslant 24$ kPa 时，取 $f = S$；

b. 当 $S \geqslant 24$ kPa 时，取 $f = 0.5S$；

c. 当 S 在 24 kPa 与 72 kPa 之间时，f 值按内插法确定。取 f 值时，应考虑施工对土体扰动的影响。

（2）砂性土中的单位面积侧摩阻力

可按下式确定：

$$f = K_0 P_0 \tan\delta，当 f \leqslant 100 \text{ kPa}$$

式中，K_0——土层的侧压力系数，对于抗拔取 $K_0 = 0.5$；

P_0——有效上覆盖压力，kPa；

δ——桩土间摩擦角度，可参考表 2-7 选用。

计算砂性土中的单位面积侧摩阻力 f 时，应考虑土质及埋深等情况，并应符合条件：$f \leqslant 100$ kPa。

表 2-7　桩土摩擦角

砂土类型	桩土摩擦角 δ
砂	30°
粉质砂土	25°
砂质粉土	20°
粉土	15°

注：此表值用于密—密实的砂性土。

2.4.1.4　离底方式对吸附力的影响

结构体的离底是一个非常复杂而涉及因素广泛的问题。随着结构体在底质中的浸没深度、离底上浮的方式、离底提升力的大小等因素的不同，离底的机理会发生实质性的变化。因此，为建立合理的吸附力模型，要对离底问题进行探讨与分类，分别对待各种不同的情况，从而使问题得到合理的简化。

从结构体在底质中的浸没深度来看，可以分为部分浸没结构体和全部浸没结构体。前者结构体在底质中浸没深度小于结构体的最小尺度；而后者结构体在底质中的浸没深度大于宽度。对于全部浸没体的离底问题，底质的“吸附力”作用主要表现在结构体以上到底质—海水界面间的底质的结构破坏所需外力。这一情况与锚的提升问题相似。而部分浸没体的离底力则与结构体下面底质的结构破坏有关。对于沉船打捞工程来说，部分浸没体的离底更有实际意义。

从离底方式来分，有自力离底和辅助离底两种。辅助离底是指在离底的过程中采用了各种辅助手段以减少底质的吸附作用，而自力离底主要是指结构体在仅受向上的提升力的作用下的离底。由于辅助离底过程中存在许多不确定的因素，各种辅助手段的使用机理不清楚，而且辅助手段的作用过程也没有统一的标准可循。因此，自力离底是国内外沉船打捞领域研究的重点。

时间因素也是吸附力研究中的一个重要影响因素。结构体坐底时间对吸附力的影响，体现在结构体与底质的结合方式上。上述做了部分浸没假定后，这一影响可以通过对不同浸深的结构体的离底进行分析而分开考虑。

提升过程中的时间因素实际上体现了提升力大小所造成的离底机理的不同。提升力大小对于结构体的离底机理的影响是巨大的。在提升力足够大时，随着提升力的不断增大，结构体即会离底上浮。在这一过程中，可以认为没有自由水的介入，提升力的大小取决于结构体的水下重量以及底质—结构体系的破坏所需外力。这种情况通常被称为“即时离底”。在这种情况下，时间因素就被分离出来了。如果提升力不足以立即使结构体离底，在一定的大于结构体水下重量的提升力作用下，结构体经过一定的时间之后总是会离底的。这一过程是与时间相关的，通常称为“长期离底”。

另外，除了提升力的大小之外，提升力的作用方式对于离底的机理也有重要的影响。当提升力对称作用时，结构体平行上浮。这时的离底力比结构体一端先上浮的提升方式下的离底力要大许多。下面针对平行上浮的提升方法进行分析。

2.4.2　吸附力计算模型

将部分浸没于底质的结构体的离底力计算问题化为一个浅浸在半无限空间介质中的刚体在受到向上拉力作用时的一个塑性极限问题，参照太沙基承载力理论，离底问题与承载极限问题的区别是作用在底质上力的方向不同。因此，可采用土体极限承载力理论对沉船吸附力进行分析。

2.4.2.1　地基土体破坏模式

在力作用下地基土体因承载力不足引起的破坏，一般由土体的剪切破坏引起。试验研究表明，有三种破坏模式：整体剪切破坏、局部剪切破坏和冲切剪切破坏，如图 2-36 所示。

（1）整体剪切破坏

整体剪切破坏是一种在土体力作用下地基土体发生连续剪切滑动面的地基破坏模式，其概念最早由 L. 普朗德尔提出。它的破坏特征是：地基在力作用下产生近似线弹性变形；当力达到一定数值时，在基础的边缘以下土体首先发生剪切破坏，随着荷载的继续增加，剪切破坏区也逐渐扩大；当剪切破坏区在地基中形成一片，成为隆起，地基发生整体剪切破坏，地基土体失去了继续承载能力。土体破坏前结构物一般不会发生过大的沉降，它是一种典型的土体强度破坏，破坏有一定的突然性。如图 2-36（a）所示。整体剪切破坏一般在密砂和硬的黏土中最有可能发生。

（2）局部剪切破坏

局部剪切破坏是一种在土体力作用下地基土体某一范围内发生剪切破坏区的地基破坏型式，其概念最早由 K. 太沙基提出。其破坏特征是，在力作用下，地基在其土体边缘以下开始发生剪切破坏之后，随着力的继续增大，地基变形增大，剪切破坏区继续扩大，土

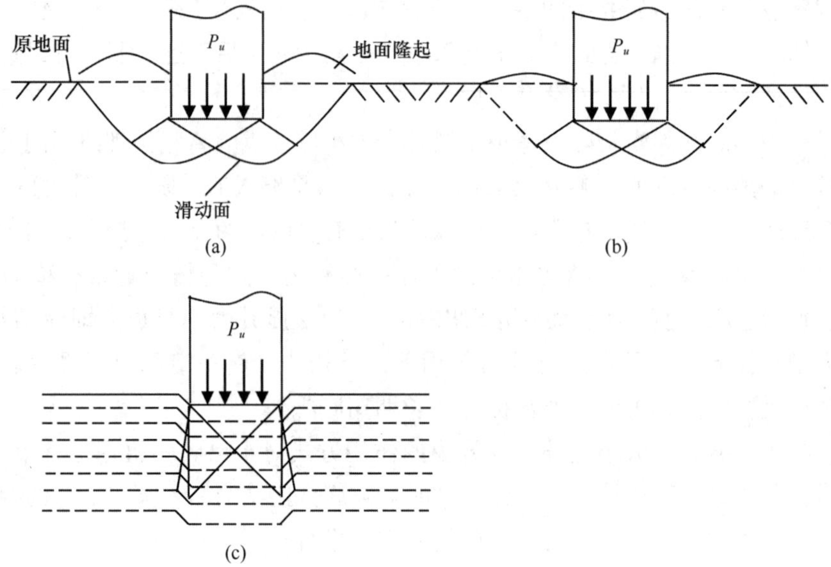

图 2-36　地基破坏模式

体两侧有部分隆起，但剪切破坏区滑动面没有发展大地面，土体没有明显的倾斜和倒塌。土体由于产生大的沉降而丧失继续承载能力。这种破坏模式是一种以变形为主要特征的破坏模式，如图 2-36（b）所示。

（3）冲切剪切破坏

冲切剪切破坏是一种在力作用下地基土体发生垂直剪切破坏，使土体产生较大沉降的一种地基破坏模式，也称刺入剪切破坏。其破坏特性是，在荷载作用下土体产生较大沉降，周围的部分土体也产生下陷，破坏时基础好像“刺入”土层中，不出现明显的破坏区和滑动面，土体没有明显的倾斜，是一种典型的以变形为特征的破坏模式，如图 2-36（c）所示。在压缩性较大的松砂、软土地基或基础埋深较大时相对容易发生冲切剪切破坏。

2.4.2.2　地基土体破坏模式的影响因素

影响地基土体破坏模式的因素有：地基土体的条件，如土体的种类、密度、含水量、压缩性、抗剪强度等；基础条件，如型式、埋深、尺寸等，其中土的压缩性是影响破坏模式的主要因素。如果土的压缩性低，土体相对比较密实，一般容易发生整体剪切破坏。反之，如果土比较疏松，压缩性高，则会发生冲切剪切破坏。

土体压缩性对破坏模式的影响也会随着其他的因素的变化而变化。建在密实土层中的基础，如果埋深大或受到瞬时冲击力，也会发生冲击剪切破坏；如果在密实砂层下卧有可压缩的软弱土层，也可能发生冲切剪切破坏。建在饱和正常固结黏土上的土体，若土体在加载时不发生体积变化，将会发生整体剪切破坏；如果加荷很慢，使地基土固结，发生体积变化，则有可能发生刺入破坏。对于具体会发生何种破坏模式，需综合考虑各方面的因素后确定。

2.4.2.3　地基土体的临界荷载

（1）地基土体中的应力状态

现场力试验根据各级荷载及其相应的相对稳定沉降值，可得到荷载与沉降的关系曲线，即 p-s 曲线。还可得各级力作用下的沉降与时间的关系曲线，即 s-t 曲线。在某一瞬时内力内沉降与该瞬时时间之比（s/t），称为土的变形速度，它在力增大的过程中变化，可得地基土体中应力状态的三个阶段：压缩阶段、剪切阶段和隆起阶段，如图 2-37 所示。

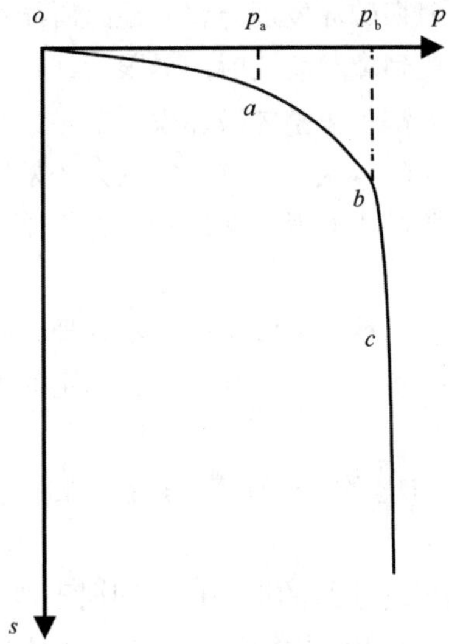

图 2-37　地基土中应力状态

a. 压缩阶段，又称直线变形阶段，对应 p-s 曲线的 oa 段。在这个阶段外加力较小，地基土体以压缩变形为主，压力与变形之间基本呈线性关系，土体中的应力尚处在弹性平衡阶段，土体中任一点的剪应力均小于该点的抗剪强度。该阶段的应力一般可近似采用弹性理论进行分析。

b. 剪切阶段，又称塑性变形阶段，对应 p-s 曲线的 ba 段。在这一阶段，从土体两侧地边缘开始，宏观上 p-s 曲线呈现非线性的变化。随着荷载的增大，荷载—沉降曲线的斜率增大。在这一阶段，虽然土体部分区域发生了塑性极限平衡，但塑性区并未在土体中连成一片，土体基础仍有一定的稳定性，地基土体的安全度则随着塑性区的扩大而降低。

c. 隆起阶段，又称塑性流动阶段。对应 p-s 曲线的 bc 段。该阶段基础以下两侧的土体塑性区贯通并连成一片，土体两侧土体隆起，很小的力增量都会引起土体的沉陷，这种变形主要不是由土的压缩引起，而是由土体的塑性流动引起，是一种随时间不稳定的变形，其结果是基础向比较薄弱一侧倾倒，土体整体失去稳定性。

（2）地基的临界荷载

对应地基土体中应力状态的三阶段，有两个界限力：前一个是相当于从压缩阶段过渡到剪切阶段的界限荷载，称为比例界限荷载或临塑荷载，一般记为 p_a，它是脚曲线上 a 点所对应的荷载；后一个是相应于从剪切阶段过渡到隆起阶段的界限荷载，成为临界荷载或极限荷载，记为 p_b，它是 p-s 曲线上 b 点所对应的荷载。由此取 p_a 或 p_b/K（K 为安全系数）确定地基容许载力。

工程实践表明，采用不允许地基产生塑性区的临界荷载 p_a 作为地基容许承载力，往往不能充分发挥地基的承载能力，取值偏于保守。

2.4.2.4　土体极限承载力

土体极限承载力是指土体剪切破坏发展至将失稳时所能承受的极限力。它相当于地基土体中应力状态从剪切阶段过渡到隆起阶段时的界限荷载。在土壤力学理论的发展中，土体极限载力的理论公式很多，大都是按整体破坏模式推导，而用于局部剪切或冲切剪切破坏情况时根据经验加以修正。极限承载力求解的常用方法是按照假定滑动面求解，通过基础模型试验，研究整体剪切破坏模式的滑动面形状，并简化为假定滑动面，根据滑动土体的静力平衡条件求解极限承载力。

地基土体极限承载力理论有多种，太沙基极限承载理论的应用较多。

太沙基在推导均质土体上的条形基础、受中心力作用的承载力公式时，做了如下一些假设：

a. 结构物底面粗糙，即它与土之间有摩擦力存在；

b. 土体有重量，即 $\gamma \neq 0$；

c. 当土体达到破坏时，将出现连续的滑动面，即属于整体剪切破坏。但是，由于结构物底面与土之间有摩擦力存在，所以结构物下有一部分土体将随结构物一起移动而处于弹性平衡状态，该部分土体称为弹性楔体，如图 2-38 中的 aba_1 所示。弹性楔体的边界 ab 为滑动面的一部分，它与水平面的夹角为 φ；

d. 滑动区域有径向剪切区Ⅱ和朗肯被动区Ⅲ所组成。其中滑动区域Ⅱ的边界 bc（或 bc_1）为对数螺旋曲线。为起始矢径。朗肯被动区 II 的边界 cd（或 c_1d_1）为直线并与水平面成（$45° - \varphi/2$）角，如图 2-38 所示；

e. 不考虑基底以上基础两侧土体抗剪强度的影响，而用相应的均布超载 $q = \gamma \cdot d$ 来代替。

在此假设下，经分析可得到整体剪切破坏时，基底不完全粗糙情况下太沙基承载力理论公式，即土体的极限荷载公式：

$$p_u = cN_c + qN_q + \frac{1}{2}\gamma bN_\gamma \tag{2-118}$$

式中，b 为结构物宽度；γ 为土体重度；φ 为弹性楔体与水平面的夹角，$45° + \varphi/2 > \phi > \varphi$；$c$ 为土体的黏聚力；ϕ 为土体的内摩擦角；N_c、N_q、N_γ 为粗糙基底的承载力系数，是 φ、ϕ 的函数。

$$N_c = (N_q - 1)\cot\phi$$
$$N_q = \exp[(3\pi/2 - \varphi) - 1]2\cos^2(45° + \phi/2)$$

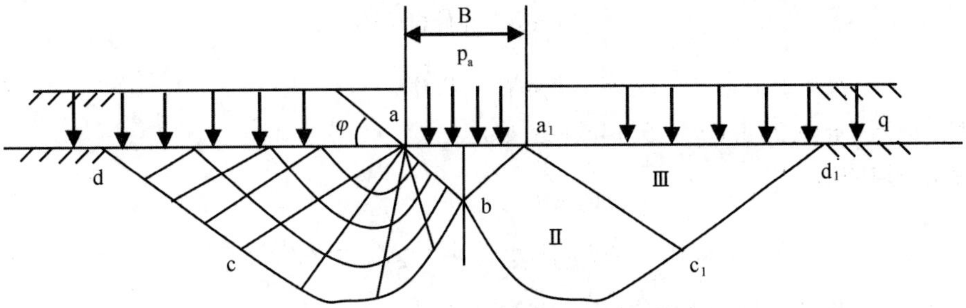

图 2-38　太沙基承载力（粗糙基底）

$$N_\gamma = [(K_{pr}/2\cos^2\varphi) - 1]\tan\phi/2 \tag{2-119}$$

从上式可知，承载力系数为土的内摩擦角 ϕ 的函数，表示土重影响的承载力系数 N_γ 包含相应被动土压力系数 K_{pr}，需由试算确定。

上述承载力公式只适用于土体整体剪切破坏情况，即土体比较密实。计算土体承载力时，安全系数一般可取为 3。

2.4.2.5　Skempton 计算模型

把部分浸没于底质的结构体的离底力计算问题化为一个浅浸在半无限空间介质中的刚体在受到向上拉力作用时的一个塑性极限问题，参照修正的太沙基承载力理论，离底问题与承载极限问题所不同的是底质上力的方向。

考虑到实际情况下的海底底质为饱和的软基础，其内摩擦角很小，因而 φ 的正切值接近于零（$\varphi=0$）。因此，塑性区的滑移面由对数螺线退化为圆柱面，而"弹性核"和被动朗金区的边界成为等腰直角三角形。所以，可简化为斯肯普顿（Skempton）计算模型，如图 2-39 所示。

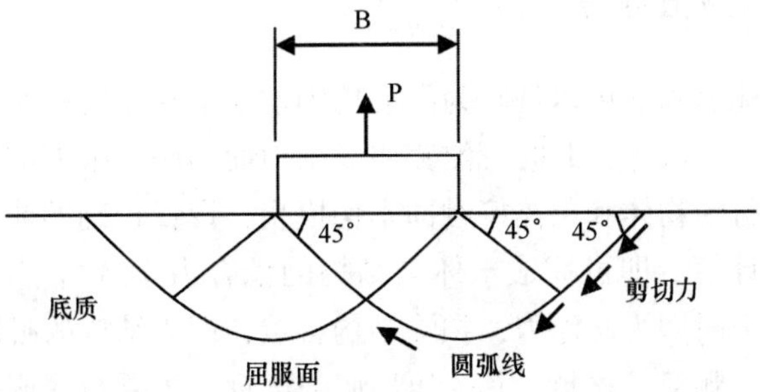

图 2-39　斯肯普顿（Skempton）计算模型

当 $\varphi\to0$ 时，根据太沙基极限承载理论，可得到：

$$\lim_{\varphi\to0} N_c = \pi + 2 = 5.14$$

$$\lim_{\varphi \to 0} N_q = 1.00$$

$$\lim_{\varphi \to 0} N_\gamma = 0.00 \tag{2-120}$$

于是，$p_u = (\pi + 2)c + q = 5.14c + \lambda_0 d$

对于矩形基础：

$$p_u = 5c\left(1 + \frac{b}{5l}\right)\left(1 + \frac{d}{5b}\right) + \gamma_0 d$$

式中，b、l、d 分别为基础土体的宽度、长度和浸没深度。

由于计算模型的对称性，极限提升力可以通过令屈服面上的剪切应力对结构体下边缘的总力矩与提升力对同一点的总力矩之代数和为零，由此，可以求得结构体浸坐在底质中时，底质对结构体的理论吸附力为：

$$P_x = P_{cr} - W_s = 5A \cdot S \cdot \left(1.0 + 0.2\frac{D}{B}\right)\left(1.0 + 0.2\frac{B}{L}\right) \tag{2-121}$$

式中，P_{cr} 为土体底质极限承载情况下的提升力；S 为土体底质的抗剪强度；A 为结构体与底质接触部分的水平投影面积；D 为结构体在底质中的潜深；B 为结构体的宽度；L 为结构体的长度；W_s 为结构体水中重量。

2.4.2.6 Skempton 修正计算模型

根据公式（2-121），并考虑浸深及结构体几何特性进行了修正，得到吸附力的估算公式：

$$P_x = 5A \cdot S \cdot \left(1.0 + 0.2\frac{D \cdot e\sqrt{D}}{B}\right)\left(1.0 + 0.2\frac{B}{L}\right)\sin\left(\frac{\pi \cdot S_R}{2S_P}\right) \tag{2-122}$$

式中，S_R 为结构体潜在淤泥中的接触面积；S_P 为结构体潜在淤泥中多向投影面积。

2.4.3 沉船吸附力数值计算

如前所述，沉船能够离底可以理解为沉船周围土体中某点所产生的应力达到土体的极限承载力，土体发生剪切破坏，此时沉船克服吸附力而离底。根据前述太沙基极限承载理论，通过建立合理的打捞物体和土体接触面本构模型，设置正确的非线性处理过程，进行沉船吸附力数值模拟计算，即可完成土体与结构的耦合力学分析[10]。分析中，当土体应力达到土体极限承载力时即为起浮力，扣除结构自重，即为结构的吸附力。

土壤、岩石等属于颗粒状材料，其受压屈服强度远大于受拉屈服强度，且受剪时颗粒会膨胀，一般采用 Drucker-Prager 准则作为这类材料的强度准则，简称为 DP 材料。

2.4.3.1 长方体结构物吸附力数值计算[11]

选取长方体打捞结构物，长宽均 2 m，高度 8 m，浸深 $D=6$ m。土体为 DP 材料，黏聚力 $c=19$ kPa，摩擦角为 32°，膨胀角为 30°。

考虑对称性，取 1/4 桩模型进行分析，土体的模型大小在 x、y、z 方向的长度分别为

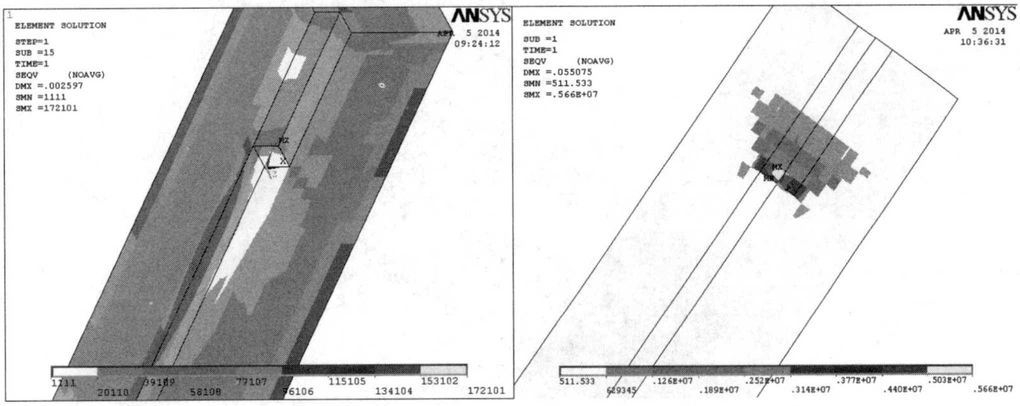

图 2-40　均布拉力分别为 500 Pa、4 500 kPa 土体反应

桩的 5 倍、3 倍、5 倍。结构和土体采用 Solid45 实体单元；刚体目标面 TARGE170 单元，接触面为 CONTA173 单元，在结构顶端设置均布力向上拉，计算土体应力见图 2-40。

根据极限力公式可知，此时土体破坏的力大约为 1 300 kPa，设置不同的打捞力计算土体应力，可知此土体极限承载力下的打捞力约为 1 240 kPa，即吸附力为 496 tf①，结构自重大约 80 t，吸附力系数为 5. 2。

“林海一号”沉船打捞时，使用过一种专用打捞沉箱，该沉箱长宽均 2. 8 m，高 8 m，重约 5 t，沉入泥下约 6 m，将该沉箱从泥中拔出时用了将近 40 tf。据此分析，吸附力系数大约为 7，与上述结果相近。查阅经验数据，吸附力系数最大为 0. 65～1. 05，说明经验吸附力系数不适与在沉箱结构打捞中使用。

2. 4. 3. 2　圆柱体结构物吸附力模拟计算[11]

选取圆柱体打捞结构物，直径 φ 为 4. 5 m，长 30 m，浸深 2. 25 m。土体黏聚力 $c=4$ kPa，摩擦角 5°，膨胀角 5°，对该结构进行数值分析，结果如图 2-41 和图 2-42 所示。

图 2-41 显示对圆柱体施加 3 375 kN 的均布拉力，土体的应力约为 11 kPa，折算安全系数后地基极限承载力约 10. 2 kPa，这说明土体破坏，结构可以上浮。试验显示该结构的吸附力约为 3 363 kN，与计算结果接近，说明该数值计算模型适用，吸附力系数大约是 0. 52。从上述计算可以看出用数值方法来推断吸附力是适用的。

图 2-42 显示相同的圆柱体结构，在相同的拉力作用下由均布力改为端部集中力下的数值计算结果，结果显示端部集中力下土体最大应力与均布力平行起浮相比大了 20 倍；由此可知，如果结构强度允许单端起浮方式，对土体的破坏将远远大于均布力的影响，从而证明沉船单端起浮确实是一种效率比较高的打捞方式，实际打捞工程也印证了单端起浮的正确性。

单从数值计算结果来分析，吸附力系数将缩小约 20 倍这不符合实际情况，所以按线

① 1 tf=9. 806 65×10³ N.

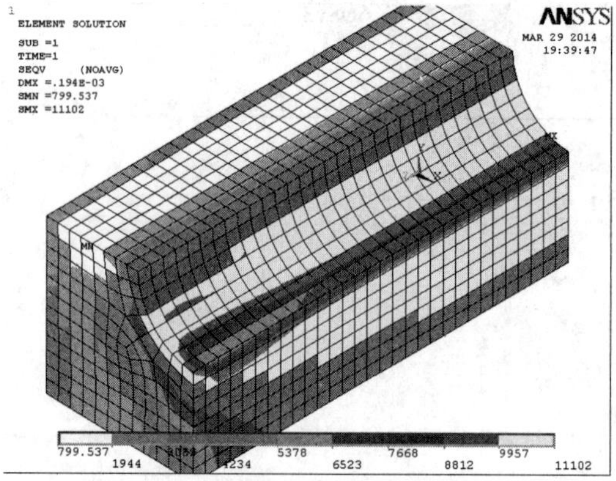

图 2-41　圆柱体均布拉力分析

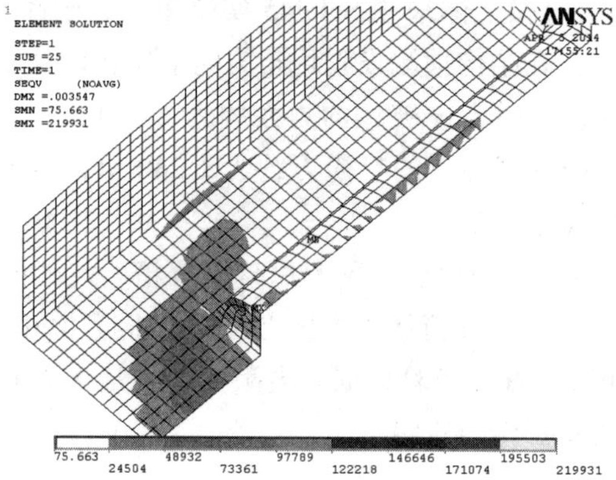

图 2-42　圆柱体端部集中拉力分析

性比例推算并考虑端部应力集中效应，吸附力系数约为 0.3，仍然远低于均布力下的吸附力系数。单端起浮下的吸附力估算涉及的问题比均布力复杂，需专门研究。

2.4.3.3　吸附力的判定

对方桩结构设置打捞力，力大小分别为：500 Pa、5 000 Pa、50 000 Pa、75 000 Pa、90 000 Pa、150 000 Pa、200 000 Pa、1 500 000 Pa、2 000 000 Pa、3 500 000 Pa、4 000 000 Pa、4 500 000 Pa，进行土体应力分析。

绘制结构位移、土体最大应力、土体最小应力曲线，如图 2-43 所示。图中，横坐标为结构的均布打捞力，纵坐标根据曲线对应的单位转换规律代表结构位移、土体最大应力、最小应力不同的数值，从中可以看出三条数据线的发展趋势。随着均布拉力的增大，结构位移增大，土体最大应力也随之平行增大，所以可以根据土体极限承载力对打捞力进行线性推算。

从土体最小应力曲线的形状可以看出，最初应力变化不大，随着打捞力的增加曲线随之下降并且稳定在一定阶段，说明最初结构没有克服土体吸附力，曲线下降突变处说明土体被破坏，结构已经克服吸附力，而且吸附力数据显示在 1 300~1 500 kPa 附近，与应用地基极限承载力判断吸附力的结论吻合。

根据上述的分析，可知采用地基极限承载力和最小土体应力突变均可以实现吸附力的判断。

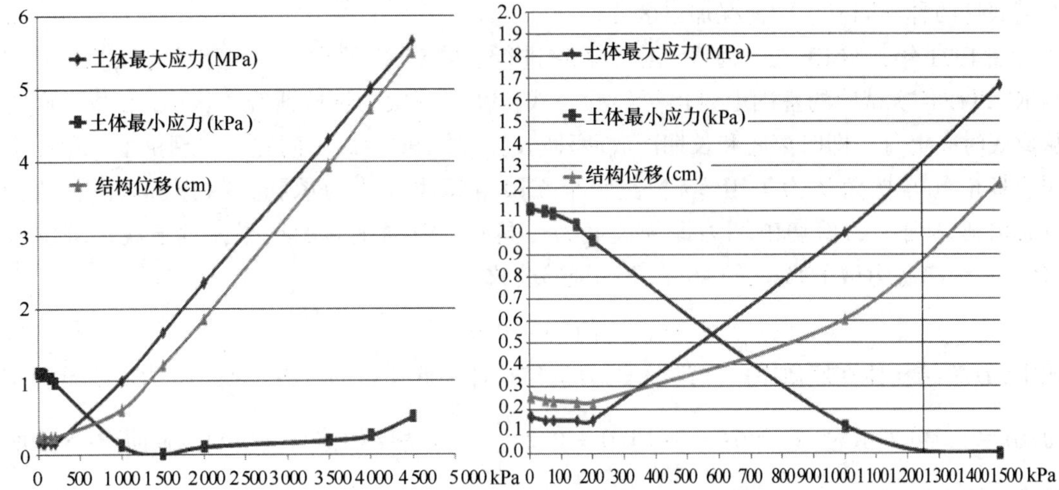

图 2-43　均布拉力下方桩结构位移及土体反应

2.4.4　基于试验的吸附力计算模型

海底底质对坐沉海底结构体的吸附力是一个极为复杂的问题。对于这类不确定因素较多而理论分析困难的问题，试验研究是必要的手段。试验分析不仅能为理论分析的合理性提供检验，而且控制条件下的试验结果本身就能反映出所研究问题的规律。因此，试验分析是吸附力研究的一个极为重要的方面。

在离底吸附力问题方面最重要的实验研究工作是美国海军土工实验室（NCEL）在 20 世纪 60 年代末到 70 年代初进行的一系列试验和理论研究。NCEL 的研究工作起源于对美海军 Thresher 号失事潜艇的打捞工作，其目的在于预测 Thresher 号潜艇的打捞力。为此，NCEL 于 1966 年作为深潜系统项目的一个子项目开始了一项为期三年的离底力研究。

在该计划的第一年（1966 年），NCEL 在 scal 湾海军武器试验基地的海底模拟试验场进行了大尺度模型的离底试验。在计划的第二年（1967 年），NCEL 在旧金山湾猎人角海军船厂附近 30 ft 水深海上进行了各种形状物体（立方体、长方体、圆柱体、锥台等）的离底试验。试验过程是将模型置于海底一定时间，通过滑轮系统由平衡重物提供模型的升力，记录模型在提升力作用下的位移和时间关系。试验场地的底质性质由现场十字板试验和实验室采样提供。通过对试验结果的分析得出了经验公式：

$$F = 0.20q_d \cdot A \cdot e^{c-0.0054(t-260)} \qquad (2-123)$$

其中，F ——离底力；

q_d ——底质的强度指标，是在静力平衡状态下由底质承受的平均压力；

A ——结构体在底质界面的水平投影面积；

t ——提升力加载时间。

上式对于 t 较小的情况（即时离底）拟合精度较差。这是因为没有对于即时离底和长期离底这两种不同机理的情况加以区分。

在 1971 年，NCEL 在其海底土壤实验室进行了约 90 次的小尺度模型补充试验，并在 NCEL 以往各次试验的基础上得出了经验公式。在这一次的试验研究中，NCEL 将离底力从离底时间上分为即时离底和长期离底两种情况。对于即时离底问题，在理论上采用库仑屈服理论（摩擦角认为等于零），比照半无限空间浅浸体的承载力的分析方法，认为 Prnadtl 破坏面上的剪切破坏力即为离底力。同时，根据试验的结果，对于浅浸埋深度（D/B）的离底力做了修正，得出以下的经验公式：

$$F_{1b} = F_q \cdot [1.0 - 0.97e^{-2.75(\frac{D}{B})}] \tag{2-124}$$

式中，D 为结构体在底质中的浸没深度；B 为结构体在底质中的浸没宽度；F_q 为底质承受压力的能力，可表示为：$F_q = 6A \cdot S \cdot \left(1.0 + 0.2\dfrac{D}{B}\right)$ ；A 为结构体与底质的接触面积；S 为底质的剪切强度。

该公式对于 NCEL 所做的离底试验，其精度达到 50%。

对于长期离底问题，NCEL 根据在试验中所观察到的现象，采用量纲分析，对结果进行了拟合，得到如下经验公式：

$$\log_{10}(F_b/F_{1b}) = -0.193(\log_{10}T - 3.84) \tag{2-125}$$

式中，T 为无因次时间，$T = Pt_b/D^2$；t_b 为离底时间；P 为结构体压力，$P = F_b/A$ ；F_b 为由底质承受的压力。

2.5 沉船扳正底质土壤阻力分析

在大横倾沉船扳正方案设计中，扳正阻力计算是吊船使用、扳正缆配置设计等方案设计的基础，科学准确的扳正阻力计算能够保证工程安全、防止资源浪费。

目前实际工程中所采用的计算方法是认为沉船扳正阻力是沉船水中重量形成的扳正阻力和海底底质阻力之和。其中，前者的计算方法已经成熟，这里重点对底质扳正阻力的计算方法进行分析。在目前的实际工程中，是将底质扳正阻力看做是海底吸附力的函数，即根据海底底质类型、沉船陷泥情况等选择底质阻力系数，再乘以沉船水中重量，得到底质扳正阻力；然后，假定底质扳正阻力也作用于沉船重心在同一垂线上，得到底质扳正阻力距沉船扳正支点位置的距离，进而计算沉船扳正阻力所构成的扳正阻力矩[12]。计算公式如下：

$$R_s = k_d \cdot P_s \tag{2-126}$$

$$M_s = R_s \cdot l_s \tag{2-127}$$

式中，R_s 为海底底质扳正阻力；k_d 为海底底质扳正阻力系数，一般根据海底底质类型取值；P_s 为沉船水中重量；l_s 为海底底质扳正阻力臂；M_s 为沉船扳正阻力矩。

由上可以看出，海底底质扳正阻力矩的计算方法存在两点问题，一是将底质扳正阻力看做是海底吸附力的函数缺乏理论根据，二是假定底质扳正阻力与沉船重心作用在同一垂线上也无依据，且上述方法在实际工程计算中也常常会产生较大的误差。因此，需要对此做进一步的研究。

2.5.1 沉船底质扳正阻力组成及影响因素分析

通过对沉船扳正过程中海底底质变形过程及特点的分析，根据土壤力学理论认为沉船底质扳正阻力由拥土阻力、接触阻力和压实阻力三个部分组成[9,13]，如图 2-44 所示，图中 F_s 为扳正力。

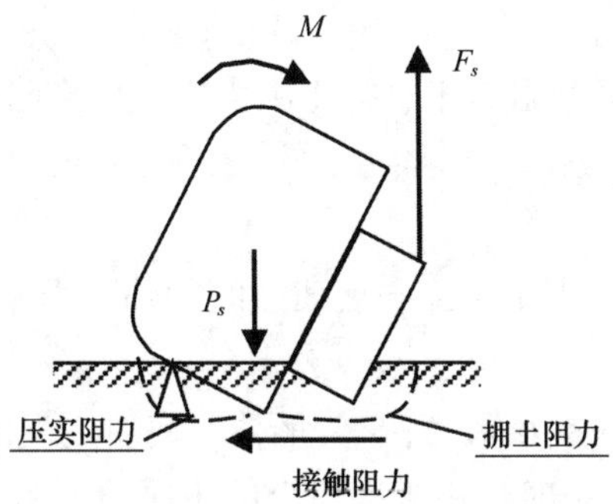

图 2-44 底质扳正阻力组成

2.5.1.1 拥土阻力

底质的拥土阻力是指在沉船扳正过程中，在沉船扳正方向的底质对沉船的反作用力。底质拥土阻力由底质内部剪切阻力、已剪切下的底质推移阻力组成。

（1）底质内部剪切阻力

指在沉船扳正方向的底质在其内部发生剪切破坏而脱离基土，对沉船所产生的反作用力。根据土壤力学中剪切强度理论的库仑定律，土壤的剪切强度由土壤的内聚力和摩擦力组成，故需要测量底质的内聚力和内摩擦角。

（2）底质推移阻力

指在剪切下的底质在脱离基土后被推移，而对沉船所产生的反作用力，主要取决于该部分底质自身的重量，故需要测量底质的密度和体积。

2.5.1.2 接触阻力

接触阻力是指在沉船扳正过程中，船体与留下基土（即被剪切掉部分底质后剩下的基土）之间在表面相互发生切线方向的相对位移而对沉船所产生的反作用力。船体与底质之间的接触阻力由船体与底质之间的外附力、摩擦力组成，故需要测量船体与底质之间的外附力和摩擦力。

2.5.1.3 压实阻力

底质压实阻力是指在沉船底部的底质被船体挤压而对沉船运动的反作用力。主要取决于该部分底质的抗压能力，故需要测量底质的压缩系数和压缩模量。

2.5.2 沉船底质扳正阻力计算方法分析

在沉船扳正方案设计中，扳正阻力是通过扳正阻力矩来起作用的。因此，这里直接讨论扳正阻力矩的计算方法。根据前述分析，沉船底质扳正阻力矩应由底质的接触阻力矩、拥土阻力矩和底质压实阻力矩组成，即沉船底质扳正阻力矩为：

$$M_s = M_{sj} + M_{sr} + M_{sy} \tag{2-128}$$

式中，M_{sj}、M_{sr}、M_{sy} 分别为接触阻力矩、拥土阻力矩、压实阻力矩。

2.5.2.1 接触阻力矩计算方法分析

船体与底质之间的接触阻力由船体与底质之间的外附力、摩擦力组成，可表示为：

$$R_{sj} = \mu \cdot P + S_j \cdot c_w \tag{2-129}$$

式中，R_{sj} 为船体与底质之间的接触阻力；S_j 为船体与底质之间的接触面面积；c_w 为船体与底质之间的外附力；P 为沉船扳正时作用于底质上的正压力，可近似取为沉船的水中重量；μ 为摩擦系数，可按表 2-8 取值。

表 2-8 摩擦系数表

底质类型	摩擦力系数	说明
淤泥和泥底	0.2~0.3	不考虑吸附效应
砂底	0.25~0.4	随着砂粒尺寸而增大
砂砾层或小鹅卵石	0.4~0.5	
软土下面的硬质地层，黏土层	0.5~0.8	均匀、稠密的沙子和黏土
珊瑚礁	0.5~0.8	
岩石	0.8~1.5	

对于海底底质，获得准确的摩擦系数是比较困难的。表 2-8 中给出的摩擦系数来源于多年的实践经验。

在计算得到了沉船接触阻力后，沉船接触阻力矩计算的主要问题是确定阻力臂，它与沉船陷入海底部分的结构形状和陷泥情况有关。

如图 2-45 所示的沉船某横剖面，假设沉船接触阻力方向是平行于海底，并与沉船扳正运动方向相反，取其阻力臂支点与沉船扳正有相同的支点。因此，只要计算出接触阻力的作用中心位置，即可确定接触阻力臂 l_{sj} 的大小。通过分析，接触阻力的作用中心位置可取在沉船陷泥深度 H_c 的 1/2 高度处，即接触阻力臂为：

$$l_{sj} = \frac{H_c}{2} \tag{2-130}$$

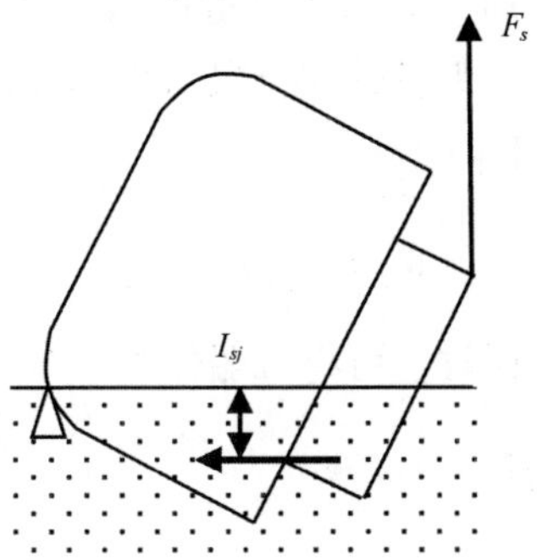

图 2-45　底质扳正阻力支点

由于接触阻力是针对全船计算的，因此，接触阻力臂只能针对沉船全船的平均陷泥情况进行估算，再计算得到沉船扳正的接触阻力矩 M_{sj}：

$$M_{sj} = R_{sj} \cdot l_{sj} \tag{2-131}$$

2.5.2.2　拥土阻力矩计算方法分析

海底底质拥土阻力是由沉船运动时破坏、带动部分底质运动所产生的，可使用朗金土压力理论对拥土阻力进行计算，其计算方法为：

对于无黏性土：

$$E_p = \frac{1}{2}\gamma H_c^2 \mathrm{tg}^2(45° + \frac{\varphi}{2}) \tag{2-132}$$

对于黏性土：

$$E_p = \frac{1}{2}\gamma H_c^2 \mathrm{tg}^2(45° + \frac{\varphi}{2}) + 2c \cdot H_c \cdot \mathrm{tg}(45° + \frac{\varphi}{2}) \tag{2-133}$$

其中，E_p 为沉船的单位长度所受拥土阻力，kg/m；γ 为土壤重度，kg/m^3；H_c 为沉船的陷泥深度，m；φ 为土壤的内摩擦角，°；L 为船长，m；c 为土壤内聚力，kg/m^2。

则沉船全船的拥土阻力为：

$$R_{sr} = \int_0^L E_p \mathrm{d}x \tag{2-134}$$

拥土阻力臂与沉船陷入海底部分的结构形状和陷泥情况有关。如图 2-45 所示的沉船某横剖面，假设拥土阻力方向是平行于海底，并与沉船运动方向相反，取其阻力臂支点与沉船扳正有相同的支点。因此，只要计算出沉船拥土阻力的作用中心位置，即可确定沉船拥土阻力臂 l_{sr} 的大小。由于随着陷泥深度的增加，海底土壤的附加应力亦增加。因此，建议沉船拥土阻力的作用中心位置取沉船陷泥深度 H_c 的1/2~2/3高度处，即拥土阻力臂为：

$$l_{sr} = (\frac{1}{2} \sim \frac{2}{3})H_c \tag{2-135}$$

由于沉船沿纵向的陷泥情况不同，全船的拥土阻力矩计算可按下述方法进行计算：首先，按照一定距离将沉船沿纵向划分为若干个等距段；其次，计算各等距段的拥土阻力、拥土阻力臂；其次，计算沉船各等距段的拥土阻力矩 M_{sri}；最后，求和计算得到沉船全船的拥土阻力矩 M_{sr}。计算公式如下：

$$M_{sr} = \sum_{i=1}^{n} R_{sri} \cdot l_{sri} \tag{2-136}$$

在仅需要进行比较粗略的计算时，可将沉船作为一个等距段进行计算。

2.5.2.3 压实阻力矩计算分析

虽然在沉船的扳正过程中，沉船底部的底质被船体挤压而产生对沉船运动的反作用力，但这个力将主要由沉船自身的重量来克服，而与扳正力关系不大。因此，可不考虑该部分力的作用。

根据公式（2-128）至公式（2-135）整理得底质扳正阻力矩计算公式为：

$$M_s = (\mu \cdot P + S_j \cdot c_w) \cdot H_c/2 + (\frac{1}{2} \sim \frac{2}{3}) \cdot H_c \cdot \int_0^L E_p \mathrm{d}x \tag{2-137}$$

式中各项参数的含义已在前文叙述。

2.5.3 验证分析

采用实际沉船打捞工程案例数据对上述底质扳正阻力矩计算方法进行验证。

沉船主尺度：总长156.2 m，设计水线长140 m，型宽20.6 m，型深11.5 m，设计吃水6.8 m，空船重量6 708.6 t。计算得到沉船水中重量及重心：水下重量6 709 t，重心距基线9.28 m。

沉船水下状态：水深11.15 m，难船左倾91°，艉倾1°，艏向272°，船舯淤埋4 m，船体约70%没入水中，如图2-46所示。底质资料：经现场勘测，难船附近为泥砂质，表层淤泥较稀。

由于该沉船打捞中采用深桩进行作业船水面定位，为了保证深桩受力后的稳定性和拔桩方案设计，对当地海底底质进行了取样测量，得到了相关的底质土壤参数如下：μ=0.25~0.5，P=6 709 t，S_j=1 212 m^2，γ=750~1 500 kg/m^3，c=0，φ=30°~40°，c_w=500~1 000 kg/m^2。

将以上数据代入式（2-124），计算得出底质扳正阻力矩为：7 476~13 936 t · m。

由于参数难以精确确定，所以理论计算结果是个范围，对所得数据的最小值、最大值及中位数与实际工程中测量得到的数值对比，计算误差如表2-9所示。

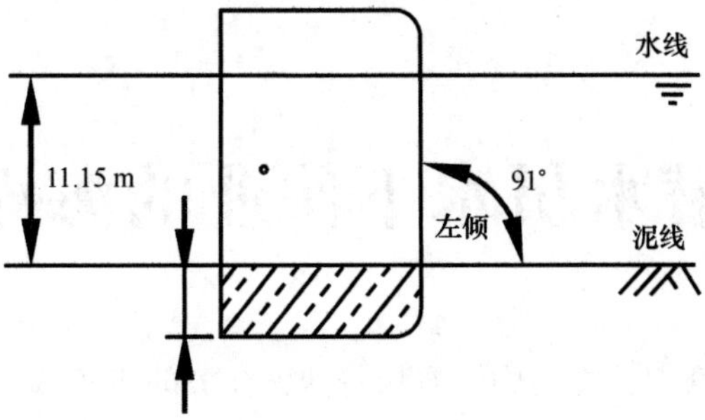

图 2-46　沉船沉没状态示意图

表 2-9　底质扳正阻力矩理论计算值与实际值对比　　单位：t · m

	实际值	最小值	最大值	中值
数据	12 024	7 476	13 936	10 706
误差		37. 8%	15. 9%	10. 9%

通过表 2-9 可以看出，实际值是在最大值和最小值之间的，取中值与实际值相比，误差略大于 10%。因此，在能够对海底底质相关参数进行测量时，此理论计算方法可以满足实际工程对于底质扳正阻力计算的要求。

第三章　潜水员水下作业的海洋环境效应

海上救捞人员种类众多，在空中，有执行搜索任务的飞机驾驶员、设备操作员、海面搜索员等；在水面，有执行多种救捞任务的指挥员、操船人员、机电人员、帆缆人员等；在水下，有执行水下作业任务的潜水员。各类救捞人员在一定程度上受到海洋环境的影响，其中，潜水员受海洋环境的影响最大，包括海浪、海流、水温、水下能见度等，其中，受水流的影响最大。

潜水员水下作业是海上救捞作业的主要途径。目前，潜水员执行水下作业任务时受水流影响十分严重，严重制约其水下作业的能力、效率与安全。当流速较大时，潜水员无法下潜和进行水下作业。为此，《潜水规则》要求：自携式潜水时，最大的适用水流流速为1.0 kn；管供式潜水时，最大的适用水流流速为1.5 kn。为了满足《潜水规则》要求，确保潜水员水下作业安全，在海上作业时，不得不按照潮汐规律安排潜水员的水下作业时间，即组织潜水员在平潮时进行水下作业。这将导致两个方面的问题，一方面，由于水下作业时间的限制，严重影响了任务的完成效率；另一方面，为了保证任务的按期完成，不得不在夜间的平潮时间段组织潜水员进行水下作业，而潜水员连续不分昼夜的作业及夜间能见度差等因素将给潜水员的水下作业安全带来严重的威胁。甚至有时在狭窄水道等水流较大海区执行水下作业任务时，即使是在平潮时，水流速度依然将超过潜水员水下作业允许的流速，从而将使作业难以实施。

为了解决上述问题，在潜水员进行水下作业时，不得不采取必要的措施，以在大于《潜水规则》规定的水流速度下进行作业。但在使用不同类型的潜水装具，在不同的作业内容、作业条件和作业措施的情况下，潜水员能够进行水下作业的极限水流速度是多少，目前还缺乏深入研究，使得在潜水指挥中缺乏科学依据，只能依靠有限的经验，有时甚至是处于一种盲目的状态。因此，开展水流速度对潜水员水下作业影响规律研究，可为提高潜水员水下作业指挥的科学性、提高潜水员水下作业能力、保证潜水员的水下作业安全提供理论依据。

以管供式轻潜水装具为研究对象，这类管供式轻潜水装具是当前水下抗流作业中使用最为广泛的潜水装具，而自携式潜水装具不是进行复杂水下作业的合理选择，研究的必要性有限。

按照潜水员水下作业的一般过程，可将潜水员水下作业划分为下潜、水下移动和水下定点作业三种状态，在不同状态下，潜水员采取的水下作业抗流方式、抗流能力亦不同。因此，分别对潜水员下潜、水下移动和水下定点作业的抗流能力进行分析。

3.1　潜水员下潜能力分析

潜水员下潜抗流能力研究是在对潜水员水下抗流方式分析的基础上，建立潜水员下潜能力分析模型，对模型中的相关参数分别采用数值计算和水池实验的方法获取，再在仿真计算的基础上，对潜水员下潜抗流能力进行分析。

3.1.1　潜水员下潜抗流方式分析

下潜是指潜水员从入水至到达海底或水下指定作业位置的过程，按照潜水员下潜过程的约束情况，分为两种下潜方式：一种是自由下潜方式；另一种是潜水员沿入水缆下潜的方式。

3.1.1.1　自由下潜时潜水员抗流方式分析

潜水员在使用管供式轻潜水装具时，可同时使用脚蹼和压载（压铅），在脚蹼和压铅的作用下，抵御水流作用进行下潜。此时，潜水员的下潜过程基本无约束。其下潜的可行性主要依据脚蹼和压铅所形成的下潜动力与水流对潜水员及携带物品阻力的相对大小，当下潜动力大于阻力，则可以进行自由下潜。在水流较大的情况下，自由下潜不是一个有效的下潜方式，一是由于潜水员的脚蹼动力或压载力有限，在水流较大时，无法下潜；二是即使能够下潜，但由于下潜路径无约束，潜水员一般难以下潜到指定位置进行作业。因此，自由下潜方式不适用于较大流速下的潜水。

3.1.1.2　沿引导缆下潜时潜水员抗流方式分析

（1）基本方式分析

沿引导缆下潜方式是将潜水员的弹簧钩挂到入水缆上，潜水员沿入水缆下潜。此时，潜水员的下潜路径将受限于入水缆。潜水员沿入水缆下潜时，潜水员身体、携带物品和脐带缆上所受到的水流力传递到弹簧钩上，使得弹簧钩与入水缆之间产生摩擦。当水流力足够大时，将导致弹簧钩与入水缆之间的摩擦力过大，使弹簧钩无法沿入水缆继续下移，甚至产生上移，从而使潜水员难以下潜，可以通过增加潜水员的压载而增加潜水员的下潜抗流能力。因此，潜水员沿入水缆下潜是水流较大时的主要下潜方式。

（2）潜水员沿入水缆下潜时的身体姿态分析

潜水员在沿入水缆下潜时，通常是将弹簧钩两端分别系于潜水员身体和入水缆上，在下潜过程中，潜水员可采取手抓入水缆和腿盘入水缆以保持身体处于较好的姿态。但当水流速度较大时，潜水员的手抓缆力和腿盘缆力无法抵御水流力，同时由于弹簧钩在潜水员身体上是单点系挂，此时，潜水员的身体姿态呈弱约束状态，一般是顺流以减小阻力，即潜水员身体应趋向水平姿态。但潜水员实际下潜时的身体姿态是无法确定的，一方面，潜水员身体与水平夹角无法预先确定；另一方面，潜水员身体与水平夹角也在不断变化中。

其原因有三个方面：首先，水流并非是完全的水平层流，通常会有垂直于水平方向的分量；第二，流速、流向也是时变的；第三，潜水员的压载重量与位置、弹簧钩在潜水员身体系挂位置等多种因素也将影响到潜水员的身体姿态。

由于无法预先判断潜水员在沿入水缆下潜时的身体姿态，因此，在进行潜水员下潜抗流能力研究中，应以典型的潜水员身体姿态为对象，给出潜水员下潜抗流能力的结论。根据上述分析，应以潜水员身体与水平面平行和垂直两个身体状态作为典型状态进行研究。

3.1.2 潜水员水下抗流能力分析评估方法

由于在水流速度较大时，可将潜水员脐带缆及携带的物品用弹簧钩系于入水缆上，且随潜水员一同下潜。因此，在对潜水员沿引导缆下潜时的抗流能力进行分析时，水流对于脐带缆及物品的作用直接作用到弹簧钩。以潜水员系于入水缆上的弹簧钩为对象，其受力如图 3-1 所示。

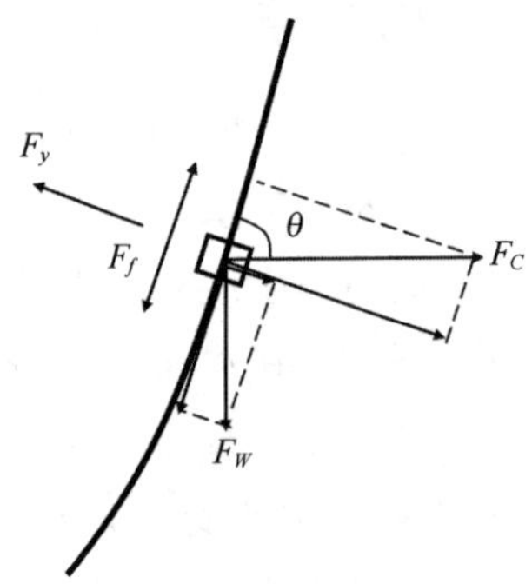

图 3-1　潜水员用弹簧钩受力分析

则在弹簧钩受力平衡时，其受力平衡方程如下：

$$\begin{cases} F_C \cdot \cos\theta = F_W \cdot \sin\theta + F_f \\ F_C \cdot \sin\theta + F_W \cdot \cos\theta = F_y \end{cases} \tag{3-1}$$

且，

$$F_f = k \cdot F_y \tag{3-2}$$

式中，k ——弹簧钩与入水缆之间的摩擦系数，取 0.13~0.18；

F_C ——水流作用在潜水员身体上的水流力；

F_W ——潜水员水中重量；

F_f ——弹簧钩与入水缆之间的摩擦力；

F_y ——弹簧钩作用在入水缆上的正压力；

θ ——入水缆的水平夹角。

（1）弹簧钩沿入水缆上移可能性分析

由图 3-1 可知，当水流力 F_C 沿入水缆向上的分量大于潜水员水中重量沿入水缆向下的分量与摩擦力之和时，弹簧钩将沿入水缆上移，而使潜水员无法下潜。即保证弹簧钩不沿入水缆上移的潜水员最小水中重量是：

$$F_{W\min 1} = \frac{F_C \cdot \cos\theta - F_f}{\sin\theta} \tag{3-3}$$

其中，由于摩擦力对弹簧钩沿入水缆上移起阻碍作用，故摩擦系数取小值，取为0.13，对于分析结果偏于安全。

(2) 弹簧钩沿入水缆下移可能性分析

由图3-1可知，只有当潜水员水中重量沿入水缆向下的分量大于水流力沿入水缆向上的分量与摩擦力之和时，弹簧钩将沿入水缆下移，潜水员才能够下潜。即保证弹簧钩沿入水缆下移所需要的最小潜水员水中重量是：

$$F_{W\min 2} = \frac{F_C \cdot \cos\theta + F_f}{\sin\theta} \tag{3-4}$$

其中，由于摩擦力对弹簧钩沿入水缆下移起阻碍作用，故摩擦系数取大值，取为0.18，对于分析结果偏于安全。

以下讨论式（3-1）至式（3-4）中相关参数的确定。

3.1.2.1　潜水员水中重量分析

如前所述，增加潜水员水中重量将增大潜水员的下潜抗流能力，而增加潜水员水中重量主要是通过潜水员调整压载来实现的。这里针对“KMB-28”型潜水装具的压载配置情况进行分析，其他管供式轻潜水装具的情况大体相同。

通过现场实验，使用“KMB-28”型潜水装具、着干式服时，可有两种配置方案，每种方案的压载配置及水中重量情况如下：

方案一：

(1) 潜水员使用“KMB-28”型潜水装具、着干式服、穿“TF-3”型潜水装具的潜水鞋，此时，潜水员水中重量为10 kg;

(2) 腰间佩带压铅腰带3条，每条腰带上各配置1 kg压铅6块，水中重量共计18 kg;

(3) 潜水服大腿口袋中各装3 kg压铅2块，水中重量共计12 kg;

(4) 潜水服小腿口袋中各装1 kg压铅1块，水中重量共计2 kg。

通过以上配载，潜水员水中重量共计42 kg，约合411 N。

方案二：

(1) 潜水员使用“KMB-28”型潜水装具、着干式服、穿“TF-3”型潜水装具的潜水鞋，此时，潜水员水中重量为10 kg;

(2) 潜水员佩带“TF-3”型潜水装具的重型潜水压铅1对，水中重量共计30 kg;

(3) 潜水服大腿口袋中各装3 kg压铅2块，水中重量共计12 kg;

(4) 潜水服小腿口袋中各装1 kg压铅1块，水中重量共计2 kg。

通过以上配载，潜水员水中重量共计54 kg，约合529 N。

3.1.2.2 潜水员水流作用力计算

潜水员水流作用力计算采用有限元数值方法进行计算。

（1）几何模型

首先对着“KMB-28”型潜水装具的潜水员采用CFD流体计算力学方法进行仿真建模。根据GB10000—88《中国成年人人体尺寸标准》提供的中国人体几何尺寸参数，并结合潜水装具几何尺寸进行适当的改动，建立简化后的人体几何模型如图3-2所示，具体尺寸如表3-1所示。

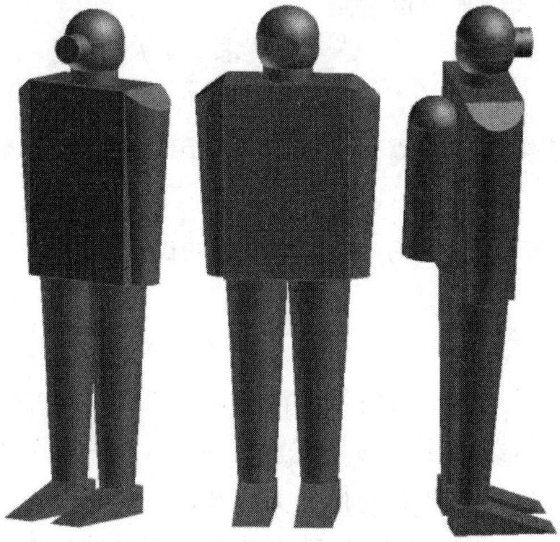

图3-2 潜水员简化几何模型

表3-1 潜水员身体各部位简化模型几何尺寸

部位	简化形体	基本尺寸（mm）	备注
头部	半球体+圆柱体组合	半球体 $R=100$，圆柱体 $H=50$	
颈部	圆柱体	$R=16$，$H=50$	
躯干	长方体	700×440×200	
手臂	半圆台	$R1=50$，$R2=100$，$H=700$	肩部45°角削切
腿部	圆台	$R1=60$，$R2=100$，$H=700$	
脚部	楔形体	$L1=120$，$L2=400$，$W=120$，$H=100$	
呼吸面罩	圆柱体	$R=50$，$H=60$	
呼吸气瓶	半球体+圆柱体组合	半球体 $R=90$，圆柱体 $H=500$	

（2）计算域、边界条件与网格划分

计算域采用长方体计算域，边界条件设置为：

a. 计算区域为上下及四周边界距离计算中心 $2L$，L 为潜水员身高长度，如图3-3所示；

b. 无穷远边界条件在数值计算中以入口条件和出口条件描述。

在网格划分策略上，针对潜水员的形状特点，采用三角形的非结构化网格划分人体表面网格，流体计算域内采用多块非结构化网格进行离散，整体采用 C-O 型网格，并在潜水员头部、裆部、呼吸器瓶部位和近壁面采用网格加密处理，网格划分如图 3-4 所示。

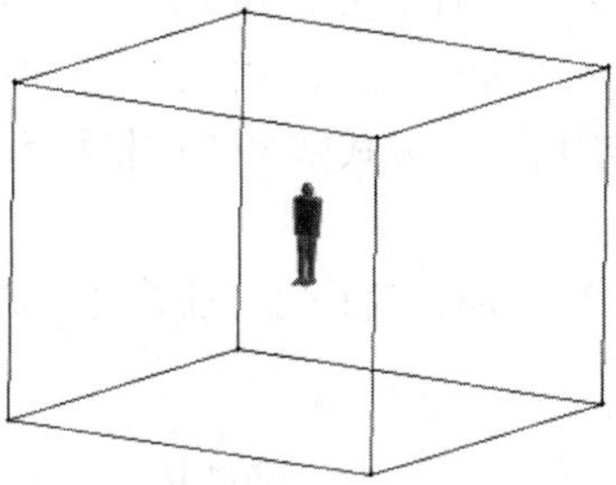

图 3-3　计算域

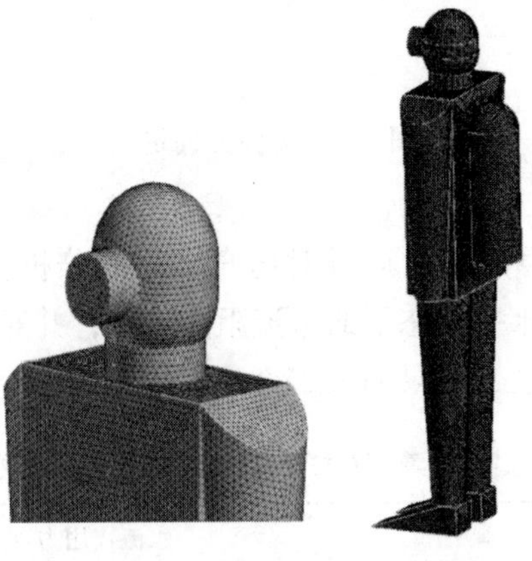

图 3-4　着潜水装具的潜水员网格划分

（3）数值计算方法

a. 控制方程

CFD 计算的基本控制方程是对瞬时不可压缩流动控制方程进行时间平均，得时均的连续方程：

$$\frac{\partial u_i}{\partial x_i} = 0 \tag{3-5}$$

及时均的 N-S 方程，即雷诺平均 N-S 方程（RANS）：

$$\frac{\partial u_i}{\partial t} + u_j \frac{\partial u_i}{\partial x_j} = -\frac{1}{\rho}\frac{\partial p}{\partial x_i} + \frac{\partial}{\partial x_j}\left(v \frac{\partial u_i}{\partial x_j} - \overline{u'_i u'_j}\right) \tag{3-6}$$

方程（3-5）和方程（3-6）中的 u_i，u_j 为时均的速度分量；p 为时均的压力；x_i，x_j 为位移分量；t 为时间；v 为分子黏性系数；$\frac{\partial}{\partial x_j}(-\overline{u'_i u'_j})$ 为由于时均化而增加的湍流雷诺应力项。

b. 求解器

采用有限体积法离散流体运动的控制方程和湍流运动方程。其中，扩散项以中心差分格式差分，对流项采用二阶迎风差分格式。应用 SIMPLE 法处理压力速度耦合问题，离散方程以 Gauss-Seidel 迭代方法求解，并以代数多重网格技术加速迭代收敛。

（4）数值计算与结果分析

计算来流方向考虑三种来流方向，流向 1、流向 2、流向 3 分别定义为侧面、正面、水平面方向，如图 3-5 所示。

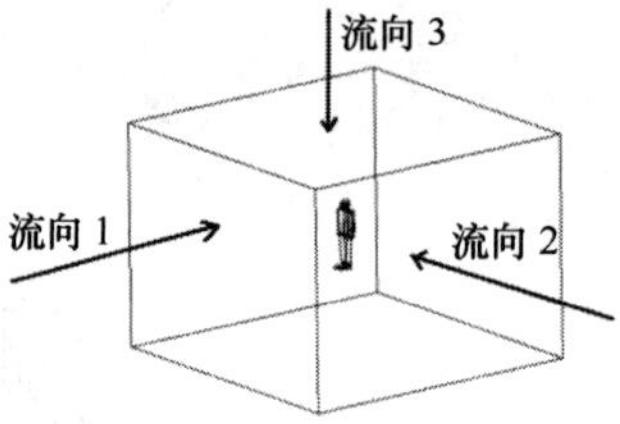

图 3-5　来流方向定义

计算迭代 1 000 次，计算收敛，通过对仿真结果的分析，得到潜水员着“KMB-28”型潜水装具、身体呈直立和水平姿态下的水流阻力规律，并对仿真计算结果采用已有的人的身体阻力实验数据进行验证，结果如表 3-2 所示。

表 3-2　潜水员着“KMB-28”型潜水装具的水流阻力

流速（kn）	水流作用力（N）		
	直立正面	直立侧面	水平
1.0	116.645 8	60.179 81	28.762 1
1.5	250.708 2	136.688 8	41.631 5
2.0	449.620 1	239.196 4	62.762 2
2.5	698.406 7	370.511 1	98.254 8

考虑到脐带缆和物品上的水流力对于潜水员身体受力的影响，基于安全性考虑，脐带缆和物品上的水流力取上述水流作用力的 10%，为便于分析，水流力数值取整，则潜水员总的水流外力载如表 3-3 所示。

表 3-3 考虑到脐带缆和物品上的水流力的潜水员水流阻力

流速（kn）	水流作用力（kgf[①]）		
	直立正面	直立侧面	水平
1.0	13	7	3
1.5	28	15	5
2.0	50	27	7
2.5	77	41	11

3.1.3 弹簧钩沿入水缆上移的计算与分析

对潜水员直立姿态下潜和水平姿态下潜两种情况下的弹簧钩沿入水缆上移可能性进行分析。

3.1.3.1 潜水员直立姿态下潜时弹簧钩沿入水缆上移计算

取潜水员正面迎流时的水流阻力，入水缆水平夹角 θ 范围取为 60°~90°，弹簧钩与入水缆之间的摩擦系数 k 取 0.13 时，由公式（3-3）可得不同流速下的潜水员不沿入水缆上移的最大水中重量，结果如图 3-6 至图 3-9 所示。

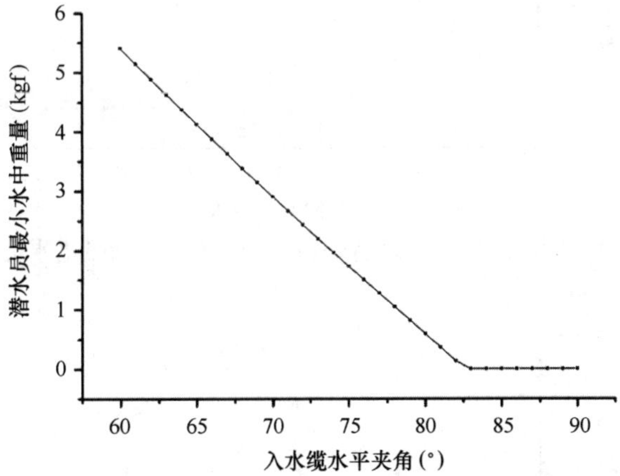

图 3-6 k=0.13、1.0 kn 流速，直立姿态下，弹簧钩不上移的潜水员最小水中重量

3.1.3.2 潜水员水平姿态下潜时弹簧钩沿入水缆上移计算

潜水员在沿入水缆下潜时，潜水员身体在水流作用下可能处于较小的水平角，甚至可能处于水平状态，使得潜水员所受到的水流力减小，从而降低弹簧钩沿入水缆不上移所需要的潜水员水中重量。

① 1 kgf=9.806 65 N.

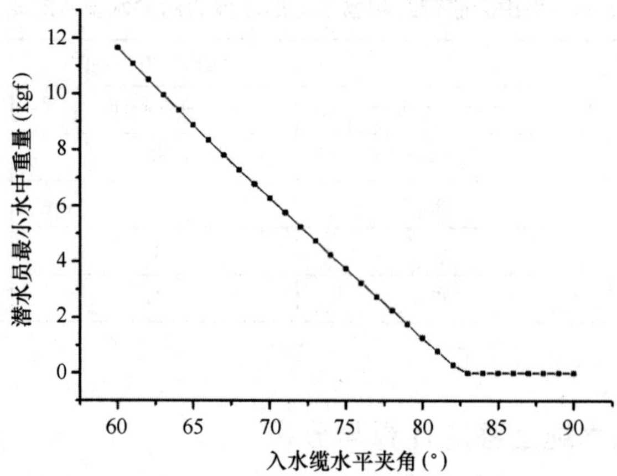

图 3-7　$k=0.13$、1.5 kn 流速，直立姿态下，弹簧钩不上移的潜水员最小水中重量

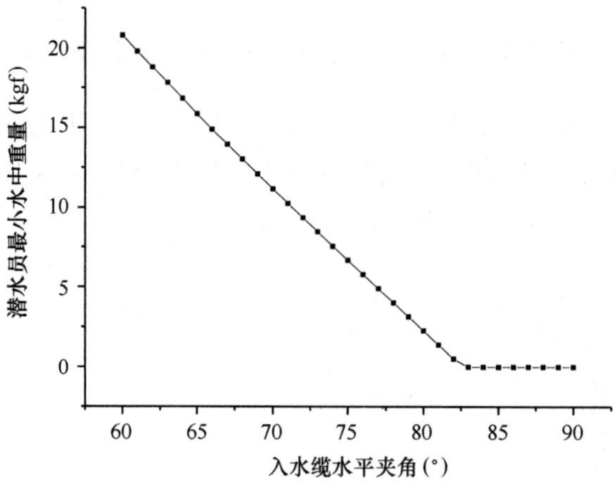

图 3-8　$k=0.13$、2.0 kn 流速，直立姿态下，弹簧钩不上移的潜水员最小水中重量

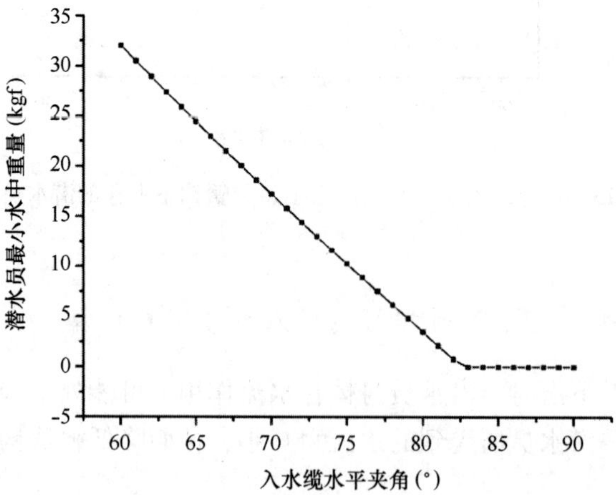

图 3-9　$k=0.13$、2.0 kn 流速，直立姿态下，弹簧钩不上移的潜水员最小水中重量

取潜水员水平姿态头部迎流时的水流阻力，入水缆水平夹角 θ 范围取为 60°~90°，弹簧钩与入水缆之间的摩擦系数 k 取 0.13 时，由公式（3-3）可得不同流速下的潜水员不沿入水缆上移的最小水中重量，如图 3-10 至图 3-12 所示。

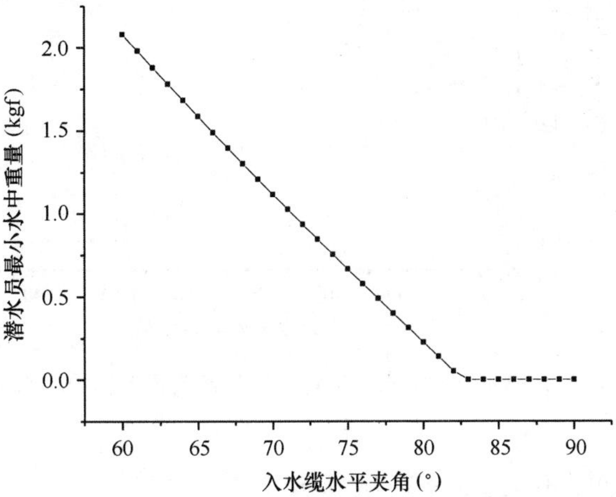

图 3-10 k=0.13、1.5 kn 流速、水平姿态下，弹簧钩不上移的潜水员最小水中重量

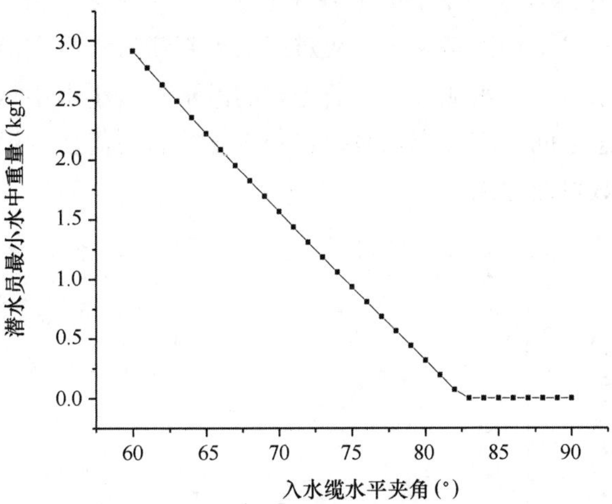

图 3-11 k=0.13、2.0 kn 流速、水平姿态下，弹簧钩不上移的潜水员最小水中重量

3.1.3.3 潜水员下潜时弹簧钩沿入水缆上移影响规律分析

通过对图 3-6 至图 3-12 的分析可知：

（1）在一定流速下，沿入水缆不上移所需要的潜水员最小水中重量随着入水缆水平夹角的增加而减小，且入水缆水平夹角达到 85°后，所需的潜水员最小水中重量基本为零。因此，尽量增大入水缆水平夹角对于保证弹簧钩不会沿入水缆上移是非常有意义的；

（2）在一定的入水缆水平夹角下，沿入水缆不上移所需要的潜水员最小水中重量随着

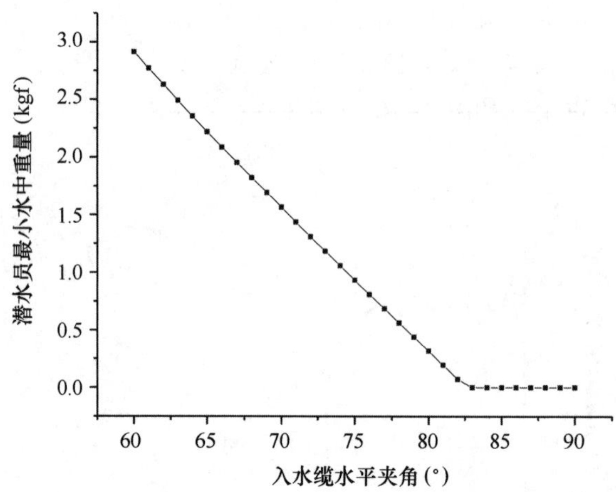

图 3-12 k=0.13、2.5 kn 流速、水平姿态下，弹簧钩不上移的潜水员最小水中重量

流速的增加而增大，如图 3-13 和图 3-14 所示；

（3）在一定的流速和入水缆水平夹角下，潜水员水平姿态下潜时弹簧钩沿入水缆不上移所需要的潜水员最小水中重量远小于潜水员直立姿态下潜的重量；

（4）由于潜水员在沿入水缆下潜时的身体姿态受水流速度、流向、压载重量、弹簧钩在潜水员身体系挂位置等多种因素影响，故难以预先判断潜水员在沿入水缆下潜时的身体姿态，因此，保证潜水员沿入水缆不上移所需要的潜水员最小水中重量应在潜水员身体处于直立和水平两种状态之间，实际应用时以选用直立状态所需要的潜水员最小水中重量为偏于安全，但安全系数可能偏大。

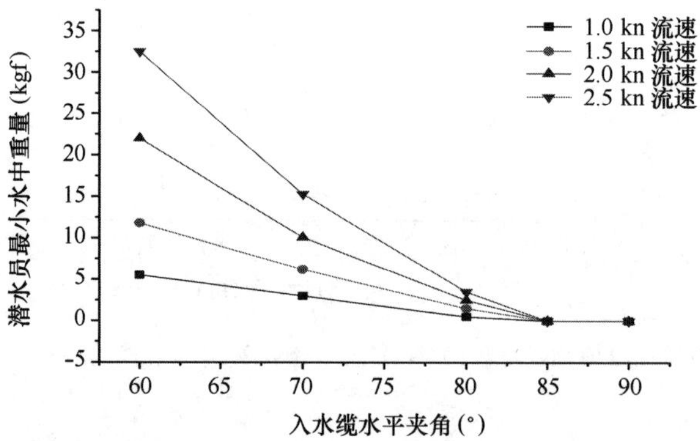

图 3-13 潜水员直立姿态下，弹簧钩上移的最小水中重量影响规律

3.1.3.4 潜水员下潜时弹簧钩沿入水缆上移分析

根据图 3-13 至图 3-14 可知：

（1）由于潜水员着“KMB-28”型装具时的正常水中重量为 10 kg，当潜水员在水中

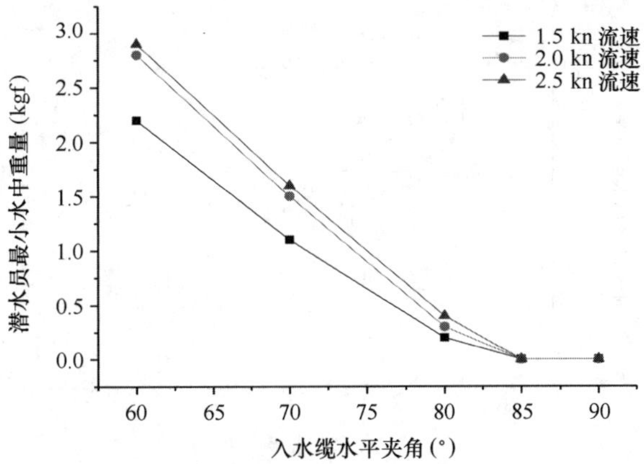

图 3-14　潜水员水平姿态下，弹簧钩上移的最小水中重量影响规律

呈水平姿态时，且只要入水缆的水平夹角不小于 60°，则在 3 kn 流速范围内，弹簧钩是不会沿入水缆上移的，显然这是最好的情况；

（2）由于潜水员着“KMB-28”型装具时的正常水中重量为 10 kg，当潜水员在水中呈直立姿态时，只要入水缆的水平夹角不小于 65°，则在 1.5 kn 流以下，即使潜水员不加压载，弹簧钩也是不会沿入水缆上移的；

（3）当潜水员在水中呈直立姿态时，只要入水缆的水平夹角不小于 65°，则潜水员必须要增加压载，弹簧钩才不会沿入水缆上移的。压载增加量与入水缆角度和水流速度密切相关，当入水缆的水平夹角不小于 60°时：

a. 当水流速度不大于 2.0 kn 时，最大需要增加 15 kg 水中重量的压铅（即潜水员水中重量达 25 kg），弹簧钩才不会沿入水缆上移；

b. 当水流速度不大于 2.5 kn 时，最大需要增加水中重量 25 kg 的压铅（即潜水员水中重量达 35 kg），即需要配置 9 块 3 kg 的压铅，弹簧钩才不会沿入水缆上移。

3.1.4　弹簧钩沿入水缆下移分析

需要对潜水员直立姿态下潜和水平姿态下潜两种情况下的弹簧钩沿入水缆下移可能性进行分析。

3.1.4.1　潜水员直立姿态下潜时弹簧钩沿入水缆下移计算

取潜水员正面迎流时的水流阻力，入水缆水平夹角 θ 范围取为 60°~90°，弹簧钩与入水缆之间的摩擦系数 k 取 0.18 时，由公式（3-4）可得不同流速下的潜水员沿入水缆下潜的最小水中重量，如图 3-15 至图 3-18 所示。

3.1.4.2　潜水员水平姿态下潜时弹簧钩沿入水缆下移计算

取潜水员水平姿态头部迎流时的水流阻力，入水缆水平夹角 θ 范围取为 60° ~90°，弹

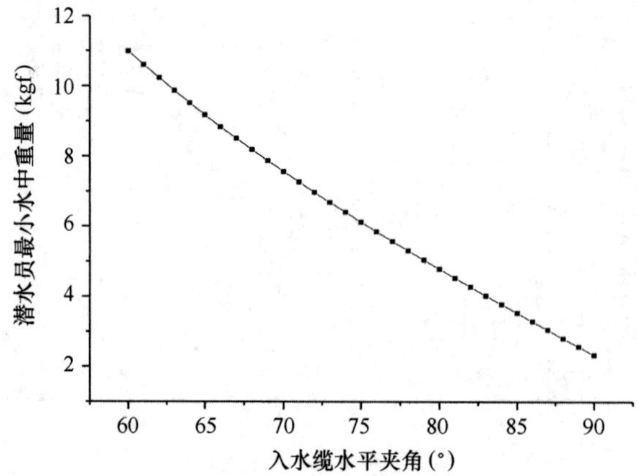

图 3-15 $k=0.18$、1.0 kn 流速、直立姿态下，弹簧钩下移的潜水员最小水中重量

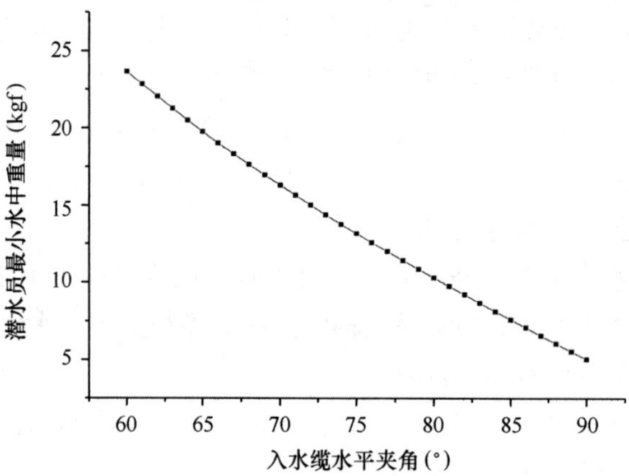

图 3-16 $k=0.18$、1.5 kn 流速、直立姿态下，弹簧钩下移的潜水员最小水中重量

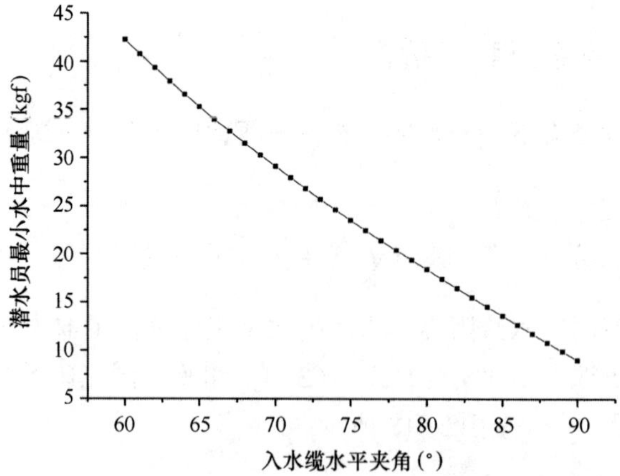

图 3-17 $k=0.18$、2.0 kn 流速、直立姿态下，弹簧钩下移的潜水员最小水中重量

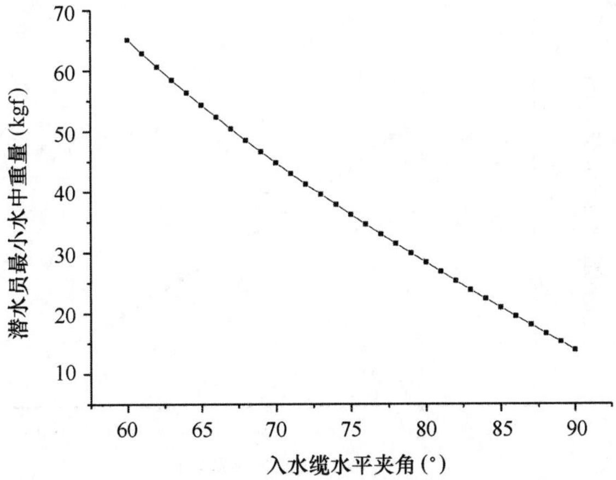

图 3-18　$k=0.18$、2.5 kn 流速、直立姿态下，弹簧钩下移的潜水员最小水中重量

簧钩与入水缆之间的摩擦系数 k 取 0.18 时，由公式（3-4）可得不同流速下的潜水员沿入水缆下潜的最小水中重量，如图 3-19 至 3-21 所示。

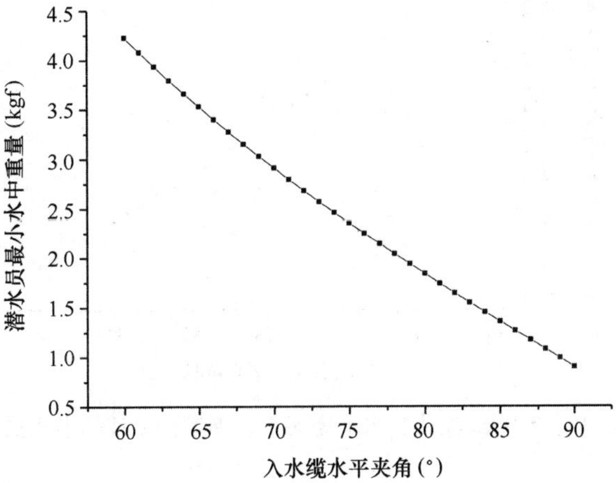

图 3-19　$k=0.18$、1.5 kn 流速、水平姿态下，弹簧钩下移的潜水员最小水中重量

3.1.4.3　潜水员下潜时弹簧钩沿入水缆下移影响规律分析

通过对图 3-19 至图 3-21 的分析可知：

（1）在一定流速下，弹簧钩沿入水缆下移所需要的潜水员最小水中重量随着入水缆水平夹角的增加而减小；

（2）在一定的入水缆水平夹角下，沿入水缆下移所需要的潜水员最小水中重量随着流速的增加而增大，如图 3-22 和图 3-23 所示；

（3）在一定的流速和入水缆水平夹角下，潜水员水平姿态下潜时弹簧钩沿入水缆不上移所需要的潜水员最小水中重量远小于潜水员直立姿态下潜的重量；

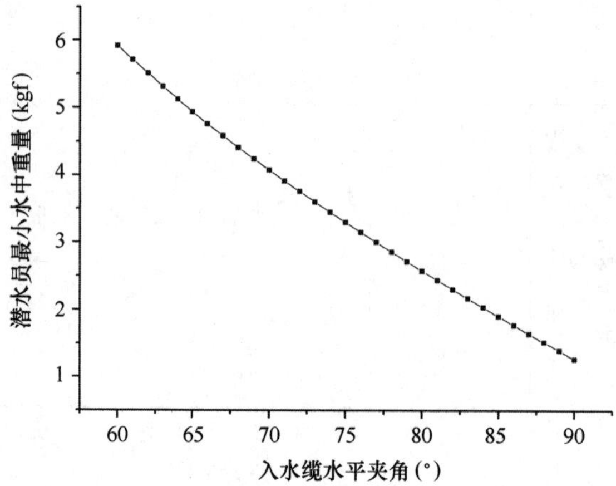

图 3-20　$k=0.18$、2.0 kn 流速、水平姿态下，弹簧钩下移的潜水员最小水中重量

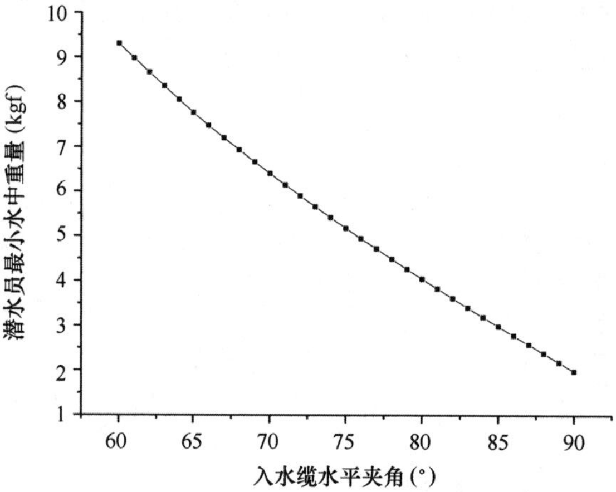

图 3-21　$k=0.18$、2.5 kn 流速、水平姿态下，弹簧钩下移的潜水员最小水中重量

（4）由于潜水员在沿入水缆下潜时的身体姿态受水流速度、流向、压载重量、弹簧钩在潜水员身体系挂位置等多种因素影响，故难以预先判断潜水员在沿入水缆下潜时故的身体姿态，因此，保证潜水员沿入水缆下潜所需要的潜水员最小水中重量应在潜水员身体处于直立和水平两种状态之间，实际应用时以选用直立状态所需要的潜水员最小水中重量为偏于安全。

3.1.4.4　潜水员下潜时弹簧钩沿入水缆下移分析

（1）根据图 3-23 可知，由于潜水员着"KMB-28"型装具时的正常水中重量为 10 kg，则当潜水员在水中呈水平姿态时，只要入水缆的水平夹角不小于 60°，则在 2.5 kn 流速范围内，弹簧钩都将沿入水缆下移，显然这是最好的情况；

（2）根据图 3-22 可知，由于潜水员着"KMB-28"型装具时的正常水中重量为 10

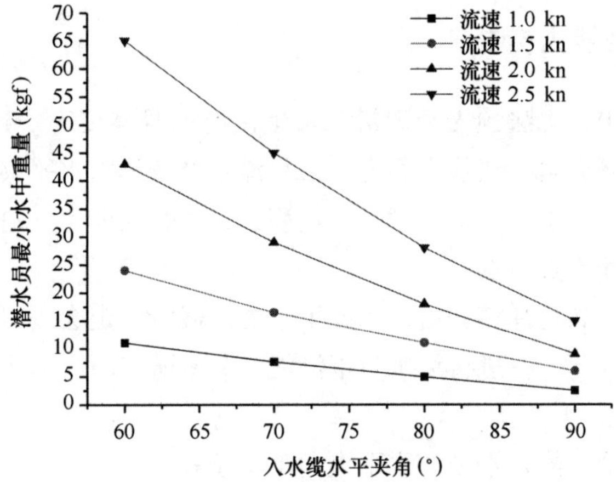

图 3-22　潜水员直立姿态下，弹簧钩下移的最小水中重量影响规律

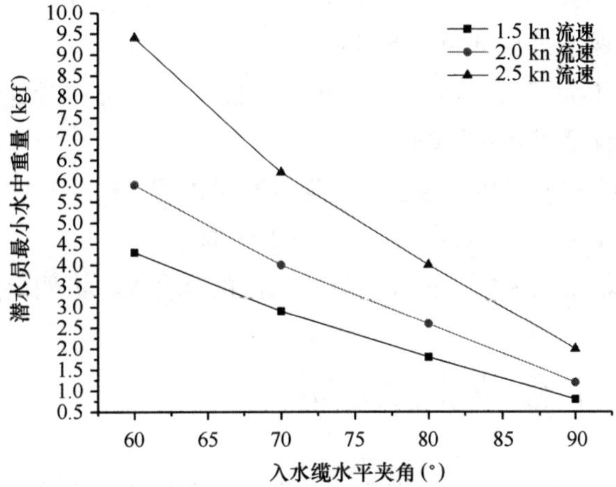

图 3-23　潜水员水平姿态下，弹簧钩下移的最小水中重量影响规律

kg，则当潜水员在水中呈直立姿态时，只要入水缆的水平夹角不小于 60°，则在 1.0 kn 流以下，即使潜水员不增加压载，弹簧钩也将沿入水缆下移；

（3）根据图 3-22 可知，当潜水员在水中呈直立姿态时，只要入水缆的水平夹角不大于 80°，则潜水员必须要增加压载，弹簧钩才会沿入水缆下移。压载增加量与入水缆角度和水流速度密切相关，当入水缆的水平夹角不小于 60°、不大于 80°时：

a. 当水流速度不大于 1.5 kn 时，最大需要增加 15 kg 水中重量的压铅（即潜水员水中重量达 25 kg），弹簧钩才会沿入水缆下移；

b. 当水流速度不大于 2.0 kn 时，最大需要增加 35 kg 水中重量的压铅（即潜水员水中重量达 45 kg），弹簧钩才会沿入水缆下移；

c. 当水流速度不大于 2.5 kn 时，最大需要增加 55 kg 水中重量的压铅（即潜水员水中重量达 65 kg），弹簧钩才不会沿入水缆下移。

3.1.5 潜水员下潜能力分析

在实际潜水作业中，无法预先确定潜水员下潜时的身体姿态。这有两个方面的含义：一是潜水员身体与水平夹角无法预先确定；二是潜水员身体与水平夹角也是在不断变化中的。因此，只能以最不利于潜水员下潜的身体姿态，即直立姿态，进行潜水员沿入水缆的下潜能力分析，这是偏于安全的。

由前节分析可知，满足弹簧钩沿入水缆下移的压载量一定会满足弹簧钩沿入水缆不上移所需要的压载量。因此，在进行潜水员下潜能力分析研究时，只需进行弹簧钩沿入水缆下移的可能性。

根据上节分析结论，当入水缆的水平夹角不小于60°时：

（1）在水流速度不大于1.5 kn时，为潜水员配置15 kg水中重量的压铅（即潜水员水中重量达25 kg)，可保证潜水员顺利下潜；

（2）在水流速度不大于2.0 kn时，为潜水员配置35 kg水中重量的压铅（即潜水员水中重量达45 kg)，可保证潜水员顺利下潜；

（3）在水流速度不大于2.5 kn时，为潜水员配置55 kg水中重量的压铅（即潜水员水中重量达65 kg)，可保证潜水员顺利下潜。

根据3.1.2.1节的分析可知，通过努力为潜水员配置55 kg水中重量的压铅是完全可能的。因此，潜水员在2.5 kn以内时，是可以下潜的。

上述结论与海上救捞工程施工情况具有相当高的吻合度，说明上述结论的可靠性。

3.2 潜水员水下移动能力分析

潜水员顺流或斜流在海底运动至作业点处进行水下作业，当完成作业后，如果此时流速较大且逆流，潜水员身体所受到的水流力将使潜水员难以有效运动以返回至入水砣处，此时就需要潜水员具有一定的水下抗流运动能力。有多种方式可为潜水员水下移动提供动力，主要是利用潜水脚蹼移动、手攀结构物表面移动、手攀水下固定物移动等，需要对不同运动方式下的潜水员运动抗流能力进行分析。

3.2.1 潜水员水下移动抗流方式分析

按照水下移动的动力来源，水下移动时潜水员抗流方式可分为使用脚蹼运动、手攀结构物表面运动、手攀水下固定物移动三种方式。

3.2.1.1 使用脚蹼移动时潜水员抗流分析

当使用脚蹼移动时，主要是利用脚蹼动力来克服水流对潜水员、携带物品和脐带缆所产生的阻力，从而使潜水员在水下移动。

3.2.1.2　手攀结构物表面移动时潜水员抗流分析

手攀结构物表面，是指潜水员直立行走或爬行时与海底或水下物体之间的摩擦力所形成的动力来克服水流对潜水员、携带物品和脐带缆所产生的阻力，从而使潜水员在水下移动。

3.2.1.3　手攀水下固定物移动时潜水员抗流分析

手攀水下固定物移动是指潜水员通过手攀水下结构物、引导缆或生根工具，以提供动力移动到作业点。其移动可行性主要是分析比较手攀力与水流对潜水员作用阻力的大小。

由于脚蹼动力和潜水员与海底或水下物体之间的摩擦力有限，在水流较大的情况下，潜水员水下使用脚蹼移动和手攀结构物表面不是一种有效的移动方式，因此，这两种方式不是关注的重点，但为了与其他方法进行对照分析，依然可对其进行研究，研究重点是潜水员手攀水下固定物时的水下移动能力。

3.2.2　水下移动时潜水员抗流能力分析方法

虽然各种移动方式下的移动动力不同，但是水下移动时潜水员抗流能力分析模型都可采用下式：

$$F_M \geqslant F_C \tag{3-7}$$

式中，F_C 为水流作用在潜水员身体上的水流力，其计算方法与结果已在 3.1.2.2 节中介绍，不再重复。具体水流力数据采用表 3-3 中的潜水员水流阻力数据。

为使用脚蹼、手攀结构物表面、手攀固定物所提供的移动动力，采用潜水员实体实验方法获取。

3.2.3　潜水员水下移动动力的实验研究

分别对潜水员脚蹼推进力、手攀结构物表面摩擦力、手攀水下固定物拉力进行实验研究，通过实验数据的统计分析，给出潜水员移动动力的实验数值[15-16]。

3.2.3.1　潜水员脚蹼推进力的实验研究

基本实验过程如下：

(1) 潜水员着潜水装具，系测量绳，并在测量绳后端系拉力测量器；

(2) 潜水员在水池中打脚蹼，分别进行水平、垂直移动；

(3) 进行潜水员移动力的测量。

由实验可知，潜水员脚蹼水平推进力、垂直推进力的平均值均为 11 kg。

3.2.3.2　潜水员手攀结构物表面的移动动力实验研究

潜水员手攀结构物表面的移动动力来源于潜水员与结构物表面的摩擦力，通常的结构物表面为钢板或橡胶。为此，制订潜水员与结构物表面的摩擦力测量方案如下：

（1）水池底铺设涂有与船相同涂料的钢板一块，后续实验时在钢板上铺设橡胶一块；

（2）实验潜水员着“KMB-28”型潜水装具、进行正常压铅配置，水中重量约为25 kg，手戴掌心为胶皮的手套；

（3）在潜水员身后系测量绳，并在测量绳后端系拉力测量器；

（4）潜水员在水池池底手攀池底金属结构表面移动；

（5）测量潜水员水平移动的移动动力。

实验表明，潜水员水下移动姿态和水中重量是影响潜水员与结构物表面摩擦力的主要因素，摩擦系数的统计结果如表 3-4 所示。

表 3-4　潜水员与结构物表面摩擦系数统计

		钢板	橡胶
跪姿	平均摩擦力（kg）	17.00	18.00
	摩擦系数	0.68	0.72
卧姿	平均摩擦力（kg）	22.00	16.33
	摩擦系数	0.88	0.653

3.2.3.3　潜水员手攀水下固定物的水平推进力实验研究

指潜水员通过手攀水下结构物上的固定物或引导缆提供动力的方式移动到作业点。基本实验过程如下：

（1）在水池中设牢固生根的固定物；

（2）潜水员着潜水装具，系测量绳，并在测量绳后端系拉力测量器；

（3）潜水员水下手攀固定物进行水平移动，测量潜水员水平移动的移动动力。

由实验可知，潜水员的个人特质是影响潜水员手攀水下固定物的水平推进力的主要因素，手攀水下固定物推进力的分布区间为 30~45 kg，平均值为 34 kg。

3.2.4　水下移动时潜水员抗流能力分析

3.2.4.1　潜水员利用脚蹼推进的抗流能力分析

假设潜水员在利用脚蹼移动时，其移动限在某个水平面内，且所遭遇的水流亦是水平单向流，这在某个局部移动范围和较短时间内是合理的。此时，由于受脚蹼移动的限制，潜水员的身体姿态亦应是近于水平的。因此，潜水员的水流阻力应取表 3-3 中潜水员身体姿态呈水平状态的水流阻力数据，具体数据值如表 3-5 所示。

表 3-5　潜水员水平姿态下的水流阻力

流速（kn）	1.0	1.5	2.0	2.5
水流阻力（kgf）	3.0	5.0	7.0	11.0

由于潜水员脚蹼推进力的平均值是 11 kg，因此，潜水员使用脚蹼可在 2.5 kn 流速时进行水下移动。

上述分别结论是基于理论的分析结果，在实际的水下作业时是无法做到的，其主要原因如下：

（1）一是在 2.5 kn 流速下，潜水员脚蹼推进力与潜水员水平姿态下的水流阻力是相等的，亦即潜水员利用脚蹼推进力只能维持在原地位置，而不能前行；

（2）表 3-3 中的潜水员水流阻力是潜水员身体呈水平姿态时的数据，但潜水员在水下移动过程中的身体姿态可能与水平面呈一定的平角，故实际的潜水员水流阻力应大于上述数值；

（3）上述数据是通过潜水池实验给出的潜水员脚蹼推进力是在潜水员身体状态良好、在短时间内的测量数据。但在实际的潜水作业中，潜水员一般是经过了相当一段时间的下潜、水下作业后进行水下抗流移动的，此时，潜水员的体力已经有了较大的消耗，而抗流移动可能是一段较长的距离，因此，潜水员脚蹼推进力要有一定程度的减小；

（4）上述数据是在潜水员无后续任务要求的情况下测量的，但在实际的潜水作业中，潜水员在经过水下抗流移动后，还可能进行繁重的水下作业和上浮出水，潜水员必须合理分配自己的体能，才能保证作业任务的完成和人身安全。

因此，潜水员利用脚蹼抵抗水流进行水下移动不是一个合适在较大水流速度时的有效方法。按照《潜水规则》的规定进行水下抗流移动是合理的，即在管供式潜水时的最大适用水流流速为 1.5 kn。

3.2.4.2　潜水员手攀结构物表面时的抗流能力分析

假设潜水员手攀结构物表面移动时，其移动仅限在某个水平面内，且所遭遇的水流亦水平单向流。此时，由于手攀结构物表面移动的限制，潜水员的身体姿态只能是跪立和平卧两种姿态。平卧姿态时潜水员的水流阻力可取表 3-5 中潜水员身体姿态呈水平状态的水流阻力数据。潜水员跪立姿态下水流阻力仍然采用 3.1.2.2 节中所介绍的数值流体力学的计算方法，计算结果经整理后，如表 3-6 所示。

表 3-6　潜水员跪立姿态下的水流阻力估计值

流速（kn）	1.0	1.5	2.0	2.5
水流阻力（kgf）	7.0	14.0	25.0	39.0

则潜水员与结构物表面摩擦力数据可知，在潜水员水中重量为 25 kg 条件下，在跪立姿态下，潜水员手攀结构物表面时移动时的抗流能力大于 1.5 kn、小于 2 kn；在平卧姿态

下，潜水员手攀结构物表面时移动时的抗流能力不小于 2.5 kn。但同 3.2.4.1 节分析中相同的原因，将潜水员手攀结构物表面时的抗流能力确定为 1.5 kn 是合理的。

3.2.4.3 潜水员手攀水下固定物的水平推进力实验研究

潜水员手攀固定物移动时，直立、跪立和平卧三种身体姿态都是可能的，如在结构物表面移动时，可手攀的固定处于表面较高的位置，则需要潜水员以直立或跪立姿态行走，例如在潜艇指挥室围壳外壳行动时；再如潜水员在海底移动时，如无可手攀的水下固定物，则需要潜水员双手分持插缆用铁笔等工具，将工具插入海底生根，潜水员双手交替攀拉生根工具，使身体向前移动，此时，潜水员身体一般呈平卧姿态。三种姿态下潜水员水流阻力可取表 3-7 中潜水员水流阻力数据。

表 3-7 潜水员下潜的水流阻力

流速（kn）	1.0	1.5	2.0	2.5
水平姿态（kgf）	3.0	5.0	7.0	11.0
跪立姿态（kgf）	7.0	14.0	25.0	39.0
直立姿态（kgf）	13.0	28.0	50.0	77.0

根据 3.2.3.3 节的实验分析可知，手攀水下固定物推进力的分布区间为 30~45 kg，平均值为 34 kg。对比表 3-7 中水流阻力数据可知，潜水员手攀水下固定物在水平姿态下可在 2.5 kn 以下流速下移动，在跪立姿态下可在 2.0 kn 以下流速下移动，在直立姿态下可在 1.5 kn 以下流速下移动。

因此，在较大水流条件下，潜水员通过手攀水下固定物在水下移动时，易采用平卧姿态，此时，潜水员可在不小于 2.5 kn 的水流中移动。

3.3 潜水员水下定点作业抗流能力分析

根据潜水员水下作业的位置特征，可将潜水员水下定点作业分为三种情况，分别是：潜水员在结构物内部作业、在结构物表面作业、在水中悬停作业。

3.3.1 在结构内部作业时的抗流分析

当潜水员在结构物内部作业时，由于结构物对潜水员的遮蔽作用，可以认为潜水员不受水流影响。

3.3.2 在结构表面作业时的抗流分析

当潜水员在结构物表面作业时，水流对潜水员的影响主要在水平方向，潜水员必须采取相应措施来克服这一水流作用，以保持位置的稳定。此时，潜水员可以通过身体某部位与结构物接触所产生的摩擦力、利用身体某部位（如躯干、脚部等）抵住结构物和利用控制缆来抵抗水流作用力，保持身体位置的稳定性。在水流较大时，必定是用后种方法来抵抗水流的作用。

（1）如 3. 2. 4. 2 节的分析结论可知，1. 5 kn 流速是潜水员利用身体与结构物之间的摩擦力来保持水下位置的最大流速。

（2）由于躯干、腿脚等部位的支持力远大于手臂的拉力，结合 3. 2. 4. 3 节的分析结论可知，潜水员利用身体某部位（如躯干、脚部等）抵住结构物可以 2. 5 kn 的水流中保持身体的位置。

（3）当潜水员利用控制缆来抵抗水流的作用时，潜水员抵抗水流保持位置的能力取决于控制缆和控制缆生根点的强度。在控制缆生根点的强度有保证时，控制缆的强度不是一个校核问题，而是一个设计和选择的问题，即可根据控制缆的强度需求，选择控制缆的类型和规格。

3. 3. 3　水中悬停作业时潜水员抗流分析

潜水员水中悬停作业是指潜水员在作业处无立足点，只能采取悬停在水中的方式进行作业的情况。当潜水员在作业点需要悬停作业时，一方面水流对潜水员在水平方向产生作用力；另一方面，潜水员自重及水流的垂向挠动将影响潜水员垂向位置的保持。为保证潜水员在悬停状态下能够有效作业，潜水员可利用脚蹼和多根控制缆来抵抗水流及自重的作用力，保持和调整身体位置和姿态。

此时，潜水员抵抗水流保持位置的能力与第 3. 3. 2 节中“潜水员利用控制缆来抵抗水流”的分析类同，也是一个控制缆的设计和使用问题。

第四章　救捞平台定位的海洋环境效应

救捞平台是指为救捞工程提供作业、起吊等作业的船舶，主要是指救捞船、吊船等。在海上救捞工程中，救捞平台通过布设定位锚、水鼓和使用动力等，保证救捞平台在作业海区保持船位的稳定，为工程提供作业工作平台和技术支持。救捞平台作业场的布置是否合理，能否在一定的风、流、浪条件下保持船位稳定，能否正确预测在一定的海况下是否应主动撤场或加强船位，将直接决定海上救捞等工作是否能够顺利进行，甚至直接影响到海上救捞的成败。在实际工程和训练中就曾多次出现走锚、移位的情况，如在某沉没快艇打捞时，在风、流同向作用时，救捞船曾经多次走锚，六进六出作业场，耗费了大量的人力、物力，并最终导致了打捞工作的失败。因此，科学、合理地救捞作业场分析与设计，是保证救捞工作顺利进行的基础。而能够科学、合理地设计救捞作业场主要取决于救捞作业平台的海洋环境效应，即在充分考虑风、流、浪作用下进行救捞作业场设计。根据救捞船定位装备种类，可将救捞作业场分为锚泊定位、水鼓定位和动力定位三种方式，需要对每种方式下救捞作业平台的海洋环境效应分析方法进行研究。

4.1　救捞船多点锚泊定位能力分析

救捞船多点锚泊定位就是根据打捞作业的要求和沉船及海区情况，采用抛定位锚的方法将救捞船和吊船在作业海区一定位置和方向固定，为救捞作业提供作业场所和技术支持。它是开展救捞作业的前提，直接影响到救捞作业效率和安全。因此，在救捞工程中，首先需要在一定的海洋环境条件下，进行救捞船的作业场布置方案设计，即确定救捞船的布置形式、抛锚数量、方向和缆长等项内容，以保证救捞船作业场满足救捞作业需要。

4.1.1　救捞船作业场锚泊定位的布置形式

救捞船作业场布置形式的确定主要是根据作业任务要求、海区水文气象和救捞船性能进行，通常有下列两种形式。

4.1.1.1　单船作业场的作业船布置形式

（1）抛单锚形式

即是在救捞船船艏抛单只定位锚或航行锚进行定位，只能适用于简单、短期的潜水作业，如探摸及简单的勘测沉船等，如图 4-1；适用于海区为单向流，海底底质较好，气象条件较好。

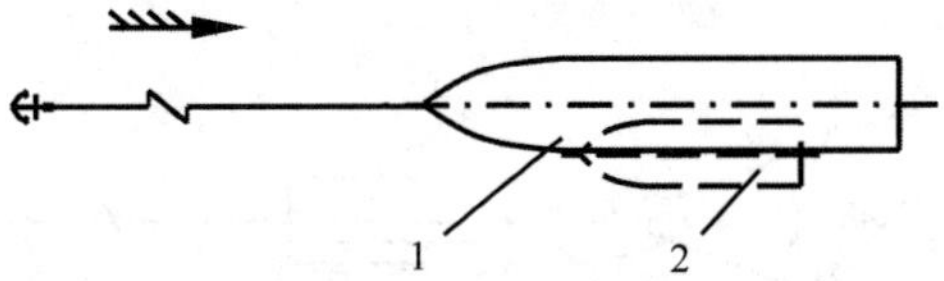

图 4-1 抛单锚形式

1. 作业船 2. 沉船

(2) 抛“八”字锚形式

即是在救捞船船艏抛两只定位锚进行定位，适用于简单、短期的潜水作业，作业船可略左右移动（图 4-2）；适用于海区为单向流，流速较前者略大（或海底底质较差）。

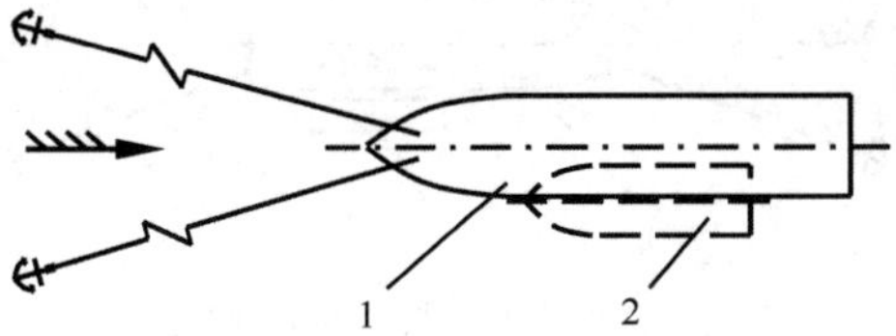

图 4-2 抛“八”锚形式

1. 作业船 2. 沉船

(3) 抛艏、艉锚形式

即是在救捞船艏艉各抛一只定位锚进行定位，适用简单，短期的潜水作业，容易前后调整作业船位置（图 4-3）；适用于海底为规则的往复流，流速较小（或海底底质较好），气象条件也较好。

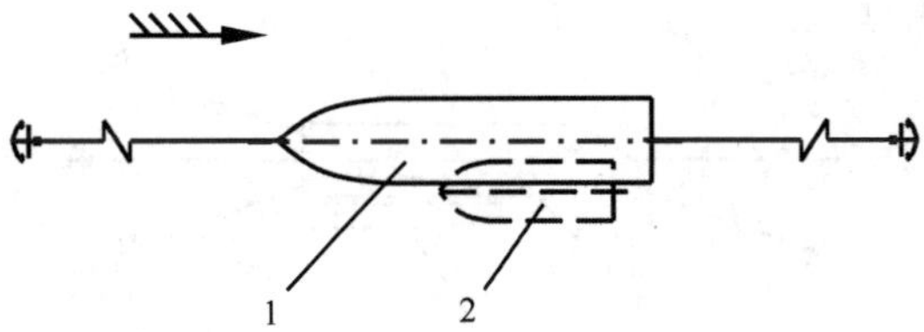

图 4-3 抛首、尾锚形式

1. 作业船 2. 沉船

(4) 抛“丁”字锚形式

即是在作业船艏（艉）抛两只定位锚、在作业船（艉）艏抛一只定位锚进行定位，适用于简单，短期的潜水作业，可以作前后调整和小的左右调整（图 4-4）；适用于海区为规则往复流，涨潮流大于落潮流，气象条件较好的情况。

(5) 抛前后“八”字锚形式

即是在作业船艏艉各抛两只定位锚进行定位，适用较长的援救、打捞作业（图 4-5）；适用于海流为不规则往复流，流速略大，气象较好的情况。

其中，“八”字锚角度可根据潮流及需要的船位大小而定，需要横向调整机动较大的，

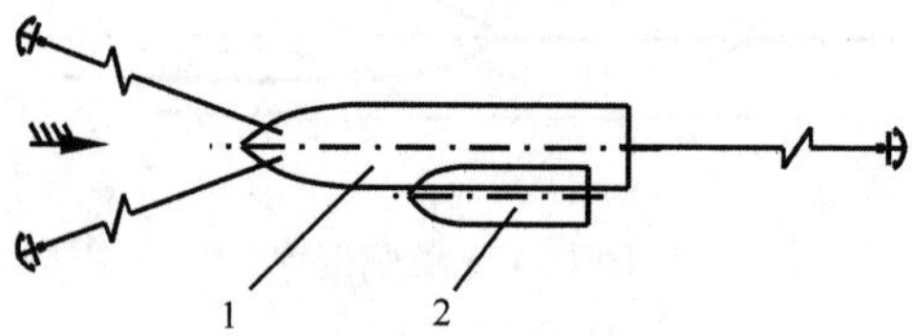

图 4-4 抛“丁”字锚形式

1. 作业船 2. 沉船

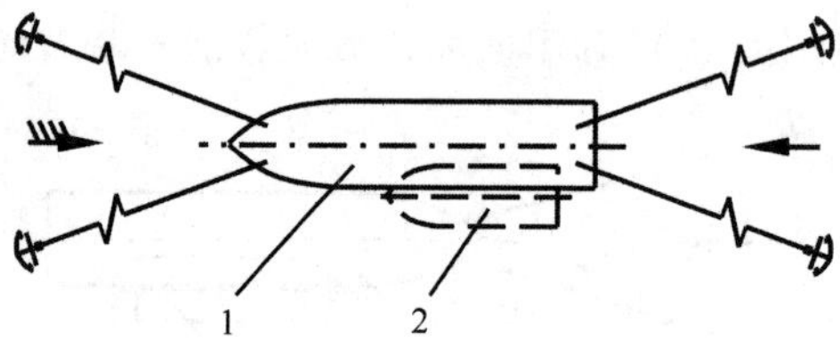

图 4-5 抛“八”字锚形式

1. 作业船 2. 沉船

则“八”字锚角度可大些，反之，“八”字锚角度可小些。

（6）抛六只锚形式

即是在作业船艏艉各抛三只定位锚进行定位，适用于长期进行援救、打捞作业，前后、左右调整船位比较方便（图 4-6）；适用于海流为旋转流，流速较大，气象条件较差，常有大风的情况。

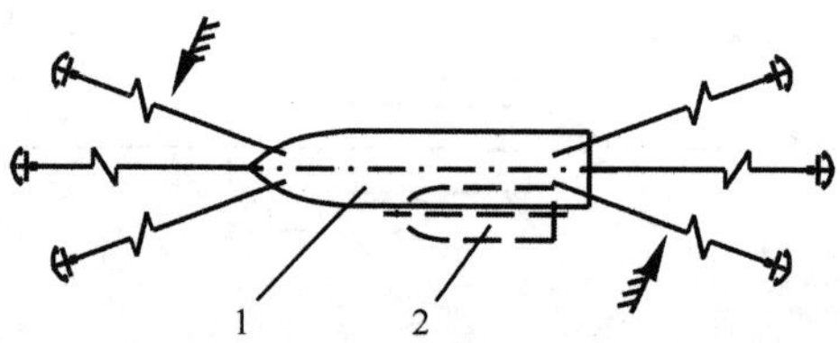

图 4-6 抛六只锚形式

1. 作业船 2. 沉船

4.1.1.2 多船作业场布置形式

为适应打捞作业多部位进行打捞作业的需要，加速工程进度，可采取多船同时布场作业。

（1）两船平行布场形式

适于长期的打捞作业；海流为旋转流，气象条件较差，必要时两船艏艉可增加相互依托缆（如图中的点画线），如图 4-7 所示。

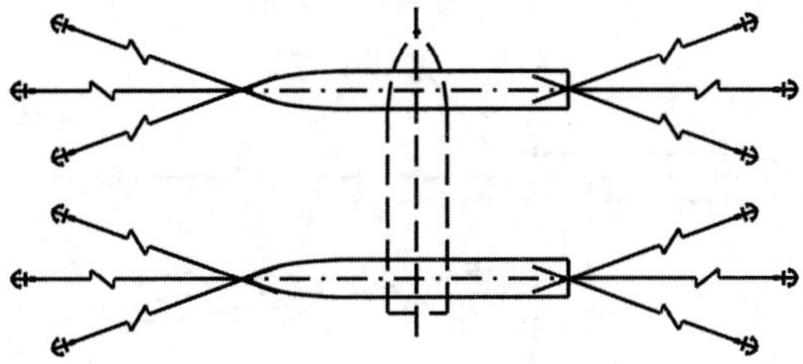

图 4-7　两船平行布场形式

（2）两船“丁”字形布场形式

适用于短期吊船起吊沉船作业；海流为旋转流，气象多变，但两船同时作业就位海面风力小于 5 级，如图 4-8 所示。

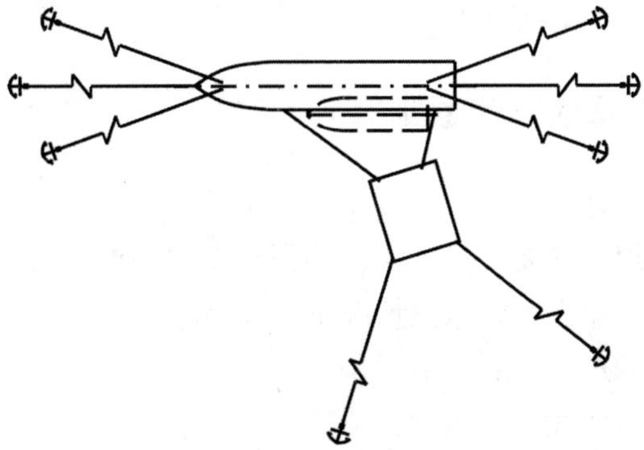

图 4-8　两船“丁”字形布场形式

（3）三船作业场布置形式

这种布场形式比较少见，只有在某些特定的情况下才采用。如打捞“阿波丸”沉船时就采用了三船布场形式，如图 4-9 所示。当时的海流为涨潮东北，落潮西南，高平潮至落潮初为旋转流，落潮流大，常有季节风，4—5 月为东北风，7—9 月多西南风。

多船作业场的显著特点是船多、锚及锚缆多，在有限的作业海区布置二艘甚至三艘作业船。为了保证打捞作业的顺利进行，要做到“四防、四利”，“四防”即防脱锚、防干扰、防绞缠、防碰撞，“四利”即利作业、利进场、利撤场、利补给靠船。具体布场时以单船为基础，力求符合布场的一般原则，又要搞好多船的协调。为此，要处理好以下三个关系：

一是分清作业船主次，先满足主要作业船的布设要求。打捞“阿波丸”号工程中，J503 船是主要作业船，其六锚完全按照单船布场形式配置，有利作业和调整船位，凡与 J503 船布场发生矛盾的，以 J503 船需要改变其他船布设方案。

二是将机动性能较差的作业船配置在下风、下流位置。

三是在单船为基础布设各锚的基础上，为了便于调整船位、减少绞缠，在非主要部位

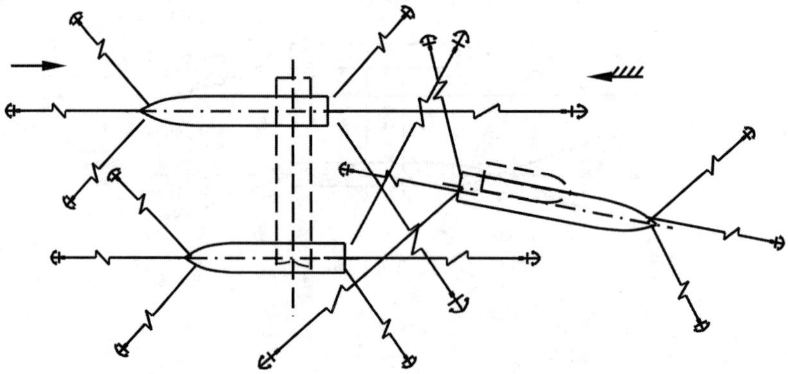

图 4-9 “阿波丸”号打捞工程三船布场形式

上可以共用一水鼓或两船连接调整缆。

4.1.2 救捞作业场布置的一般原则

救捞船布置的一般原则是：

(1) 要满足打捞工程的需要，具体而言要便于多部门展开潜水、帆缆作业；

(2) 锚位牢靠，作业船在预定风浪情况下能保持稳定；

(3) 便于打捞作业船进行左右和前后调整；

(4) 便于进入与撤出作业场的机动；

(5) 多艘打捞作业船同时作业的，要注意防干扰、防碰撞、防绞缠。

4.1.3 救捞作业场布置方案的设计要求

一个完整的救捞船作业场布置技术方案应包括如下 5 个方面内容：

(1) 救捞船相对于沉船的位置；

(2) 救捞船抛锚数量；

(3) 各锚的锚型、锚重；

(4) 各锚的抛锚方向、锚距；

(5) 锚缆长度和型号。

对于一个满足作业场布置原则的方案的设计步骤如图 4-10 所示。图 4-10 中，各设计步骤的具体内容如下。

4.1.3.1 任务要求、环境条件、救捞船性能

任务要求是指救捞作业内容对救捞船布置形式的要求，其中最主要的是对救捞船与难船相对位置的要求，一般有救捞船与难船平行和垂直两种相对位置，具体采用哪种形式，要视作业内容要求而定。

环境条件主要是指风、流、浪的情况，它们的影响主要体现在救捞船所受的外力上。

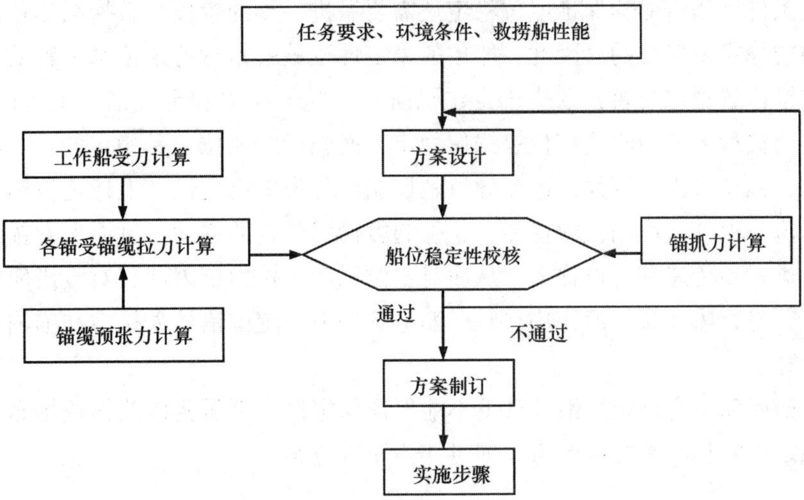

图 4-10　作业场布置方案设计程序

另外，水深也是一个重要的条件，它将直接影响锚缆长度的确定。

救捞船性能是指救捞船主尺度和上层建筑尺度，它们的影响也主要体现在救捞船所受的外力上，主尺度和上层建筑尺度越大，则外力越大。

4.1.3.2　方案设计基本思路

（1）在抗风浪时，救捞船一般采取顶风流船位。而在作业条件下，应按照作业任务的具体要求确定救捞船船位；

（2）在救捞作业实施阶段，通常进行长期作业，作业时间少则数日，多则数月，此时的救捞船定位锚抛锚数量不得少于四只。在海况良好的情况下，可采用抛前后“八”字锚的布场形式；在海况恶化时，可采取抛六只锚的布场形式；

（3）锚型和锚重是影响锚抓力大小的两个重要因素，对于某一具体的救捞船而言，通常其所配备的锚型和锚重是固定的。当然，在特殊情况下也存在临时改变锚配置的可能；

（4）抛锚方向通常以锚缆与救捞船纵向夹角来表示，角度的大小主要根据救捞船所受外力和救捞船船位调整范围要求而定。当外力较大时，锚向应偏向于外力方向；当船位在某一方向上调整范围较大时，锚向应偏向于该调整方向。锚距是指锚距锚缆上端点的水平距离，一般应与锚缆长度相协调；

（5）缆长是指抛锚时所释放入水的全部锚缆长度。按照经验，缆长取大于水深的 10~12 倍，一般取水深的 15 倍。锚缆的型号主要是指缆的类型和缆径，抛锚通常使用半硬钢缆，而缆径是指锚缆的外直径，抛锚所用锚缆有 37 mm 和 45 mm 两种半硬钢缆。

4.1.3.3　船位稳定性校核

方案制订中所拟定的作业场布置方案是满足打捞任务要求的，但在该方案下，救捞船在预定风浪条件下是否能够保证船位稳定还需要做进一步的校核。救捞船船位的稳定是通过各定位锚的稳定来保证的，因此，船位的稳定性校核就是对各定位锚位置的稳定性进行校核。定位锚位置稳定与否，取决于定位锚所受锚缆的拉力和定位锚入土所产生的抓力。当锚拉力小于锚最大抓力时，定位锚锚位稳定，而救捞船船位也是稳定的；否则，定位锚将发生走锚，锚位失去稳定性，进而导致救捞船船位失去稳定性。上述定位锚所受锚缆的拉力是风、流、浪外力作用在救捞船上，引起救捞船位置的移动，进而引发锚缆位形和张力变化，并进一步传递到定位锚上，从而对定位锚产生拉力。因此，对救捞船船位进行稳定性校核必须进行风、流、浪作用在救捞船上的外力、定位锚最大拉力和锚泊系统中各锚缆拉力的计算。

如果救捞船船位在预定风浪条件下不能保证稳定性，则需要修改作业场布置方案，再重新进行稳定性校核。否则，此方案即可作为布置方案。

4.1.3.4 方案制订

根据通过稳定性校核的救捞船作业场布置方案进行抛锚实施方案的制订，并拟订抛锚所需要的器材清单。

由上可见，风、流、浪外力的计算是救捞船作业场布置方案设计的基础，其计算可选取与第二章中相同的计算方法，这里不再赘述。

4.1.4 锚泊系统预张力计算

当作业船处于无外力作用的情况下，通过适当配置抛锚位置（锚距）和锚缆的入水缆长（缆长）使锚缆中产生的张力即为预张力。预张力保证了作业船在无外力的情况下稳定在指定的位置，也是作业船在受外力作用时船位基本稳定的基础。即当作业船在受外力作用下，在锚缆预张力适当的情况下，作业船不会产生较大的位移，各锚缆将在预张力基础上达到新的张力，以使作业船受力达到平衡。

已知锚缆的入水缆长 l_z 、水深 h 、锚缆单位长度的水中重量 w 、锚距锚缆上端点的水平距离（锚距）s_m ，锚缆的悬垂部分缆长 l_x ，相应的水平方向投影长 s_x ，如图 4-11 所示。

显然，缆长与悬垂部分缆长之差为卧底部分缆长，而锚距与悬垂部分缆长的水平方向投影长度之差亦为卧底部分缆长，即有：

$$f = (l_z - l_x) - (s_m - s_x) = 0 \tag{4-1}$$

式（4-1）中存在着两个未知量 l_x 、s_x ，但两者之间可由式（4-2）和式（4-3）建立关联。

$$a = \frac{h}{2}\left[\left(\frac{l_x}{h}\right)^2 - 1\right] \tag{4-2}$$

$$s_x = a \cdot \mathrm{ch}^{-1}\left(1 + \frac{h}{a}\right) \tag{4-3}$$

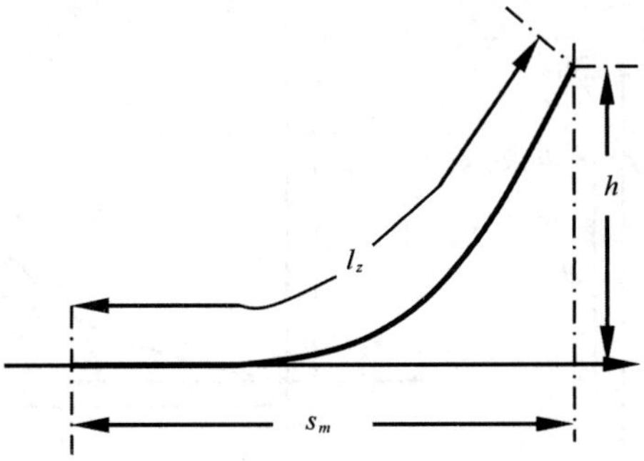

图 4-11　预张力计算

式中，a 为悬链线刚性参数。

从而使式（4-1）成为一个只包括一个未积量 l_x（或 s_x）的非线性超越方程。可采用对分法求解该方程，计算方法如下：

（1）取 l_x 的最大可能长度 l_z 和最小可能长度 h 为其初始取值区间 $[l_z, h]$；

（2）令 $l_1 = l_z$，$l_3 = h$，$l_2 = (l_1 + l_3)/2$；

（3）将 l_2 代入（4-2）、（4-3）两式，计算出 s_x，再将 l_2、s_x 值代入式（4-1）；

（4）若 $|f| \leqslant \varepsilon$，则 l_2 即为所求的 l_x，计算结束；否则，转入（5）；

（5）若 $f < 0$，则令 $l_1 = l_2$，$l_3 = l_3$，$l_2 = (l_1 + l_3)/2$，转到（3）重新计算；

（6）若 $f > 0$，则令 $l_1 = l_1$，$l_3 = l_2$，$l_2 = (l_1 + l_3)/2$，转到（3）重新计算。

4.1.5　锚泊系统锚泊特性计算

在多锚缆的锚泊系统中，如何将作用在救捞船上的外力描述为作用在各个锚缆上的作用，即各个锚缆的张力、悬挂缆长、卧底缆长等，是锚泊系统锚泊特性计算的任务。由于在多锚缆的锚泊系统中，各锚缆受力分配的非静定性，一般静力分析的方法已无法准确地反映各锚缆的受力情况，而必须采用悬垂线理论才能合理解决[17]。而多锚缆的锚泊系统特性计算的基础是单根锚缆特性分析。

4.1.5.1　单根锚缆特性分析

（1）单锚缆线的基本方程

图 4-12 所示为一单根锚缆，它的下端与海底相切于 O 点，上端系缆点 A 受到救捞船拉力 T，其水平分力与垂直分力分别为 T_H 和 T_V。水深为 h（这里系指救捞船系缆点至海底的距离）。l 为缆长，s 为缆的水平投影长度，θ 为锚缆线上端点切线方向与水平面的夹角。

因 T_V 等于锚缆水中总重量，而 T_H 等于海底锚的水平抓力，它在锚缆中各点为常值，故有：

$$\begin{cases} T\sin\theta = \omega l = T_v \\ T\cos\theta = T_H \end{cases} \qquad (4-4)$$

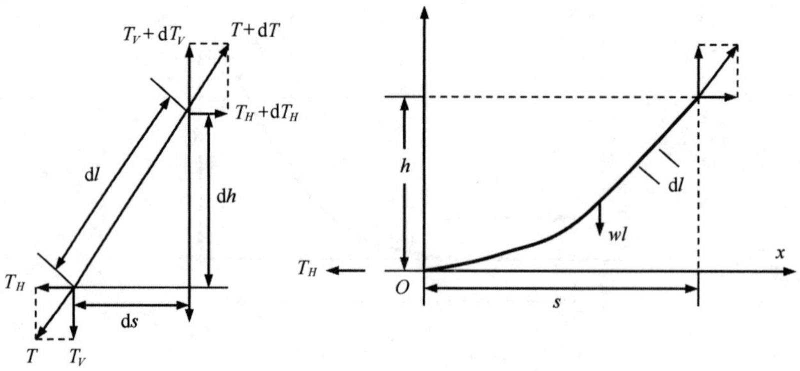

图 4-12　单根锚链的静力图

式中，ω 为锚缆在水中的单位长度重量。

二式相除并求导一次得到悬链挠曲线的微分方程：

$$\frac{(d^2h/ds^2)}{\sqrt{1+(dh/ds)^2}}=\frac{\omega}{T_H} \tag{4-5}$$

将上式积分二次得到锚链曲线方程，即为一悬链线方程：

$$h=a(\mathrm{ch}\frac{s}{a}-1) \tag{4-6}$$

式中，a 为悬链线参数，$a=T_H/\omega$ 。

根据式（4-6），并通过力的平衡分析和推导可得到给定状态下锚缆各状态参数之间的一组关系式：

$$T_H=a\omega=\frac{\omega h}{2}[(\frac{l}{h})^2-1] \tag{4-7}$$

$$s=a\mathrm{ch}^{-1}(1+\frac{h}{a}) \tag{4-8}$$

$$l=a\mathrm{sh}\frac{s}{a}=h\sqrt{1+\frac{2a}{h}} \tag{4-9}$$

$$T=\omega(h+a) \tag{4-10}$$

$$\theta=\cos^{-1}\frac{T_H}{T} \tag{4-11}$$

$$l-s=h\sqrt{1+\frac{2a}{h}}-a\mathrm{ch}^{-1}(1+\frac{h}{a}) \tag{4-12}$$

在水深 h 和锚缆的单位长度重量 ω 给定下，给出锚缆线参数 a 便可决定全部锚缆状态参数。

（2）单缆的缆端刚度

某一水平拉力 T_H 状态下，当链端产生水平位移 dx 时，则 T_H 也随即出现一个增量

dT_H，dT_H/dx 即为该状态时锚缆的缆端水平位移刚度，由于 T_H 与 s 之间为双曲函数关系，且当缆端产生 dx 时，缆与海底的切点 O 亦将后移至 G，所以缆端位移刚度必然是 T_H 的非线性函数，如图 4-13 所示。

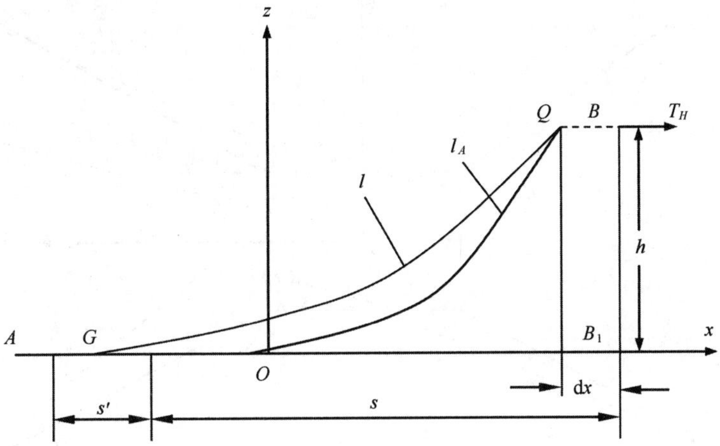

图 4-13　缆端刚度的确定

在海底平面上任取一点 O，建立 xoz 坐标系。设锚固定于 A（$-p$，0）处，原锚缆与海底相切于原点 O；当 Q 点的水平力增至 T_H 时，Q 点移至 B 点，并且部分锚缆被抬起，锚与海底的新切点变为 G 点。

设锚缆总长（即 $\overline{AGB}$ 或 $\overline{AOQ}$）为 l_A，AG 长为 s'，GB_1 为 s，缆的悬起部分长（即 $\overline{GB}$）为 l，BB_1 为水深 h。

令计算 B1 的坐标为（x，0），由式（4-8）可见

$$x = -p + s' + s = -p + (l_A - l) + s = c + s - l \quad (4-13)$$

式中，$c = l_A - p$ 为常数。

将（4-8）、（4-9）两式代入式（4-13）得：

$$x = c + a \cdot \mathrm{ch}^{-1}(1 + \frac{h}{a}) - a \cdot \mathrm{sh}[\mathrm{ch}^{-1}(1 + \frac{h}{a})] \quad (4-14)$$

由式（4-13）可导出链端刚度：

$$k_{xx} = \frac{dT_H}{dx} = \frac{\omega}{\frac{dx}{da}} = \frac{\omega}{E - 2\frac{\mathrm{ch}E - 1}{\mathrm{sh}E}} \quad (4-15)$$

式中，$E = \frac{s}{a}$。

（3）缆端位移后的缆态变化

上面讨论了缆端在悬链平面内的水平位移，现讨论缆端离开原悬缆平面作水平位移时的缆态变化。如图 4-14 所示，当平台受外力作用而变动到虚线位置时，各锚缆下部切点 A、B、C、D 的位置亦将发生相应的变动。现在讨论缆端离开原悬缆平面作水平位移时的

缆态变化，此时锚缆的俯视图如 4-15（a）所示。

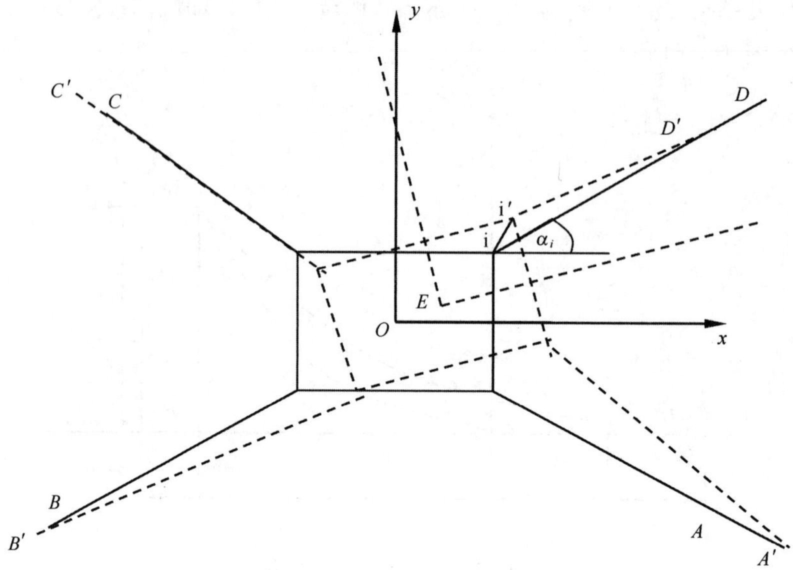

图 4-14 救捞船锚泊系统

设锚缆原为 OP_0 段，上缆端位移至 P_1 点，下链端改变为 O_1 点，O_1P_1 为锚缆的新状态，现将 O_1P_1 悬缆线平面绕 O_1 点转动与 OP_0 悬缆线平面重合，则锚缆位移前后的悬缆线如图 4-15（b）所示。

设位移前悬缆线长度为 l_0，缆端 P_0 离切点 O 的水平距离为 s_1，位移后的悬缆线长度为 l_1，水平距离为 s_1，则缆端位移前后的悬缆线长度增量 l_1-l_0 就是悬缆线在海底提上或落下的那部分 O_1O。即

$$O_1O = l_1 - l_0 \tag{4-16}$$

若缆端在悬链平面内的水面位移为 δ，则

$$(l_1 - l_0) + s_0 + \delta = s_1$$

即有 $l_1 - s_1 = (l_0 - s_0) - \delta$

将式（4-8）、式（4-9）代入上式，得：

$$f(a) = h\sqrt{1 + \frac{2a}{h}} - a \cdot \mathrm{ch}^{-1}(1 + \frac{h}{a}) - (l_0 - s_0) + \delta = 0 \tag{4-17}$$

式中，l_0、s_0 为锚缆上一次迭代时的悬缆长及相应的水平投影长。

假若平台的水平位移不是很大，由图 4-15（a），可足够准确地认为

$$\delta = OP_1' - s_0 \approx OP_1 - s_0 = \sqrt{s_0^2 + d^2 - 2s_0 d\cos(\angle OP_0P_1)} - s_0 \tag{4-18}$$

式中，$d = \sqrt{u^2 + v^2}$

在船坐标系中，对于夹角为 α 的锚缆的上端点，其位移为（u，v）。当上端点由 P_0 移至 P_1 时（图 4-15（a）），在以原锚泊线为 X_1 轴的坐标系中，该上端点位移为（u_1，

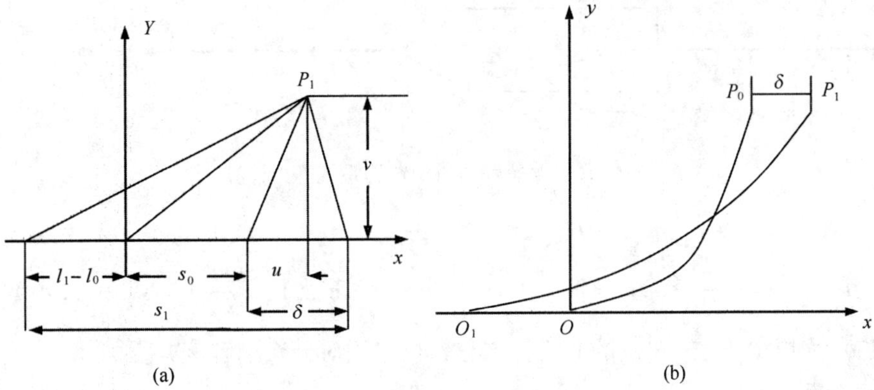

图 4-15　缆端水平位移时链态变化

v_1)，按照坐标系旋转，建立如下关系：

$$u_1 = u \cdot \cos\alpha_1 + v \cdot \sin\alpha_1$$

$$v_1 = -u \cdot \sin\alpha_1 + v \cdot \cos\alpha_1 \tag{4-19}$$

式中，$\alpha_1 = \pi + \alpha$

当平台位移前锚缆预张力给定时，l_0 及 s_0 为已知值，将式（4-19）代入式（4-18），则可求得平台位移后悬链线的 l_1-s_1 值。由于 $l-s$ 值与悬链线张力的水平分量 T_H 存在着唯一对应关系（见式（4-12）），所以根据 l_1-s_1 值即可算出 T_H 值及全部新的悬链线状态参数。计算式（4-17）可采用对分法求解该超越函数。

4.1.5.2　抛艏艉锚锚泊系统的锚泊特性计算

救捞船只有在良好海况条件下且短期作业时，才采用抛艏艉锚的布场形式。具体而言，良好海况应满足以下条件：

（1）风力、流力（单向流）、浪力方向相同或只有一种外力；

（2）外力方向与主锚方向相反。

在此条件下，设艏艉锚缆水平预张力分别为 T_{h10}、T_{h20}，相应锚缆水平悬链长分别为 s_{01}、s_{02}，在外力 F_w 作用下，作业船向船艉向移动距离为 Δs，如图 4-16 所示，则有如下平衡方程：

$$T_{h2} + F_w = T_{h1} \tag{4-20}$$

$$s_{01} + \Delta s = \frac{T_{h1}}{\omega_1}\mathrm{ch}^{-1}\left(1 + \frac{h\omega_1}{T_{h1}}\right) \tag{4-21}$$

$$s_{02} - \Delta s = \frac{T_{h2}}{\omega_2}\mathrm{ch}^{-1}\left(1 + \frac{h\omega_2}{T_{h2}}\right) \tag{4-22}$$

式中，T_{h1}、T_{h2} 为艏艉锚水平张力。

令（4-21）、（4-22）两式相加，并将式（4-20）代入，则有如下方程：

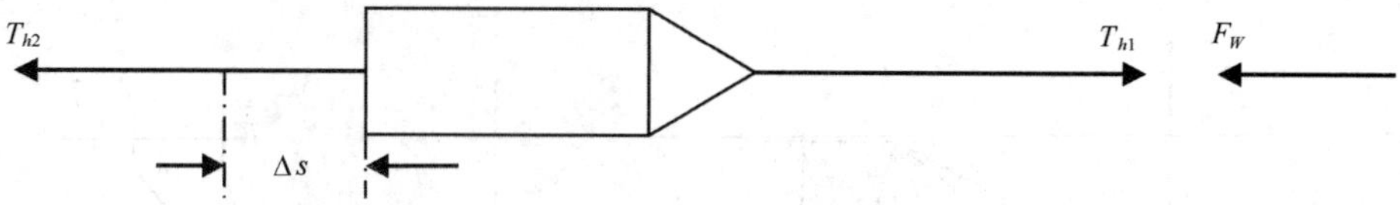

图 4-16　抛艏艉锚时的锚泊系统静力计算

$$\Phi(T_{h2})=\frac{T_{h2}+F_w}{\omega_1}\mathrm{ch}^{-1}\left(1+\frac{h\omega_1}{T_{h2}+F_w}\right)+\frac{T_{h2}}{\omega_2}\mathrm{ch}^{-1}\left(1+\frac{h\omega_2}{T_{h2}}\right)-s_{01}-s_{02}=0 \quad (4-23)$$

式（4-23）为以 T_{h2} 为未知量的非线性方程，可采用对分法求解该方程。

（1）令 $T_{h21}=0$，$T_{h23}=T_{h20}$，$T_{h22}=T_{h21}+T_{h23}$；

（2）将 T_{h22} 代入式（4-23）；

（3）若 $|\Phi|\leqslant\varepsilon$，则 T_{h22} 即为所求的 T_{h2}，计算结束。否则，转入步骤（4）；

（4）若 $\Phi<0$，则令 $T_{h21}=T_{h22}$，$T_{h23}=T_{h23}$，$T_{h22}=T_{h21}+T_{h23}$，转入步骤（1）；

（5）若 $\Phi>0$，则令 $T_{h21}=T_{h21}$，$T_{h23}=T_{h22}$，$T_{h22}=T_{h21}+T_{h23}$，转入步骤（1）。

当得到 T_{h2} 之后，代入（4-20）、（4-21）两式，即可得到 T_{h1}、Δs、s_1、s_2，再由锚泊特性公式，计算出各缆的悬缆长度 l_1、l_2 和作业船位移 X_e、Y_e、Φ_e。

4.1.5.3　抛多锚锚泊系统的锚泊特性计算

救捞船具有一定的尺度，多根锚缆系于救捞船不同位置处（着缆点处）按一定方向向外辐射布置，且各缆均已收紧到某一预张力状态，如图 4-14 所示。若此时受到外力作用，救捞船将变动到虚线所示位置，各缆下部切点 A、B、C、D 亦将变动。

建立固定坐标系 OXY，并在救捞船上任取一点 E 作为位移参考点，将作用于救捞船各部位的已知水平力对 E 点合成。可得到救捞船外力在 E 点处的静力等效值。

$$\{F_0\}=[F_X,\ F_Y,\ M_Z]^T \quad (4-24)$$

设此外力导致救捞船参考点 E 的位移分量为：

$$\{D_e\}=[u_e,\ v_e,\ \varphi_e]^T \quad (4-25)$$

各着缆点 i 将获得位移分量为：

$$\{D_i\}=\begin{Bmatrix}u_i\\v_i\end{Bmatrix}=[\lambda_i][D_e] \quad (4-26)$$

式中，$\lambda_i=\begin{Bmatrix}1 & 0 & -\Delta Y_i\\1 & 0 & \Delta X_i\end{Bmatrix}$ 为坐标转换矩阵

$$\Delta X_i=X_i-X_e,\ \Delta Y_i=Y_i-Y_e \quad (4-27)$$

对于连接于第 i 点的第 j 根锚缆，由于缆端移动而向救捞船提供了附加的单缆回复力 $\{F_i\}_j$，利用前节给出的刚度系数，并考虑到锚缆悬链线平面坐标系（图中 ixy）与固定坐标系（OXY）之间的转换关系，可得：

$$\{F_i\}_j=\begin{Bmatrix}f_{xi}\\f_{yi}\end{Bmatrix}=[K_j]\begin{Bmatrix}u_i\\v_i\end{Bmatrix} \quad (4-28)$$

式中，$[K_j]$ 为第 j 根锚缆对救捞船的刚度贡献。

$$[K_j]=(k_{xx})_j\begin{bmatrix} l_j^2 & l_j m_j \\ l_j m_j & m_j^2 \end{bmatrix}$$

$(k_{xx})_j$ 是由式（4-15）表达的第 j 根锚缆在其悬链线平面内的刚度系数。

$$\left.\begin{aligned} l_j &= -\cos\alpha_j \\ m_j &= -\sin\alpha_j \end{aligned}\right\}$$

式中，α_j 为第 j 根锚缆的布锚方向角。

对于同一着缆点 i 上 m 根锚缆所提供的回复力合成则有

$$\{F_i\}=[K_i][D_i] \tag{4-29}$$

式中，$[K_i]=\sum_{r=j}^{j+m-1}[K_r]$

将 $\{F_i\}$ 向救捞船运动参考点 E 简化为静力等效力 $\{F_i^e\}$，其关系为

$$\{F_i^e\}=\begin{Bmatrix} F_{xi}^e \\ F_{yi}^e \\ M_{Zi}^e \end{Bmatrix}=[\lambda_i]^T\{F_i\} \tag{4-30}$$

将式（4-26）与式（4-27）代入式（4-29）得：

$$\{F_i^e\}=[K_i^e][D_e] \tag{4-31}$$

式中，

$$[K_i^e]=[\lambda_i]^T[K_i][\lambda_i] \tag{4-32}$$

在救捞船位移后处于静止状态时，所有着缆点的系泊力应与外力平衡，则

$$\{F_e\}=\sum_{i=1}^{n}\{F_i^e\}=\sum_{i=1}^{n}[K_i^e][D_e]=[K_e][D_e] \tag{4-33}$$

在给定预张力的情况下，根据各缆的初态算得 $[K_e]$ 后便可由上式计算 $[D_e]$。如前所述，$[K_e]$ 的值依赖于缆张力 T，而 T 又随 $[D_e]$ 而变化，所以系泊力合力不可能一次与外力 $\{F_e\}$ 平衡，式（4-33）的求解是一迭代的逐次近似过程，一旦得到满足某一精度要求的 $[D_e]$ 值，便可进而定出救捞船上各着缆点的新位置 $[D_i]$，从而逐一求出各锚缆的新状态系数。由式（4-32）、式（4-33）可得作业船参考点 e 每次迭代的位移量：

$$[D_e]=\begin{bmatrix} u_e \\ v_e \\ \varphi_e \end{bmatrix}=[K_e]^{-1}\{F_e\} \tag{4-34}$$

式中，$|K_e|$ 为矩阵 $[K_e]$ 的行列式。

mpf_x、mpf_y、mpm 为锚泊力合力，其计算模型为：

$$mpf_x=\sum_{i=1}^{n}T_{hi}\cdot\cos\alpha_{2i}$$

$$mpf_y=\sum_{i=1}^{n}T_{hi}\cdot\sin\alpha_{2i}$$

$$mpm = \sum_{i=1}^{n} (- T_{hi} \cdot \cos \alpha_{2i} \cdot Y_i + T_{hi} \cdot \sin \alpha_{2i} \cdot X_i)$$

式中，α_{2i} 为当锚缆上端点由 i 移至 i_2，下端点由 D 移至 D_2 时，新锚缆线与水平方向的夹角，如图 4-16（a）、图 4-17 所示。

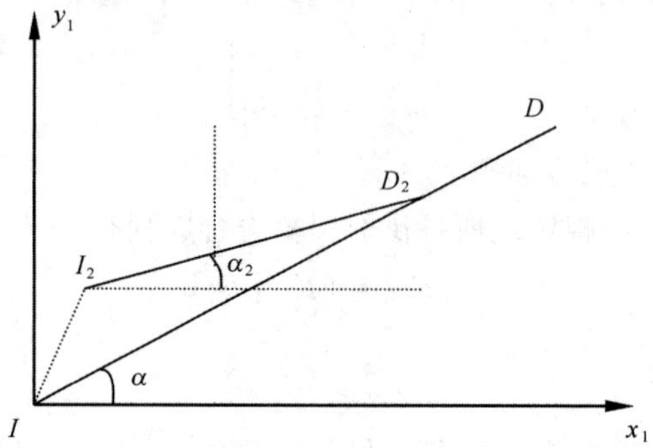

图 4-17　锚缆夹角计算

则作业船参考点 e 每次迭代的位移量分别为：

$$u_e = (ak_{11}(F_x + mpf_x) + ak_{21}(F_y + mpf_y) + ak_{31}(M_z + mpm))$$
$$v_e = (ak_{12}(F_x + mpf_x) + ak_{22}(F_y + mpf_y) + ak_{32}(M_z + mpm))$$
$$\varphi_e = (ak_{13}(F_x + mpf_x) + ak_{23}(F_y + mpf_y) + ak_{33}(M_z + mpm))$$

则作业船参考点离开原参考点 E 的实际位移为：

$$\begin{cases} X_e = X_e + u_e \\ Y_e = Y_e + v_e \\ \varphi_z = \varphi_z + \varphi_e \end{cases} \tag{4 - 35}$$

则各锚缆上缆端的每次迭代位移为：

$$\{D_i\} = \begin{Bmatrix} u_i \\ v_i \end{Bmatrix} = [\lambda_i]\{D_e\} \tag{4 - 36}$$

式中，点（X_i，Y_i）为第 i 根锚缆的上端点坐标，点（X_{eo}，Y_{eo}）为作业船参考点的初始位移，即为（0，0）。

锚泊特性计算程序框图如图 4-18 所示。

4.1.6　定位锚抓力机理与计算

4.1.6.1　锚的抓底性能

锚的抓底性能与底质、锚型、出缆长度和水深之比等因素有关。仅就锚而言，其抓底性能由锚能给出的抓力和啮土后的拖锚姿态的稳定性共同决定。抓底性能良好的锚不但在锚爪啮土、锚体沉入底土后可提供较大的抓力，而且应能在锚体因外力影响而拖动时不发生以锚干为轴的横向自转，以保持高度的抓底稳定性。

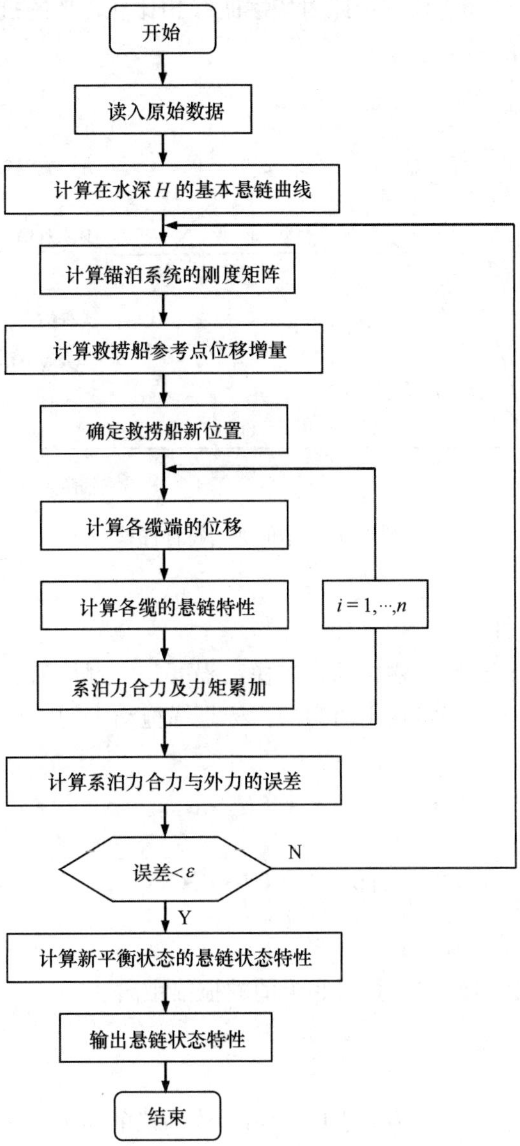

图 4-18 锚泊力静力计算框图

（1）锚的抓力特性曲线及稳定性比较

锚随着锚体的慢速移动而表现出的抓力变化曲线称为锚的抓力特性曲线。图 4-19 是用锚的试验结果予以模式化后，无杆锚和有杆锚的抓力特性区线的比较。由图可知，有杆锚因锚杆的稳定作用，在抓底之后对应于锚体的拖动，始终可输出持续的最大抓力；然而无杆锚却由于抓底的二锚爪在拖动中所受底土作用力之不同而产生自转，造成锚抓底姿态的失衡，最终呈双爪向上转出土层，抓力将大大降低。

从抗走锚的观点看问题，希望锚的抓力特性曲线能有最大的包络面积。一方面可输出最大的抓力值；另一方面可持续保持其抓力值，两者缺少任何一个都不能说是理想的锚型。就图 4-19 中所示 A、B、C 三种抓力特性曲线相比较，B 的抗走锚能力优于 C，而 A 则是一直在追求其实现的锚型。

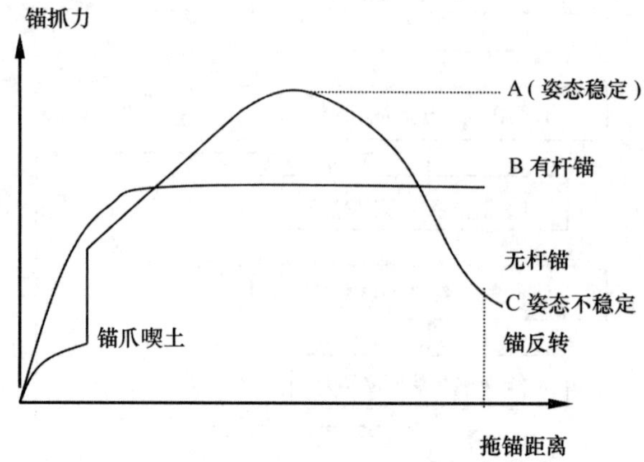

图 4-19　锚的抓力特性曲线

（2）锚抓底的稳定性

锚抓底的稳定性即锚抓底后输出抓力的稳定程度，一直是锚型改进追求的重要目标之一。衡量抓底后的锚是否可稳定输出抓力的指标是锚拖动中的输出抓力的稳定系数。它的表达式为：

$$C_s = A/(H_d \cdot d_2) \tag{4-37}$$

式中：A——抓力特性曲线包络的面积，$A = \int_0^{d_2} H \cdot dl$；

H_d——可输出的最大抓力；

d_2——拖锚中锚体自转双爪翻出底土前的拖锚距离。

4.1.6.2　锚的抓力

锚在抓底后所给出的抓力与锚重之比 H_d/W_a 称为锚的抓力系数。由于锚重从方便取值计算考虑以空气中的锚重为多，故无特殊说明时，一般所说抓力系数均为锚抓力与空气中的锚重之比。它相当于锚抓力与水中锚重之比 H_d/W_a 的 0.87 倍（ W_a 为水中锚重）。锚抓力系数常用 λ_a 表示，根据其定义有

$$\lambda_a = H_d/W_a \tag{4-38}$$

（1）抓力系数的概率偏差

锚的抓力系数测定试验结果表明，由于底质、底土硬度等原因，该系数值呈现出较高的离散度。即便在相同底质、硬度的底土中进行测定也不为定值。在对试验数据作处理时，需将各拖速下的锚抓力系数按照线性变化关系换算至拖速为零时的锚抓力系数后，按正态分布规律考虑了概率偏差，然后求出的抓力系数才具有较高的概率。经处理后的抓力系数为 3.6。

将抓力系数分别按砂底、泥底分开，忽略底质硬度、锚重等影响，考虑到数据的分散性，砂中的变动系数 C 取 10%，泥中取 20%，则由于

$$\text{标准偏差}\ \sigma = (\text{抓力系数平均值}\ \bar{\lambda}_a) \times C$$

$$\text{概率偏差}\ \tau = 0.674\,5\sigma$$

所以，抓力系数 $\lambda_a = \bar{\lambda}_a - \tau$

求出的抓力系数如表 4-1 所示。

表 4-1 考虑概率偏差的锚的 λ_a 值

底质类型	砂	泥	说明
平均值 $\bar{\lambda}_a$	3.64	3.55	
变动系数 C	10%	20%	
标准偏差 σ	0.36	0.71	
概率偏差 τ	0.24	0.48	
$\lambda_a = \bar{\lambda}_a - \tau$	3.40	3.07	低于 λ_a 的概率为 25%

（2）砂、泥底质中锚抓力系数的标准值

锚地的底质多为砂、泥和黏土，因其混合比例不同可分别按砂质（黏土含量在 20%以下）、黏土质（黏土含量在 40%以上）、中间土质（含黏土量在 20%～40%之间）处理。这种区分方法是从锚泊实际出发的。因此，锚的抓力系数应是一个范围，见表 4-2。

表 4-2 锚抓力系数的标准值

锚型 / 底质	霍尔锚	海军锚
砂	3.5	7
泥	3.0	10
走锚中	1.5	2

4.1.7 典型救捞船定位能力分析

按照上述相关方法，针对某救捞船在典型作业场布场方案下的定位能力进行评估。

4.1.7.1 布场形式

（1）抛锚数量：分抛四只锚、六只锚两种情况；

（2）锚型（定位锚）、锚缆型号按现有救捞船标准配置；

（3）锚缆长度按通常锚缆长度使用标准，即水深 12 倍取锚缆长度；

（4）锚距按最优预张力设计思想设置，即在保证抛锚定位的作业船位移在所限定范围内的情况下，使预张力最小。

4.1.7.2 环境条件

(1) 水深：分别取 40 m、80 m 两种情况；

(2) 海况：分为只有风和浪、只有水流、风流浪同时存在三种情况；

(3) 风、流、浪的方向相同，分救捞船顶风流、横风流二种情况。

4.1.7.3 计算与校核

分别在 40 m、80 m 水深时，针对救捞船典型布场方案进行定位能力分析，分析结果如表 4-3 和表 4-4 所示。

表 4-3 某救捞船在四只锚布场形式下，水深 40 m 时，救捞船定位能力分析表

救捞船方向	外载作用形式	环境条件		最大锚拉力 (t)	单锚的锚抓力 (t)		
		海况等级	流速 (kn)		最小	平均	最大
顶风流	只计风浪作用	9	0	9.40	35.00	70.00	105.00
	只计水流作用	0	10	7.83	35.00	70.00	105.00
	风流浪作用	9	10	17.28	35.00	70.00	105.00
横风流	只计风浪作用	5 或 6	0	25.67 或 45.80	35.00	70.00	105.00
	只计水流作用	0	4	62.51	35.00	70.00	105.00
	风流浪作用	5	2 或 3	38.84 或 55.38	35.00	70.00	105.00

注：最大锚拉力指四只锚中，承受拉力最大的锚所承受的锚拉力，以下同。

表 4-4 某救捞船在四只锚布场形式下，水深 80 m 时，救捞船定位能力分析表

救捞船方向	外载作用形式	环境条件		最大锚拉力 (t)	单锚的锚抓力 (t)		
		海况等级	流速 (kn)		最小	平均	最大
顶风流	只计风、浪作用	9	0	9.35	25.00	50.00	75.00
	只计水流作用	0	10	7.77	25.00	50.00	75.00
	风、流、浪作用	9	10	17.22	25.00	50.00	75.00
横风流	只计风、浪作用	5 或 6	0	25.60 或 45.73	25.00	50.00	75.00
	只计水流作用	0	4	62.46	25.00	50.00	75.00
	风、流、浪作用	5	2 或 3	38.70 或 55.95	25.00	50.00	75.00

说明：以上结论只针对所设定的布场方案和环境条件，实际工程方案需慎重直接引用，而应根据实际所采用的布场方案和环境条件，按本节中所提供的方法进行救捞船定位能力的分析。

4.1.7.4 定位能力分析

根据上述救捞船定位能力的计算与校核结果，救捞船的定位能力与风流浪的大小与方向显著相关；同时，救捞船的抛锚方案对其稳定性也有显著影响。

（1）顶风流条件下的定位能力

根据上述计算与校核结果可知，该救捞船能够在9级海况和10 kn速度的水流联合作用下保持船位的稳定。因此，在高海况时，可以采取调整救捞船方向的方法来保持救捞船船位的稳定性，而不必撤场，以提高作业效率。

（2）横风流条件下的定位能力

该救捞船在抛四只锚时，在5级海况和2 kn水流的条件下，能够可靠定位；在5级海况和3~4 kn水流时，在一定的底质条件下，能够定位。

4.2　基于水鼓的救捞船大深度定位能力分析

救捞船锚泊定位系统由于所适应的水深有限，一般在百米水深之内，限制了救捞船在大深度下的使用。探索新的定位方法来加大救捞船的定位能力，特别是大深度情况下救捞船的定位能力已引起高度重视，并成为亟待解决的重要问题之一，采用定位水鼓进行救捞船大深度锚泊定位是可选择的技术途径之一。一方面，使用水鼓进行救捞船多点系泊定位具有使用方便、进撤场效率高等特点，而获得较广泛的应用；另一方面，可以增大现有锚泊救捞船定位所适应的水深。因此，采用水鼓的救捞船多点系泊系统对于提高海上救捞能力具有重要价值。

当前，对使用水鼓进行救捞船多点锚泊定位的规律认识距离实际工程需要还存在着比较大的差距。首先，体现在对使用水鼓进行救捞船多点锚泊定位的锚泊系统锚泊特性计算方法的研究薄弱，这就造成了在实际的救捞船布场方案设计中基本上是以经验为主，缺少针对具体情况的计算与分析；其次，由于现有水鼓的配系主要是针对船舶防台风等工作而设计制造的，不是针对救捞船多点锚泊的，因此，有必要对救捞船基于水鼓锚泊定位所需要的水鼓进行配系研究，为设计制造满足救捞船大深度下定位所需要的系列化水鼓提供依据。因此，对基于水鼓的救捞船多点系泊系统稳定性及其配系研究是非常必要的。

通过对使用水鼓以及使用水鼓和定位锚的两种救捞船多点系泊定位系统分析方法进行深入的分析与研究，完善基于水鼓以及基于水鼓和定位锚的两种救捞船多点系泊的锚位稳定性分析方法与模型，为救捞船锚泊定位的方案设计提供理论与方法的支持。为此，需要分析风、流、浪力计算模型，建立基于水鼓的救捞船多点系泊系统和基于水鼓和定位锚的混合多点系泊系统分析模型，对典型救捞船水鼓和定位锚的多点系泊系统配系进行研究[18]。其中，风、流、浪力计算可选取与第二章中相同的计算方法，这里不再赘述。

4.2.1　基于水鼓的单点系泊系统分析

单点系泊（Single Point Mooring），又称单浮系泊（Single Buoy Mooring），顾名思义就是通过单点水鼓这种“浮动的码头”，对船舶进行海上定位，在环境外力作用下提供水平回复力以保持系泊浮体定位的一种锚泊方式，它广泛应用于海上油田开发、船舶防风以及援救打捞作业场布置等用途。由于单点系泊具有风标效应，即根据风、浪、流的情况系泊的船艏可绕着单点做360°的旋转，向着产生最小外力的方位转动，保证作用在系泊船上的系泊力能够经常保持最小，始终处于最小的受力状态。基于水鼓的单点系泊系统研究是基于水鼓的多点系泊系统研究的基础。

4.2.1.1 分析思路

采用悬链线理论推导与建立基于水鼓的单点系泊系统模型，利用基于水鼓的单点系泊系统模型，对基于水鼓的单点系泊系统配系进行研究，为后面的基于水鼓的多点系泊系统的配系研究提供基础。

基于水鼓的单点系泊系统模型如图 4-20 所示，该系统配系由主锚、水鼓锚缆（连接锚和水鼓）、水鼓和连接缆（连接水鼓和救捞船）组成。

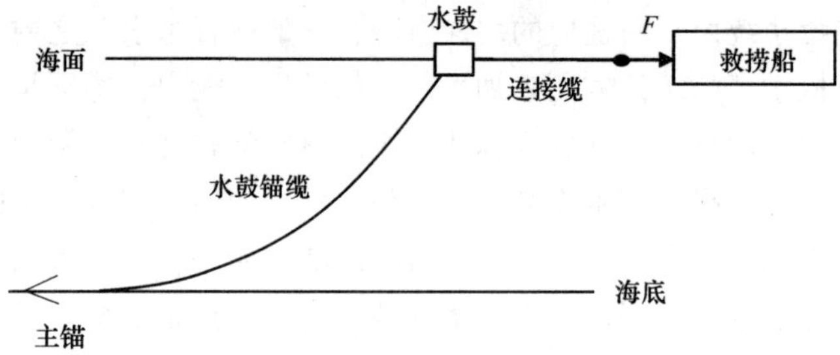

图 4-20　单点系泊系统锚泊系统模型图

在确定救捞船所受水平拉力即外力 F 以后，即可对基于水鼓的单点系泊系统模型进行分析，并对系统配系的规格尺寸进行分析研究，其分析步骤如图 4-21 所示。

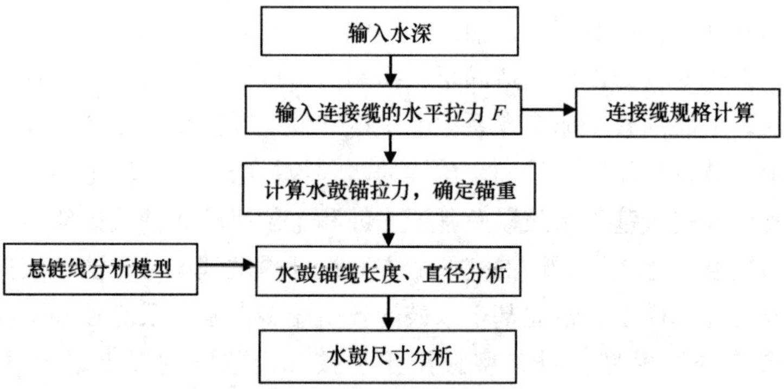

图 4-21　基于水鼓的单点系泊系统配系分析步骤

4.2.1.2 救捞船与水鼓连接缆规格计算模型

连接水鼓和救捞船的连接缆可采用高分子强力缆，又称迪尼玛缆绳，是采用 Dyneema 纤维加工而成，其纤维比重 $gm = 0.97 g/cm^3$；因此，高分子强力缆可以漂浮于水面。

高分子强力缆的线密度近似计算公式为：

$$W_D = 5 \cdot d^2 \cdot 10^{-7} \tag{4-39}$$

高分子强力缆的破断拉力近似计算公式为：

$$P_D = 0.052 \cdot d^2 \tag{4-40}$$

高分子强力缆因其柔软无扭的特性，不会产生二次和三次应力，工作拉力可以取到破断拉力的80%——动力的影响，即：

$$P_{Dg} = 0.8P_D \tag{4-41}$$

设系缆的水平拉力为 F，通过对公式（4-39）至式（4-41）进行推导，可以得出高分子强力缆的直径应为：

$$d = \sqrt{23.45F} \tag{4-42}$$

式中，d——高分子强力缆的标称直径，单位（mm）；

W_D——高分子强力缆的线密度，单位（t/m）；

P_D——高分子强力缆的破断拉力，单位（t）；

P_{Dg}——高分子强力缆动力，单位（t）。

4.2.1.3　水鼓主锚分析模型

为适应大深度锚泊的需要，水鼓的主锚可采用大抓力锚。

忽略水鼓及锚缆所受到的水流力，则水鼓主锚所受的拉力即系缆的水平拉力为 F。在锚抓底后所给出的抓力与锚重之比 H_d/W_a 称为锚抓力系数，常用 λ_a 表示，根据其定义则有：

$$W_a = F/\lambda_a \tag{4-43}$$

式中，λ_a 为锚抓力系数，在实际使用中为大抓力锚，取值为4~8；

W_a 为空气中锚重，单位（t）；

H_d 为锚抓力即系缆水平拉力 F，单位（t）。

4.2.1.4　水鼓锚缆直径与长度分析模型

设水鼓布设海域水深 h，水鼓所受水平拉力 F，水鼓锚缆采用半硬钢缆，并保证卧底缆长为100 m，则水鼓锚缆直径和长度的分析逻辑流程如图4-22所示。

由图4-22可知，由于水鼓锚缆采用半硬钢缆，其空间形状为悬链线，故在水鼓锚缆直径与长度分析中需要采用悬链线理论进行研究。

（1）悬链线锚缆特性分析

如图4-23所示为单点系泊系统模型。其中，$A-O$ 段弧线为悬链线锚缆，A 点矩形为水鼓，$\overline{AD}$ 段系缆为高分子强力缆，用于连接水鼓与作业船舶；$A-O$ 段锚缆下端与海底相切于 O 点（即卧底缆长为零），上缆端系于水鼓 A 点，D 点为系船点。

已知条件有：

a. 水深为 h（这里系指救捞船系缆点至海底的距离），l 为水鼓锚缆长，S 为水鼓锚缆的水平投影长度，θ 为水鼓锚缆上端点切线方向与水平面的夹角；

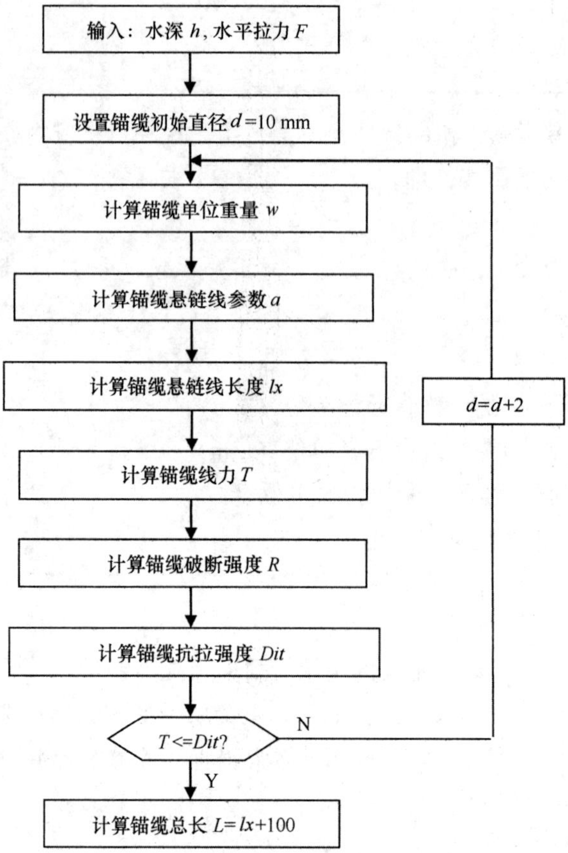

图 4-22　水鼓锚缆长度分析逻辑流程图

b. 由于 $\overline{AD}$ 段系缆始终漂浮于水面，因此 $\overline{AD}$ 段缆绳的作用是把 D 点的受力传递到 A 点，所以 A 点和 D 点的受力相同；

c. 水鼓的受力包括三个：水平拉力 T_h 、竖直方向的浮力 T_V 以及悬链线锚缆的拉力 T 。

利用上述已知条件，并参照图 4-23 和图 4-24 可以对悬链线锚缆的特性进行分析。

因水鼓所受浮力 T_v 等于锚缆水中总重量，而水平拉力 T_h 等于海底锚的水平抓力，它在锚缆中各点均为常值，故有：

$$\begin{cases} T\sin\theta = \omega l = T_v \\ T\cos\theta = T_h \end{cases} \tag{4-44}$$

式中，ω 为锚缆在水中的单位长度重量。

将公式（4-44）中的二式相除并求导一次可得到悬链曲线的微分方程：

$$\frac{(\mathrm{d}^2y/\mathrm{d}x^2)}{\sqrt{1+(\mathrm{d}y/\mathrm{d}x)^2}} = \frac{\omega}{T_h} \tag{4-45}$$

将上式积分二次得到锚链曲线方程，即为悬链线方程：

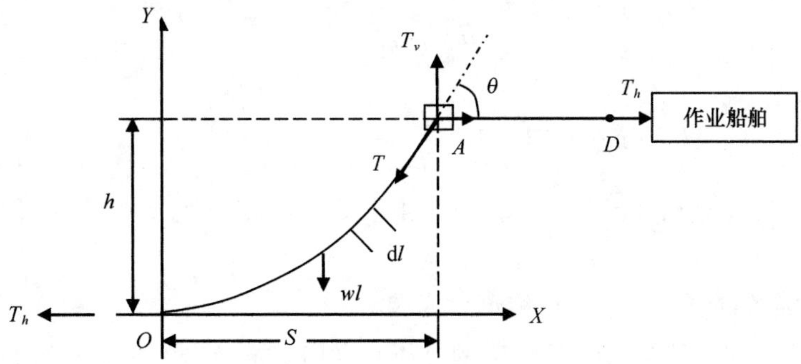

图 4-23　单锚缆静力模型图

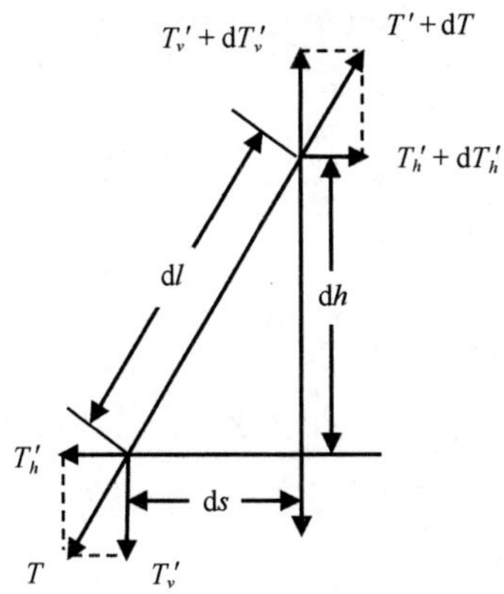

图 4-24　水鼓锚缆局部受力图

$$y = a(\operatorname{ch}\frac{x}{a} - 1) \tag{4-46}$$

对于上端点 A 当 $x = s$ 时，有 $y = h$ ，即：

$$h = a(\operatorname{ch}\frac{s}{a} - 1)$$

式中，a 为悬链线参数，$a = T_H/\omega$ 。

根据式（4-46），并通过力的平衡分析和演算可得到给定状态下锚缆各状态参数之间的一组关系式：

$$T_h = a\omega = \frac{\omega h}{2}[(\frac{l}{h})^2 - 1] \tag{4-47}$$

$$s = a\operatorname{ch}^{-1}(1 + \frac{h}{a}) \tag{4-48}$$

$$l = a\operatorname{sh}\frac{s}{a} = h\sqrt{1 + \frac{2a}{h}} = \sqrt{h^2 + 2ah} \tag{4-49}$$

$$T = \omega(h + a) \tag{4-50}$$

$$\theta = \cos^{-1}\frac{T_h}{T} \tag{4-51}$$

$$l - s = h\sqrt{1 + \frac{2a}{h}} - a\mathrm{ch}^{-1}(1 + \frac{h}{a}) \tag{4-52}$$

在水深 h 、锚缆直径 d 已知的条件下，由公式（4–47）水平拉力 T_h 便可决定全部锚缆状态参数。

（2）水鼓锚缆直径与长度分析模型

通过上一小节对锚缆悬链线的理论的分析，利用其推导出的参数计算公式可以对单点系泊系统中水鼓锚缆直径和长度进行分析。

根据公式（4–47）和式（4–50）计算上缆端张力 T：

$$T = \omega(h + a) = \omega h + F \tag{4-53}$$

锚缆采用半硬钢缆，其破断强度公式为：

$$R = 4.848 \cdot d^2 \cdot 10^{-2} \tag{4-54}$$

而且半硬钢缆每米重量公式：

$$\omega = 3.5 \cdot d^2 \cdot 10^{-6} \tag{4-55}$$

锚缆在实际使用过程中，其抗拉强度取：

$$Dit = \gamma \cdot R \tag{4-56}$$

式中，ω ——锚缆在水中的单位长度重量；

R ——破断强度，单位（t）；

d ——钢缆直径，单位（mm）；

Dit ——抗拉强度，单位（t）；

γ ——许用系数，取 0.25。

根据上述分析，利用公式（4–47）、式（4–49）、式（4–53）至式（4–56）便可对锚缆的直径和长度进行分析计算，其计算流程如图 4–22 所示。

4.2.1.5 水鼓尺寸分析模型

水鼓的功能是利用其自身的净浮力来承担锚链重量，并保证一定的干舷高度（一般在 0.5~0.7 m）。由于船舶系泊水鼓需要有人员登鼓系缆，还要满足一定的平稳性要求，其工作时的定倾中心高度必须达到一定的数值；考虑到作业船舶有碰撞水鼓的可能性，水鼓还要有一定的抗沉性，通常情况下，采用内部隔舱的结构形式，保证一舱进水而水鼓不沉。通过对现有使用水鼓的调查，陀螺型水鼓的使用范围最广，数量最多[19]，如图 4–25 所示。

目前，常用水鼓适用于水深相对较浅、风浪较小的海区；而在大深度远海条件下，系泊力可能会较大，常用水鼓可能不再满足救捞工作要求；此时，保证水鼓具备一定的干舷高度进行水鼓尺寸论证，对水鼓进行计算设计以满足救捞工作要求，就是要进行的研究工作。

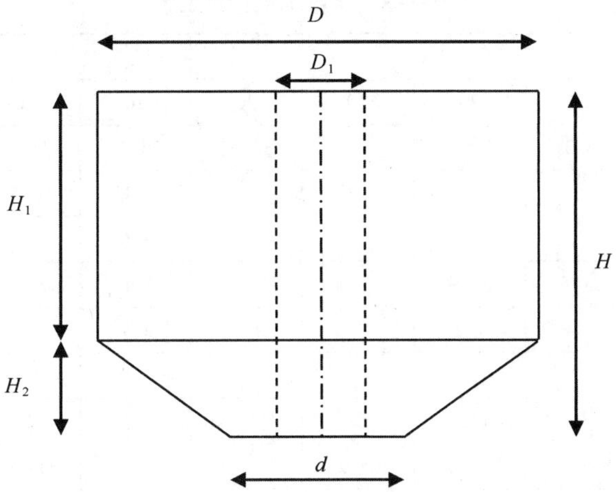

图 4-25　鼓体形式

某水鼓母型几何尺寸为[20]：水鼓下端圆台高度 H_2 为常数 500 mm、下底直径 d 与水鼓高度 H 之比 d/H 约为 0.55，水鼓锚链孔直径 D_1 为常数 500 mm，水鼓直径 D 与水鼓高 H 的比值 D/H 约为 1.82，水鼓空气中重量（包括压载重量）与水鼓高 H 的比值大约为 0.025，则水鼓净浮力计算模型如下：

$$F_{sg} = (\pi(D/2)^2 - \pi(D_1/2)^2) \cdot (H_1 - 0.7) + \frac{1}{3}(\pi(D/2)^2 - \pi(d/2)^2) \cdot H_2 - \pi(D_1/2)^2 \cdot H_2 - W_{sg} \tag{4-57}$$

式中，H——水鼓高，单位（m）；

H_1——水鼓圆柱部分高，单位（m）；

H_2——水鼓下端圆台高，单位（m）；

D——水鼓直径，单位（m）；

F_{sg}——水鼓净浮力，单位（t）；

w_{sg}——水鼓空气中重量，取 $W_{sg} \approx 0.025H$，单位（t）。

由公式（4-57）可知，水鼓净浮力 F_{sg} 只和水鼓高 H 有关，水鼓其他参数都和水鼓高 H 成比例系数关系；因此根据上节中所计算出锚缆的悬缆长后，并得出锚缆其他参数，利用公式（4-57）即可确定水鼓的各尺寸参数。

4.2.1.6　基于水鼓的单点系泊系统配系研究

通过对基于水鼓的单点系泊系统模型的研究，已经建立了系泊系统中各配系的分析模型，可对上述单点系泊系统配系分析模型进行编程，其程序的计算流程如图 4-26 所示。

根据上述基于水鼓的单点系泊系统分析和计算流程，分别设置水深为 50 m、100 m、150 m、200 m，水鼓受到的水平拉力分别为 10 t、20 t、30 t、40 t 情况下进行计算，主要包括水鼓参数、锚缆参数、锚重和连接系统直径，结果如表 4-5、表 4-6 所示。

表 4-5　水鼓配系计算表 1

水深（m）		50				100			
水平拉力（t）		10	20	30	40	10	20	30	40
高分子缆直径（mm）		15. 31	21. 65	26. 52	30. 62	15. 31	21. 65	26. 52	30. 62
水鼓锚重（t）		1. 25	2. 5	3. 75	5	1. 25	2. 5	3. 75	5
水鼓参数	总高（m）	1. 5	1. 7	1. 8	1. 9	1. 6	1. 8	1. 9	2. 1
	上端直径（m）	2. 73	3. 09	3. 27	3. 45	2. 91	3. 27	3. 45	3. 82
	圆柱段高度（m）	1	1. 2	1. 3	1. 4	1. 1	1. 3	1. 4	1. 6
	吃水（m）	0. 8	1	1. 1	1. 2	0. 9	1. 1	1. 2	1. 4
锚缆参数	直径（mm）	30	42	52	58	30	42	52	60
	悬链长度（m）	565. 65	571. 34	565. 23	585. 00	803. 06	811. 09	802. 48	803. 06
	总长度（m）	665. 65	671. 34	665. 23	685. 00	903. 06	911. 09	902. 48	903. 06
	张力（t）	10. 15	20. 30	30. 47	40. 58	10. 3	20. 61	30. 94	41. 26

说明：指水鼓和救捞船之间的连接系缆，采用高分子强力缆，又称迪尼玛缆绳。

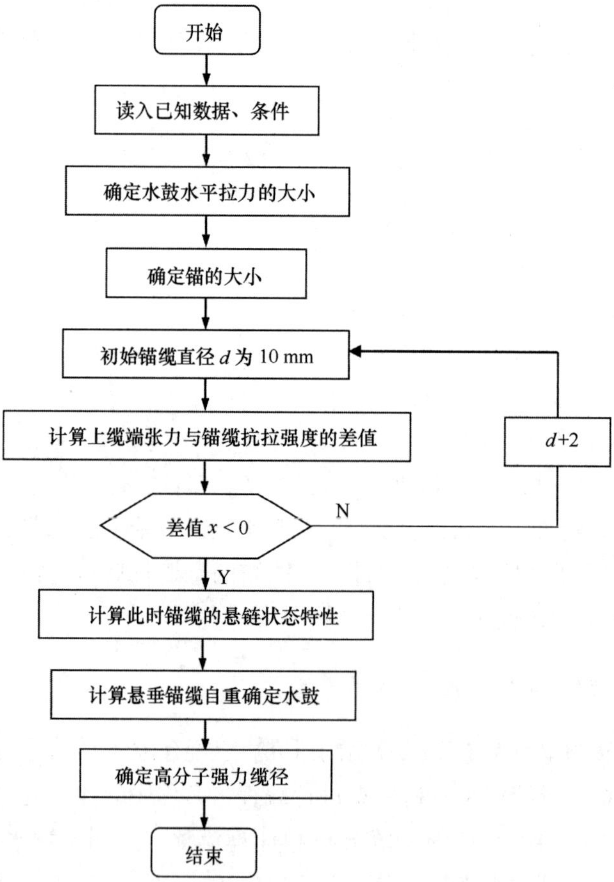

图 4-26　单点系泊系统配系计算流程图

表 4-6 水鼓配系计算表 2

水深（m）		150				200			
水平拉力（t）		10	20	30	40	10	20	30	40
高分子缆直径（mm）		15.31	21.65	26.52	30.62	15.31	21.65	26.52	30.62
水鼓锚重（t）		1.25	2.5	3.75	5	1.25	2.5	3.75	5
水鼓参数	总高（m）	1.6	1.9	2	2.2	1.7	1.9	2.1	2.3
	上端直径（m）	2.91	3.45	3.64	4.00	3.09	3.45	3.82	4.18
	圆柱段高度（m）	1.1	1.4	1.5	1.7	1.2	1.4	1.6	1.8
	吃水（m）	0.9	1.2	1.3	1.5	1	1.2	1.4	1.6
锚缆参数	直径（mm）	30	42	52	60	30	42	52	60
	悬链长度（m）	987.36	997.15	986.64	987.36	1 144.48	1 155.74	1 143.66	1 144.48
	总长度（m）	1 087.36	1 097.15	1 086.64	1 087.36	1 244.48	1 255.74	1 243.66	1 244.48
	张力（t）	10.47	20.92	31.41	41.89	10.63	21.23	31.89	42.52

从表 4-5、表 4-6 中可知，连接系缆直径、水鼓锚缆直径和张力、水鼓锚重、水鼓尺寸相对于水深变化没有相对于水平拉力变化敏感，而水鼓锚缆缆长仅相对于水深敏感。因此，可将与水深变化不敏感的参数取相对大值，作为水鼓使用的配系，并考虑装备的实际，各相应参数取较大“整数”，得到水鼓配系如表 4-7、表 4-8 所示。

表 4-7 水鼓配系表 1

水平拉力（t）		10	20	30	40
高分子缆直径（mm）		16	22	27	31
水鼓锚重（t）		1.5	2.5	4	5
水鼓参数	总高（m）	1.7	1.9	2.1	2.3
	上端直径（m）	3.1	3.5	3.9	4.2
	圆柱段高度（m）	1.2	1.4	1.6	1.8
锚缆参数	直径（mm）	30	42	52	60
	张力（t）	10.63	21.23	31.89	42.52

表 4-8 水鼓配系表 2

水深（m）		50	100	150	200
锚缆参数	悬链长度（m）	585.00	803.06	987.36	1 144.48
	总长度（m）	700.00	900.00	1 100.00	1 300.00

在救捞船采用基于水鼓抛锚进行实际作业场布置时，即可根据作业现场的水深、水鼓受水平拉力值，选用表 4-7、表 4-8 中水鼓配系参数，选择参数相近的已有水鼓进行布场。

4.2.2 基于水鼓的救捞船多点系泊作业场稳定性分析方法研究

基于水鼓的救捞船多点系泊系统是救捞船通过在船四周分布多个水鼓，并将缆绳系于多个水鼓上进行定位。根据此定义可以给出一个基于水鼓的系泊结构图，如图 4-27 所示，图中箭头代表锚，圆圈代表水鼓，中间为救捞船。

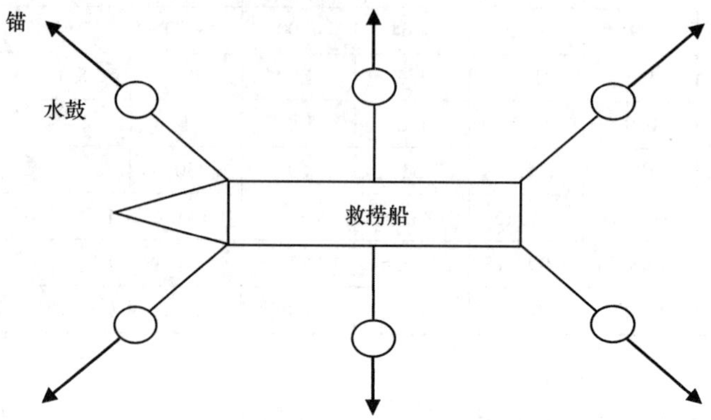

图 4-27　多点系泊系统示意图

基于水鼓的救捞船多点系泊系统定位效果较佳，但其系泊力往往较大。这是因为多点系泊状态的浮体受到锚系的约束较强，无法顺着外力较自由地移动，因而作用于浮体的外力通常较大。另外，如果多点系泊锚系中各个锚缆之间的张角较大，也会导致较大的锚缆张力。因此，锚缆张力和定位效果是多点系泊系统分析中的两个关键问题。那么，如何用合理的方法解决好这两个问题将是需要着重研究的。

系泊缆索张力及运动的计算方法主要有静力法和动力法两种。

静力分析法通常多在实际工程设计中采用，即是在系泊系统的分析中，把系泊缆索模拟为一静力部件，即缆索力仅由端点位置、缆索力学特性和外部定常扰动所决定，利用静平衡的方法来计算锚泊线的有关参数以及锚泊线的张力，而且静力分析法具有简单实用的优点，且在多数情况下可满足工程应用的要求。因此，很多研究都利用了静力分析法进行研究。

由于在大部分情况下，静力分析法采用准定常模型进行分析，对不定常外界环境诱导力的作用并没有考虑进来，并据此来确定系泊缆索的设计力，这一力不应超过某处缆索的断裂强度。但事实上，在准定常力与缆索许用强度或断裂强度之间应留有一定的余量，以承受附加于准定常力上的动力力，并补偿实际缆索强度的某种不确定性的影响，这就是动力分析法，它主要是考虑了外力变化的时间连续性。这种动力性取决于锚泊线的非线性，即结构的几何非线性、外力的非线性以及边界条件的非线性，该方法多用于理论研究。由于静力分析法较简单实用，在工程中应用也较为广泛，因此，这里采用静力分析法进行。

4.2.2.1　基于水鼓的救捞船多点系泊系统稳定性分析总体思路

基于水鼓的救捞船多点系泊系统如图 4-28 所示，此图中系泊形式为单船前后呈“八”字形的四只水鼓布场形式；在实际中，对于单船布场形式还有：前后各抛一只水鼓的布场形式，前面抛两水鼓后面抛一个水鼓的“丁”字形布场形式以及前后各抛三只水鼓的布场形式；而多船布场形式则是在单船布场形式的基础上，调整作业船之间的相对位置来达到最佳布场效果。

如图 4-28 所示，水鼓按一定角度分布于救捞船周围，水鼓锚缆呈悬链线形式分别系泊于各水鼓底部；然后，在救捞船和水鼓各着缆点处用连接缆（高分子强力缆，可漂浮于水面之上）进行连接，且各缆均已收紧到某一预张力状态。若此时受到外力作用，救捞船将变动到虚线所示位置，各缆下部切点 a、b、c、d 亦将变动，变动后的位置为 a_1、b_1、c_1、d_1；图中，标记 1 号的 $i-q-d$ 段锚缆中，$\overline{iq}$ 段锚缆为水鼓到系船点之间的连接缆；$q-d$ 段锚缆为水鼓锚缆，标记 2、3、4 号锚缆的连接组成和 1 号锚缆相同。

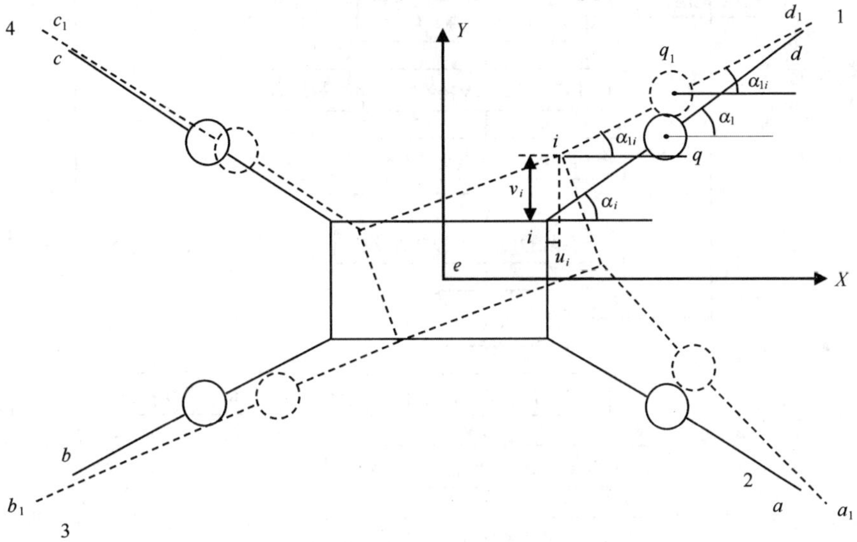

图 4-28　救捞船水鼓型锚泊系统

本节的研究目的就是要在已建立的基于水鼓的单点系泊系统模型和多点锚泊系泊系统模型的基础上，建立基于水鼓的救捞船多点系泊系统模型，并利用该模型，对救捞作业场稳定性进行分析，为作业场布置提供依据。该模型的分析流程如图 4-29 所示。

如图 4-29 所示，在救捞船所受外力、水深、水鼓锚缆直径及水鼓锚缆预张力的初始参数确定以后，即可开始进行分析。首先，由水鼓锚缆的预张力确定各水鼓锚缆的状态参数，并在外力条件下分析作业船位移以及水鼓锚缆缆端位移大小；其次，水鼓锚缆缆端位移确定以后，即可对各水鼓锚缆在缆端发生缆端位移后的新的各水鼓锚缆特性参数进行确定；最后，各水鼓锚缆特性参数确定以后，利用各水鼓锚缆受力确定系泊系统锚泊力的合

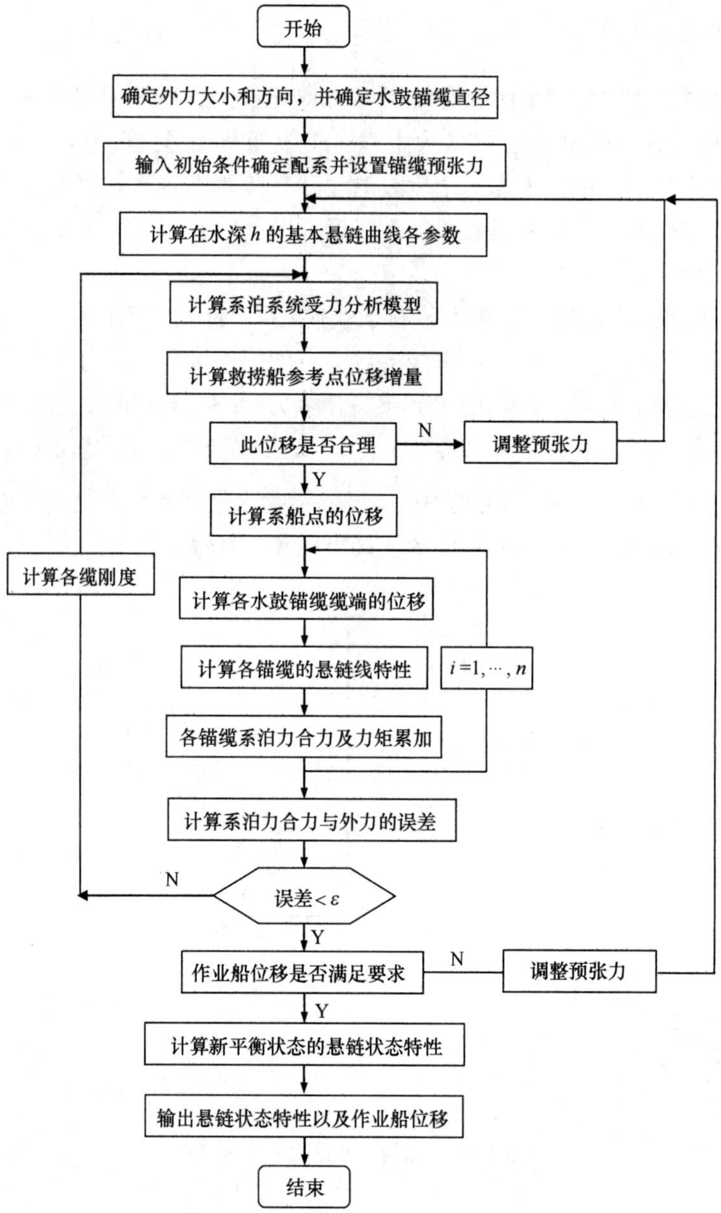

图 4-29　基于水鼓的多点系泊系统模型分析流程图

力，并将此合力与救捞船所受外力进行分析校核，判断系泊系统是否达到稳定。下面就通过理论分析与推导来建立基于水鼓的救捞船系泊系统模型。

4.2.2.2　基于水鼓的救捞船多点系泊系统受力与位移的分析模型

在初始水鼓锚缆的预张力条件下，系泊系统处于平衡状态，当受到外力作用后，救捞船发生位移变化，将使得各水鼓锚缆的缆端发生位移，使得各水鼓锚缆产生了附加的回复力来达到与外力的平衡，本节中要研究建立的是当系泊系统在外力作用下恢复平衡时产生的系泊系统受力与救捞船位移计算模型。

（1）系泊系统受力与位移分析总体模型

如图 4-28 所示，图中实线为系泊系统在初始水鼓锚缆预张力条件下的作业场位置。在此时的作业场位置图中建立固定坐标系 OXY（将此坐标系称为船坐标系），并在救捞船上任取一点 e 作为位移参考点，将作用于救捞船各部位的已知水平力对 e 点合成，可得到救捞船外力在 e 点处的静力等效值：

$$\{F_0\} = [F_X,\ F_Y,\ M_Z]^T \tag{4-58}$$

设此外力导致救捞船参考点 e 的位移分量为：

$$\{D_e\} = [u_e,\ v_e,\ \varphi_e]^T \tag{4-59}$$

各救捞船系缆点 i 将获得位移分量为：

$$\{D_i\} = \begin{bmatrix} u_i \\ v_i \end{bmatrix} = \{\lambda_i\}\{D_e\} = \begin{bmatrix} u_e - \varphi_e \cdot \Delta Y_i \\ v_e + \varphi_e \cdot \Delta X_i \end{bmatrix} \tag{4-60}$$

公式（4-60）中 $\{\lambda_i\}$ 为坐标转换矩阵，其表达式为：

$$\{\lambda_i\} = \begin{bmatrix} 1 & 0 & -\Delta Y_i \\ 0 & 1 & \Delta X_i \end{bmatrix} \tag{4-61}$$

式中，$\begin{cases} \Delta X_i = X_i - X_e \\ \Delta Y_i = Y_i - Y_e \end{cases}$

以下对上述总体模型中的各项参数分析模型进行研究。

（2）水鼓锚缆单缆缆端位移后的受力分析

如图 4-28 所示，图中标记的 1～4 号锚缆的受力分析原理是相同的，因此，在下面的推导中就以 1 号锚缆为例进行分析。

由于受外力作用，水鼓锚缆的缆端发生位移，因此，水鼓锚缆缆端将向水鼓提供附加的单缆回复力 $\{F_q\}$，并考虑到锚缆悬链线平面坐标系与固定坐标系（OXY）之间的转换关系，可得：

$$\{F_q\} = \begin{bmatrix} f_{xq} \\ f_{yq} \end{bmatrix} = \{K_q\}\begin{bmatrix} u_q \\ v_q \end{bmatrix} = \{K\}\{D_q\} \tag{4-62}$$

式中，$\{K_q\}$ 为水鼓锚缆相对于救捞船的刚度系数；$\{D_q\} = \begin{bmatrix} u_q \\ v_q \end{bmatrix}$ 为水鼓锚缆缆端位移。

公式（4-62）中水鼓锚缆对救捞船的刚度贡献 $\{K\}$，根据坐标系的变换关系有：

$$\{K_q\} = \{t\}^T \begin{bmatrix} (k_{xx})_q & 0 \\ 0 & 0 \end{bmatrix} \{t\} \tag{4-63}$$

$$\{t\} = \begin{bmatrix} -\cos\alpha_i & -\sin\alpha_i \\ \sin\alpha_i & -\cos\alpha_i \end{bmatrix} \tag{4-64}$$

式中，α_i 为水鼓锚缆的布锚方向角；$(k_{xx})_q$ 为水鼓锚缆在其悬链线平面内的刚度系数。

令 $\left.\begin{aligned} l_i &= -\cos\alpha_i \\ m_i &= -\sin\alpha_i \end{aligned}\right\}$，于是有：

$$\{K_q\} = (k_{xx})_q \begin{bmatrix} l_i^2 & l_i m_i \\ l_i m_i & m_i^2 \end{bmatrix} \tag{4-65}$$

由于连接救捞船系缆点和水鼓的 $\overline{iq}$ 段连接缆采用高分子强力缆，由于此高分子强力缆密度比水要小，可漂浮于水面之上；同时各连接缆一直都处于受力状态，相对于系泊系统的受力位移运动，可将连接缆看做刚性缆，而且，在图 4-28 中，可认为连接缆 $\overline{iq}$ 和水鼓锚缆 $q-d$ 在位移过程中不存在夹角，即两端锚缆一直处于同一直线。因此，水鼓锚缆缆端附加的单缆回复力 $\{F_q\}$ 对救捞船系缆点产生的拉力 $\{F_i\}$ 有：

$$\{F_q\} = \{K_q\}\{D_q\} = \{F_i\} \tag{4-66}$$

将 $\{F_i\}$ 向救捞船运动参考点 e 简化为静力等效力 $\{F_i^e\}$，其关系为：

$$\{F_i^e\} = \begin{Bmatrix} F_{xi}^e \\ F_{yi}^e \\ M_{Zi}^e \end{Bmatrix} = \{\lambda_i\}^T\{F_i\} \tag{4-67}$$

将公式（4-61）、公式（4-65）与公式（4-66）代入公式（4-67）得：

$$\begin{aligned} \{F_i^e\} &= \{\lambda_i\}^T\{K_q\}\{D_q\} \\ &= \begin{bmatrix} 1 & 0 \\ 0 & 1 \\ -\Delta Y_i & \Delta X_i \end{bmatrix} \begin{bmatrix} k_q l_i^2 & k_q l_i m_i \\ k_q l_i m_i & k_q m_i^2 \end{bmatrix} \begin{bmatrix} u_q \\ v_q \end{bmatrix} \end{aligned} \tag{4-68}$$

式中，k_q 为 $(k_{xx})_q$ 的简写形式。

公式（4-68）中水鼓缆端位移 $\{D_q\} = \begin{bmatrix} u_q \\ v_q \end{bmatrix}$ 是未知的，需要由系船点位移 $\{D_i\}$ 计算得出，下面即对其进行分析推导。

（3）水鼓锚缆单缆缆端位移的计算

为了计算水鼓锚缆的缆端位移，需要进行坐标系的建立。将坐标系的 X 轴放置于图 4-28中的 $d-q-i$ 锚缆之上，将水鼓锚缆与海底的切点 d 设为原点（将此坐标系称为水鼓锚缆坐标系）。那么，关于水鼓锚缆缆端位移后的水鼓锚缆位置如图 4-30 所示。

在图 4-30 中，$d-q-i$ 段锚缆为水鼓锚缆在初始预张力条件下的锚缆位置，其中，$\overline{iq}$ 为连接缆；$q-d$ 锚缆为水鼓锚缆。当系泊系统受外力作用发生位移以后，锚缆新的平衡位置为 $d_1-q_1-i_1$，其中，$\overline{i_1q_1}$ 为连接缆，q_1-d_1 锚缆为水鼓锚缆，水鼓锚缆与海底切点为 d_1。对于连接缆，由于其一直受力漂浮于水面之上，因此在移动过程中长度不发生变化，假设 $\overline{iq}$ 长为 L'。

下面分析推导水鼓缆端在系统发生位移后，由初始水鼓锚缆平衡位置 $q-d$ 移位到新的平衡位置 q_1-d_1 时的水鼓锚缆的缆端位移。

在船坐标系中（如图 4-28 所示），对于夹角为 α_i（α_i 为锚缆的布锚方向角）的锚缆，其锚缆系船点 i 的位移为 $\{D_i\} = \begin{bmatrix} u_i \\ v_i \end{bmatrix}$，当水鼓锚缆缆端发生位移后，缆端由 q 移至 q_1 时，则水鼓锚缆的缆端位移为 $\{D_q\} = \begin{bmatrix} u_q \\ v_q \end{bmatrix}$，这就是本节中需要解决的问题。

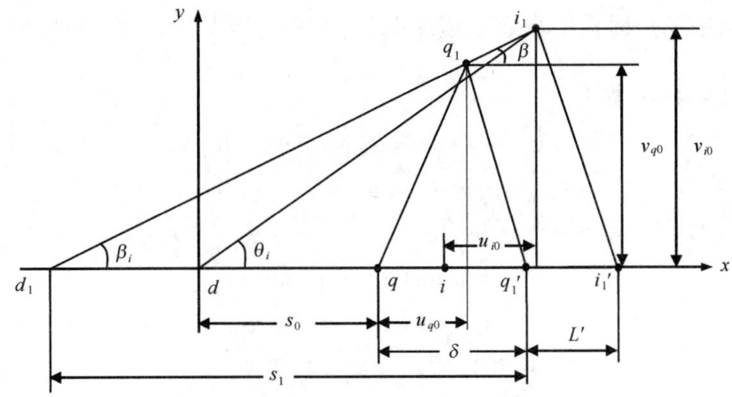

图 4-30　缆端位移后的锚缆位置图（俯视图）

在水鼓锚缆坐标系中（如图 4-30 所示），其锚缆系船点 i 的位移为 $\{D_{i0}\} = \begin{bmatrix} u_{i0} \\ v_{i0} \end{bmatrix}$。因为坐标系建立的不同，那么在两坐标系中的 i 点的位移 $\{D_i\}$ 和 $\{D_{i0}\}$ 按照坐标系旋转规律，由如下关系决定：

$$
\begin{aligned}
u_{i0} &= u_i \cdot \cos \alpha_{i1} + v_i \cdot \sin \alpha_{i1} \\
v_{i0} &= - u_i \cdot \sin \alpha_{i1} + v_i \cdot \cos \alpha_{i1}
\end{aligned}
\tag{4 - 69}
$$

式中，$\alpha_{i1} = \pi + \alpha_i$。

在水鼓锚缆坐标系中（如图 4-30 所示），水鼓锚缆的缆端位移为 $\{D_{q0}\} = \begin{bmatrix} u_{q0} \\ v_{q0} \end{bmatrix}$，由公式（4-69）在求出 $\{D_{i0}\} = \begin{bmatrix} u_{i0} \\ v_{i0} \end{bmatrix}$ 以后，可对 $\{D_{q0}\} = \begin{bmatrix} u_{q0} \\ v_{q0} \end{bmatrix}$ 计算如下：

a. 当 $v_{i0} \geqslant 0$ 时，有 $u_{q0} = L' - L' \cdot \cos \beta_i + u_{i0}$

b. 当 $v_{i0} < 0, L'\cos \beta_i - u_{i0} \leqslant L'$ 时，有 $u_{q0} = L' - L' \cdot \cos \beta_i + u_{i0}$

c. 当 $v_{i0} < 0, L'\cos \beta_i - u_{i0} > L'$ 时，有 $u_{q0} = L' - L' \cdot \cos \beta_i + u_{i0}$

d. $v_{q0} = v_{i0} - L' \cdot \sin \beta_i$

因此，在图 4-30 水鼓锚缆坐标系中，水鼓锚缆缆端位移 $\{D_{q0}\} = \begin{bmatrix} u_{q0} \\ v_{q0} \end{bmatrix}$ 是：

$$
\begin{aligned}
u_{q0} &= L' - L' \cdot \cos \beta_i + u_{i0} \\
v_{q0} &= v_{i0} - L'\sin \beta_i
\end{aligned}
\tag{4 - 70}
$$

从图 4-30 中可以看出，若平台的水平位移不是很大，则可足够准确地认为 $\beta_i = \theta_i$，其计算公式为：

$$\theta_i = \arctan \frac{v_{i0}}{s_0 + u_{i0} + L'} = \beta_i \tag{4-71}$$

此式中 s_0，u_{i0}，v_{i0}是上一次迭代时的值。

当求出水鼓锚缆坐标系中水鼓锚缆缆端位移 $\{D_{q0}\} = \begin{bmatrix} u_{q0} \\ v_{q0} \end{bmatrix}$ 后，即可根据坐标系旋转公式，参照公式（4-69）有：

$$\begin{aligned} u_{q0} &= u_q \cdot \cos \alpha_{i1} + v_q \cdot \sin \alpha_{i1} \\ v_{q0} &= - u_q \cdot \sin \alpha_{i1} + v_q \cdot \cos \alpha_{i1} \end{aligned} \tag{4-72}$$

经过计算可得：

$$\begin{aligned} u_q &= u_{q0}\cos \alpha_{i1} - v_{q0}\sin \alpha_{i1} \\ v_q &= u_{q0}\sin \alpha_{i1} + v_{q0}\cos \alpha_{i1} \end{aligned} \tag{4-73}$$

将公式（4-69）和公式（4-70）代入公式（4-73）有：

$$\begin{aligned} u_q &= L'[\cos(\alpha_i + \beta_i) - \cos \alpha_i] + u_i \\ v_q &= L'[\sin(\alpha_i + \beta_i) - \sin \alpha_i] + v_i \end{aligned} \tag{4-74}$$

或

$$\{D_q\} = \begin{Bmatrix} u_q \\ v_q \end{Bmatrix} = \begin{Bmatrix} L'[\cos(\alpha_i + \beta_i) - \cos \alpha_i] + u_i \\ L'[\sin(\alpha_i + \beta_i) - \sin \alpha_i] + v_i \end{Bmatrix} = \begin{Bmatrix} L'[\cos(\alpha_i + \beta_i) - \cos \alpha_i] \\ L'[\sin(\alpha_i + \beta_i) - \sin \alpha_i] \end{Bmatrix} + \{D_i\}$$

在推导出船坐标系中水鼓锚缆缆端位移 $\{D_q\} = \begin{bmatrix} u_q \\ v_q \end{bmatrix}$ 之后，即可对水鼓锚缆单缆的受力情况进行分析。

（4）系泊系统的锚缆受力分析

计算出水鼓锚缆单缆的缆端位移后，就可以继续对水鼓锚缆的单缆进行受力分析，可将公式（4-74）代入公式（4-68）中得出系泊系统的水鼓锚缆单缆受力分析模型：

$$\begin{aligned} \{F_i^e\} &= \{\lambda_i\}^T\{K_q\}\{D_q\} \\ &= \begin{bmatrix} 1 & 0 \\ 0 & 1 \\ -\Delta Y_i & \Delta X_i \end{bmatrix} \begin{bmatrix} k_q l_i^2 & k_q l_i m_i \\ k_q l_i m_i & k_q m_i^2 \end{bmatrix} \begin{bmatrix} u_q \\ v_q \end{bmatrix} \\ &= \begin{bmatrix} 1 & 0 \\ 0 & 1 \\ -\Delta Y_i & \Delta X_i \end{bmatrix} \begin{bmatrix} k_q l_i^2 & k_q l_i m_i \\ k_q l_i m_i & k_q m_i^2 \end{bmatrix} \begin{bmatrix} u_i + L'[\cos(\alpha_i + \beta_i) - \cos \alpha_i] \\ v_i + L'[\sin(\alpha_i + \beta_i) - \sin \alpha_i] \end{bmatrix} \\ &= \begin{bmatrix} 1 & 0 \\ 0 & 1 \\ -\Delta Y_i & \Delta X_i \end{bmatrix} \begin{bmatrix} k_q l_i^2 & k_q l_i m_i \\ k_q l_i m_i & k_q m_i^2 \end{bmatrix} \begin{bmatrix} u_i \\ v_i \end{bmatrix} \end{aligned}$$

$$+\begin{bmatrix}1 & 0\\0 & 1\\-\Delta Y_i & \Delta X_i\end{bmatrix}\begin{bmatrix}k_q l_i^2 & k_q l_i m_i\\k_q l_i m_i & k_q m_i^2\end{bmatrix}\begin{bmatrix}L'[\cos(\alpha_i+\beta_i)-\cos\alpha_i]\\L'[\sin(\alpha_i+\beta_i)-\sin\alpha_i]\end{bmatrix}$$

$$=\{\lambda_i\}^T\{K_q\}\{\lambda_i\}\{D_e\}+\{\lambda_i\}^T\{K_q\}\{L_\theta\}$$

$$=\{K_i^e\}\{D_e\}+\{\lambda_i\}^T\{K_q\}\{L_\theta\} \tag{4-75}$$

公式（4-75）中 $\{L_\theta\}$ 的具体形式如下：

$$\{L_\theta\}=\begin{bmatrix}L'[\cos(\alpha_i+\beta_i)-\cos\alpha_i]\\L'[\sin(\alpha_i+\beta_i)-\sin\alpha_i]\end{bmatrix} \tag{4-76}$$

公式（4-75）中 $\{K_i^e\}$ 的具体形式如下：

$$\{K_i^e\}=\{\lambda_i\}^T\{K_q\}\{\lambda_i\}$$

$$=\begin{bmatrix}1 & 0\\0 & 1\\-\Delta Y_i & \Delta X_i\end{bmatrix}\begin{bmatrix}k_q l_i^2 & k l_i m_i\\k_q l_i m_i & k_q m_i^2\end{bmatrix}\begin{bmatrix}1 & 0 & -\Delta Y_i\\0 & 1 & \Delta X_i\end{bmatrix}$$

$$=\begin{bmatrix}Ik_{11i} & Ik_{12i} & Ik_{13i}\\Ik_{21i} & Ik_{22i} & Ik_{23i}\\Ik_{31i} & Ik_{32i} & Ik_{33i}\end{bmatrix} \tag{4-77}$$

式中，$Ik_{11i}=k_q l_i^2$

$Ik_{12i}=k_q m_i l_i$

$Ik_{13i}=-\Delta Y_i k_q l_i^2+\Delta X_i k_q m_i l_i$

$Ik_{21i}=k_q m_i l_i$

$Ik_{22i}=k_q m_i^2$

$Ik_{23i}=-\Delta Y_i k_q l_i m_i+\Delta X_i k_q m_i^2$

$Ik_{31i}=-\Delta Y_i k_q l_i^2+\Delta X_i k_q m_i l_i$

$Ik_{32i}=-\Delta Y_i k_q l_i m_i+\Delta X_i k_q m_i^2$

$Ik_{33i}=\Delta Y_i^2 k_q l_i^2-2\Delta X_i \Delta Y_i k_q l_i m_i+\Delta X_i^2 k_q m_i^2$

水鼓锚缆单缆在救捞船位移后，产生的回复力 $\{F_i\}$ 向救捞船运动参考点 e 简化后 $\{F_i^e\}$ 的表达式如公式（4-77）所示，此时，将系泊系统四个救捞船系缆点的水鼓锚缆回复力相对于参考点 e 的简化表达式相加，即应与外力平衡，则：

$$\{F_e\}=\sum_{i=1}^{4}\{F_i^e\}=\sum_{i=1}^{4}\{K_i^e\}\{D_e\}+\sum_{i=1}^{4}\{\lambda_i\}^T\{K_q\}\{L_\theta\}$$

$$=\{K_e\}\{D_e\}+\sum_{i=1}^{4}\{\lambda_i\}^T\{K_q\}\{L_\theta\} \tag{4-78}$$

式中，$\{K_e\}$ 为系统刚度矩阵，其计算公式为：

$$\{K_e\}=\sum_{i=1}^{4}\{K_i^e\}=\begin{bmatrix}ek_{11} & ek_{12} & ek_{13}\\ek_{21} & ek_{22} & ek_{23}\\ek_{31} & ek_{32} & ek_{33}\end{bmatrix},\ ek_{jk}=\sum_{i=1}^{4}Ik_{jki} \tag{4-79}$$

整个系泊系统的受力分析完成以后，就可以根据公式（4-78）对救捞船的位移进行计算。

（5）救捞船位移的数值计算

整个系泊系统的受力分析完成以后，即可对救捞船位移进行计算。根据公式（4-78）所示，在给定水鼓锚缆预张力以及锚缆布锚角的情况下，根据各水鼓锚缆的初态，根据公式（4-63）可以求出水鼓锚缆相对于救捞船的刚度系数 $\{K_q\}$ ，根据公式（4-79）可以求出系统刚度矩阵 $\{K_e\}$ ，根据公式（4-76）计算 $\{L_\theta\}$ ，此时，即可利用公式（4-78）计算救捞船参考点 e 的位移 $\{D_e\}$ 。

如前所述，水鼓锚缆相对于救捞船的刚度系数 $\{K_q\}$ 和系统刚度矩阵 $\{K_e\}$ 的值依赖于水鼓锚缆张力 T，而水鼓锚缆张力 T 又随救捞船参考点 e 的位移 $\{D_e\}$ 而变化，所以系泊力合力不可能一次与外力 $\{F_e\}$ 平衡，式（4-78）的求解是一个迭代的逐次近似过程，如图4-29所示。此时，一旦得到满足某一精度要求的救捞船参考点 e 位移 $\{D_e\}$ 的值，便可根据公式（4-60）求出救捞船上各系缆点的位移 $\{D_i\}$ ，进一步根据公式（4-74）求出各水鼓锚缆缆端位移 $\{D_q\}$ ，从而逐一求出各水鼓锚缆在新状态的参数。

由公式（4-78）可计算出作业船参考点 e 每次迭代的位移量为：

$$[D_e]=\begin{bmatrix}u_e\\ v_e\\ \phi_e\end{bmatrix}=[K_e]^{-1}\left\{\{F_e\}-\sum_{i=1}^{4}\{\lambda_i\}^T\{K_q\}\{L_\theta\}\right\}$$

$$=\frac{1}{|K_e|}\begin{bmatrix}ak_{11} & ak_{21} & ak_{31}\\ ak_{12} & ak_{22} & ak_{32}\\ ak_{13} & ak_{23} & ak_{33}\end{bmatrix}\begin{bmatrix}F_x+mpf_x-L'B_1\\ F_y+mpf_y-L'B_2\\ M_z+mpm-L'B_3\end{bmatrix} \tag{4-80}$$

式中，$|K_e|$ 为矩阵 $[K_e]$ 的行列式

$$|K_e|=ek_{11}ek_{22}ek_{33}+ek_{12}ek_{23}ek_{31}+ek_{13}ek_{21}ek_{32}-ek_{13}ek_{22}ek_{31}-ek_{12}ek_{21}ek_{33}-ek_{11}ek_{23}ek_{32}$$

$$ak_{11}=(ek_{22}ek_{33}-ek_{32}ek_{23})$$

$$ak_{12}=-(ek_{21}ek_{33}-ek_{23}ek_{31})$$

$$ak_{13}=(ek_{21}ek_{32}-ek_{22}ek_{31})$$

$$ak_{21}=-(ek_{12}ek_{33}-ek_{13}ek_{32})$$

$$ak_{22}=(ek_{11}ek_{33}-ek_{13}ek_{31})$$

$$ak_{23}=-(ek_{11}ek_{32}-ek_{12}ek_{31})$$

$$ak_{31}=(ek_{12}ek_{23}-ek_{13}ek_{22})$$

$$ak_{32}=-(ek_{11}ek_{23}-ek_{13}ek_{21})$$

$$ak_{33}=(ek_{11}ek_{22}-ek_{12}ek_{21})$$

$$gg_i=\cos(\alpha_i+\beta_i)-\cos\alpha_i$$

$$hh_i=\sin(\alpha_i+\beta_i)-\sin\alpha_i$$

$$B_1=\sum_{i=1}^{4}(k_q l_i^2 gg_i+k_q m_i l_i hh_i)$$

$$B_2 = \sum_{i=1}^{4} (k_q l_i m_i gg_i + k_q m_i^2 hh_i)$$

$$B_3 = \sum_{i=1}^{4} [- \Delta Y_i(k_q l_i^2 gg_i + k_q l_i m_i hh_i) + \Delta X_i(k_q l_i m_i gg_i + k_q m_i^2 hh_i)]$$

对公式（4-80）进行化解，则作业船参考点 e 每次迭代的位移量分别为：

$$u_e = [ak_{11}(F_x + mpf_x - L'B_1) + ak_{21}(F_y + mpf_y - L'B_2) + ak_{31}(M_z + mpm - L'B_3)] * \frac{1}{|K_e|}$$

$$v_e = [ak_{12}(F_x + mpf_x - L'B_1) + ak_{22}(F_y + mpf_y - L'B_2) + ak_{32}(M_z + mpm - L'B_3)] * \frac{1}{|K_e|}$$

$$\varphi_e = [ak_{13}(F_x + mpf_x - L'B_1) + ak_{23}(F_y + mpf_y - L'B_2) + ak_{33}(M_z + mpm - L'B_3)] * \frac{1}{|K_e|} \tag{4-81}$$

则救捞船离开原位置的实际位移为：

$$\begin{cases} X_e = X_e + u_e \\ Y_e = Y_e + v_e \\ \phi_z = \phi_z + \phi_e \end{cases} \tag{4-82}$$

如图 4-28 所示，在求出救捞船参考点 e 位移 $\{D_e\}$ 的值后，便可根据公式（4-60）求解救捞船上各系缆点的位移 $\{D_i\}$，进一步根据公式（4-74）求出各水鼓锚缆缆端位移 $\{D_q\}$，此时即可对各水鼓锚缆在缆端发生位移后的新的状态参数进行求解，这个问题就是下面要研究的内容。

4.2.2.3　救捞船位移后各水鼓锚缆特性参数的计算分析模型

救捞船发生位移后，各水鼓锚缆缆端也将同时发生位移，从而各水鼓锚缆的锚泊特性参数都将发生变化，需要对此进行分析计算，以便为下一次的平衡位置计算提供初值，或当救捞船位置已平衡时，作为各水鼓锚缆的锚泊特性参数的最终值。

（1）各水鼓锚缆缆端位移的计算

当救捞船参考点 e 位移 $\{D_e\}$ 计算出以后，根据公式（4-60）各系船点的每次迭代位移为：

$$\{D_i\} = \begin{Bmatrix} u_i \\ v_i \end{Bmatrix} = [\lambda_i]\{D_e\} \tag{4-83}$$

即：

$$\begin{cases} u_i = u_e - (Y_i - Y_{eo})\phi_e \\ v_i = v_e + (X_i - X_{eo})\phi_e \end{cases} \tag{4-84}$$

式中，点 (X_i, Y_i) 为锚缆系船点相对于救捞船参考点的坐标，点 (X_{eo}, Y_{eo}) 为作业船参考点的初始位移，在船坐标系中即为（0，0）。

各系船点的迭代位移确定以后，各水鼓锚缆缆端的迭代位移根据公式（4-74）有：

$$\{D_q\}=\begin{Bmatrix}u_q\\v_q\end{Bmatrix}=\begin{bmatrix}L'[\cos(\alpha_i+\beta_i)-\cos\alpha_i]+u_i\\L'[\sin(\alpha_i+\beta_i)-\sin\alpha_i]+v_i\end{bmatrix}=\begin{bmatrix}L'\cdot gg_i\\L'\cdot hh_i\end{bmatrix}+\{D_i\} \quad (4-85)$$

求解出各水鼓锚缆缆端位移后，即可对水鼓锚缆的新的特性参数进行分析计算。

(2) 水鼓锚缆位移后的特性参数变化分析

如图 4-30 所示，现将锚缆 $d_1-q_1-i_1$ 绕 d_1 点转动与 $d-q-i$ 锚缆在 X 轴上重合，此时锚缆 $d_1-q_1-i_1$ 的新位置为 $d_1-q_1'-i_1'$。

图 4-30 为锚缆的俯视图，为了对水鼓锚缆缆端位移后的新的特性参数进行分析，需要建立新的坐标系。将水鼓锚缆与海底的切点 d 设为原点，$d-q-i$ 锚缆所在平面为坐标平面，如图 4-31 所示。

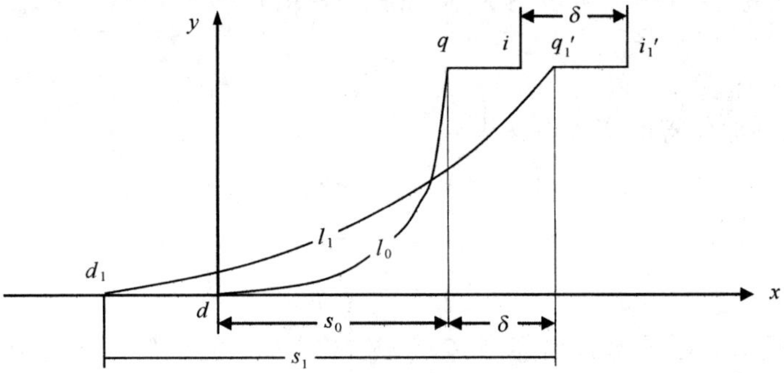

图 4-31 缆端位移后的锚缆位置图（侧视图）

如图 4-31 所示，设位移前水鼓锚缆悬缆线长度为 l_0，悬链线投影场为 s_0；位移后水鼓锚缆悬缆线长度为 l_1，悬链线投影长为 s_1；缆端位移和系船点位移都是 δ。则缆端位移前后的悬缆线长度增量 l_1-l_0，就是悬缆线在海底提上或落下的部分长度 $\overline{dd_1}$。即：

$$\overline{dd_1}=l_1-l_0 \quad (4-86)$$

根据图 4-31，则有：

$$(l_1-l_0)+s_0+\delta=s_1 \quad (4-87)$$

即，$l_1-s_1=(l_0-s_0)-\delta$

将式（4-48）、式（4-49）代入式（4-87），计算得：

$$f(a)=h\sqrt{1+\frac{2a}{h}}-a\cdot ch^{-1}(1+\frac{h}{a})=(l_0-s_0)-\delta \quad (4-88)$$

式中，l_0、s_0 为水鼓锚缆上一次迭代时的悬缆长及相应的水平投影长（为已知量）。

此时，公式（4-88）中有两个未知量，悬链线参数 a 和缆端位移 δ，求出其中一个参数，另一个参数也可以确定；而根据图 4-30 缆端位移 δ 是可以求解的，分析过程如下。

假若平台的水平位移不是很大，由图 4-30，可足够准确地认为：

$$\delta=dq_1'-s_0\approx dq_1-s_0=\sqrt{s_0^2+r^2-2s_0r\cos(\angle dqq_1)}-s_0 \quad (4-89)$$

式中，$r=\sqrt{u_q^2+v_q^2}$。

公式（4-89）中此时有一个未知量 $\angle dqq_1$，下面就对此未知量进行分析推导。

由图4-30可知，要想求解未知量 $\angle dqq_1$，只需要求出水鼓锚缆缆端在图4-30水鼓锚缆坐标系中的位移即可，即 $\{D_{q0}\} = \begin{bmatrix} u_{q0} \\ v_{q0} \end{bmatrix}$；而由上一小节的分析，已得出了水鼓锚缆缆端位移 $\{D_q\}$，因此根据公式（4-69）有：

$$\begin{aligned} u_{q0} &= u_q \cdot \cos\alpha_{i1} + v_q \cdot \sin\alpha_{i1} \\ v_{q0} &= - u_q \cdot \sin\alpha_{i1} + v_q \cdot \cos\alpha_{i1} \end{aligned} \tag{4 - 90}$$

式中，$\alpha_{i1} = \pi + \alpha_i$。

因此 $\angle dqq_1$ 角的大小为：

$$\begin{cases} \angle dqq_1 = \dfrac{\pi}{2} - \mathrm{tg}^{-1}\left(\dfrac{u_{q0}}{v_{q0}}\right) & v_{q0} < 0 \\ \angle dqq_1 = \mathrm{tg}^{-1}\left(\dfrac{u_{q0}}{v_{q0}}\right) + \dfrac{\pi}{2} & v_{q0} > 0 \\ \angle dqq_1 = 0 \quad u_{q0} < 0 & v_{q0} = 0 \\ \angle dqq_1 = \pi \quad u_{q0} > 0 & v_{q0} = 0 \\ \delta = 0 \quad u_{q0} = 0 & v_{q0} = 0 \end{cases} \tag{4 - 91}$$

由公式（4-91）计算出角 $\angle dqq_1$ 的值以后，即可利用公式（4-89）求解出缆端位移 δ，而且 l_0、s_0 为水鼓锚缆上一次迭代时的悬缆长及相应的水平投影长，则公式（4-88）等号右边 $(l_0 - s_0) - \delta$ 部分为是一个大于零的常数，设 $(l_0 - s_0) - \delta = CS > 0$，则公式（4-88）可写成如下形式：

$$f(a) = h\sqrt{1 + \frac{2a}{h}} - a \cdot \mathrm{ch}^{-1}\left(1 + \frac{h}{a}\right) = CS \tag{4 - 92}$$

此时，公式（4-92）是一个只含一个未知量悬链线参数 a 的超越函数，可利用对分法对该函数进行求解。下面给出解超越函数的算法：

给定函数 $f(x) = h\sqrt{1 + \dfrac{2x}{h}} - x \cdot \mathrm{ch}^{-1}\left(1 + \dfrac{h}{x}\right) - CS$，自变量区间为（$x\mathrm{min}$，$x\mathrm{max}$），求解方程 $f(x) = 0$。假设 $f(x_0) = 0$

a. 首先确定自变量区间

由公式（4-47）可知，$a = \dfrac{T_h}{\omega}$，因此取 $x\mathrm{min} = 0.01$，$x\mathrm{max} = 1000\dfrac{\sqrt{F_x^2 + F_y^2}}{\omega}$。

b. 计算 $x = (x\mathrm{min} + x\mathrm{max})/2$

c. 计算 $f(x)$

(a) 若 $|f(x)| < 0.001$，则 $x_0 = x$，已经求出满足方程的解，停止计算；否则转到(b)。

(b) 若 $f(x) > 0$，而且 $f(x\mathrm{min}) < 0$，则 $x \Rightarrow x\mathrm{max}$，并转到b；

若 $f(x) > 0$，而且 $f(x\mathrm{min}) > 0$，则 $x \Rightarrow x\mathrm{min}$，并转到b。

若$f(x)<0$，则转到c。

（c）若$f(x)<0$，而且$f(x\min)>0$，则$x \Rightarrow x\max$，并转到b；

若$f(x)<0$，而且$f(x\min)<0$，则$x \Rightarrow x\min$，并转到b。

利用上述算法计算出悬链线刚性参数a后，即可利用锚缆其他参数进行计算，从而计算锚泊力合力，来进行锚泊合力与外力的误差分析。

4.2.2.4 系统锚泊力合力与外力平衡的分析方法

如图4-28所示，在救捞船位移后，锚缆在船坐标系中的角度由α_i变成了α_{1i}；而且，在上节中，已经推导出了救捞船位移后各水鼓锚缆特性参数，因此系泊系统锚缆的合力为：

$$\begin{cases} mpf_x = \sum_{i=1}^{4} T_{hi} \cdot \cos \alpha_{1i} \\ mpf_y = \sum_{i=1}^{4} T_{hi} \cdot \sin \alpha_{1i} \\ mpm = \sum_{i=1}^{4} (-T_{hi} \cdot \cos \alpha_{1i} \cdot Y_i + T_{hi} \cdot \sin \alpha_{1i} \cdot X_i) \end{cases} \tag{4-93}$$

式中，T_{hi}为水鼓锚缆的缆端水平拉力；α_{2i}为救捞船位移后锚缆的方向角；(X_i, Y_i)为锚缆系船点相对于救捞船参考点的坐标；mpf_x为锚泊力合力在船坐标系中的纵向合力；mpf_y为锚泊力合力在船坐标系中的横向合力；mpm为锚泊力合力在船坐标系中的合力矩。

由公式（4-93）即可计算出系泊系统锚缆的合力，但是锚缆角α_{1i}还是未知量，下面就对此未知量做出分析推导。

如图4-28所示，将此图中坐标系原点移动到水鼓锚缆的缆端q点处，两坐标轴方向不变，坐标系移动后的位置如图4-32所示。水鼓锚缆上端点由q移至q_1，水鼓锚缆与海底的切点由d移至d_1时。

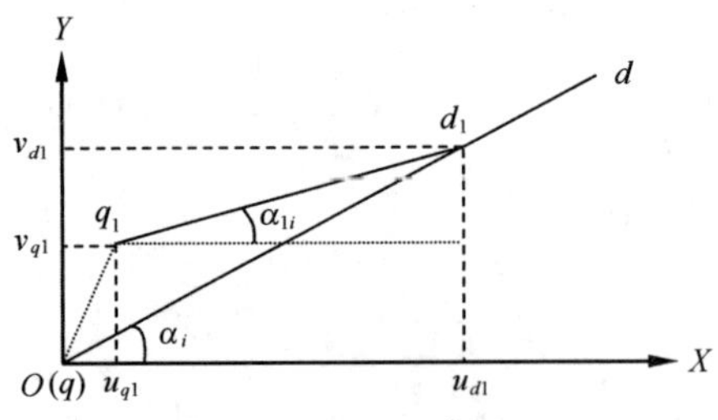

图4-32　锚缆夹角示意图

则d_1在图4-32中的坐标为：

$$\begin{aligned} u_{d1} &= (s-\delta)\cos \alpha_i \\ v_{d1} &= (s-\delta)\sin \alpha_i \end{aligned} \tag{4-94}$$

式中，s是由上节计算出的移位后水鼓锚缆的悬缆投影长；δ由公式（4-89）确定。

利用 d_1 和 q_1 两点的坐标，可以对新锚缆线与水平方向夹角 α_{1i} 计算如下：

$$\alpha_{1i} = \begin{cases} \mathrm{tg}^{-1}\left(\dfrac{v_{d1} - v_{q1}}{u_{d1} - u_{q1}}\right) & u_{d1} \geqslant 0 \\ \mathrm{tg}^{-1}\left(\dfrac{v_{d1} - v_{q1}}{u_{d1} - u_{q1}}\right) - \pi & u_{d1} < 0 \quad v_{d1} \leqslant 0 \\ \mathrm{tg}^{-1}\left(\dfrac{v_{d1} - v_{q1}}{u_{d1} - u_{q1}}\right) + \pi & u_{d1} < 0 \quad v_{d1} > 0 \end{cases} \tag{4-95}$$

计算出锚缆角 α_{1i} 后，就可以计算出系泊系统锚缆的合力；然后对锚缆合力与外力的误差分析，并保证误差在一定范围之内。判断此误差如公式（4-96）所示：

$$\begin{aligned} \| mpf_x | - | F_x \| &< 0.1 \\ \| mpf_y | - | F_y \| &< 0.1 \\ \| mpm | - | M_z \| &< 5 \end{aligned} \tag{4-96}$$

如果公式（4-96）结果为真，也就是说误差满足要求，则此时各锚缆的参数就是最终的系泊系统的各配系的设计参数；如果公式（4-96）结果为假，说明误差超出限定的范围，即可将此时的各锚缆特性参数代入下节重新计算，直到误差满足要求为止。

4.2.2.5　基于水鼓的多点系泊系统校核方法分析

通过前面分析与推导，建立了基于水鼓的救捞船多点系泊系统分析模型，模型建立后，救捞船在预定风浪条件下是否能够保证船位稳定还需要做进一步的校核。基于水鼓的多点系泊系统稳定性校核的内容主要有以下四项：

a. 水鼓锚缆卧底缆长校核；

b. 水鼓锚缆强度校核；

c. 水鼓、定位锚稳定性校核；

d. 救捞船位移校核。

下面就对上述四项内容的校核方法进行分析。

（1）水鼓锚缆卧底缆长校核

为保证水鼓定位锚的稳定性，水鼓锚缆长度要满足卧底缆长的要求，否则会大幅降低锚抓力。一般要求卧底缆长不能小于 100 m，按此要求对水鼓锚缆卧底缆长进行校核。

当系泊系统在外力作用下，系统受力达到平衡以后，各水鼓锚缆的特性参数在 4.2.1.4 节中已经求出，其悬缆长可由公式（4-49）进行计算；而系统所配备的水鼓锚缆长度是已知的，当悬缆长求出以后，配备的水鼓锚缆长与悬缆长的差值就是系统在外力作用下平衡后的卧底缆长，根据上述卧底缆长的要求即可对水鼓锚缆卧底缆长进行校核。

（2）水鼓锚缆强度校核

当系泊系统在外力作用下的系统受力达到平衡以后，各水鼓锚缆的特性参数利用 4.2.1.4 节的分析即可求出。其中，水鼓锚缆的缆端张力利用公式（4-50）求出；水鼓锚缆的抗拉强度可由公式（4-56）进行计算；如果缆端张力小于抗拉强度，则水鼓锚缆的强度满足要求，而如果缆端张力大于抗拉强度，则水鼓锚缆的强度不满足要求，此时应增大水鼓锚缆的锚缆直径。

(3) 水鼓定位锚稳定性校核

救捞船船位的稳定是通过各水鼓定位锚锚位的稳定来保证的，因此，船位的稳定性校核就是对各水鼓定位锚的稳定性进行校核。水鼓定位锚位置稳定与否，取决于水鼓定位锚所受锚缆的拉力和定位锚入土所产生的抓力。当所有水鼓的定位锚锚拉力小于锚最大抓力时，定位锚锚位稳定，而救捞船船位也是稳定的；否则，定位锚将发生走锚，锚位失去稳定性，进而导致救捞船船位失去稳定性。

定位锚所受锚缆的拉力是风、流、浪外力作用在救捞船上，引起救捞船位置的移动，进而引发锚缆位形和张力变化，并进一步传递到定位锚上，从而对定位锚产生拉力。因此，在系统受外力平衡后，可由 4. 2. 3. 3 节计算出各水鼓锚缆的特性参数；其中，水鼓锚缆缆端的水平分力即水鼓定位锚所受的拉力，此拉力可由公式（4-47）求出；而锚提供的抓力可由公式（4-43）求出；如果定位锚提供的抓力大于定位锚缆缆端的水平分力，则锚位是稳定的；否则，则需要增加锚重以满足要求。

(4) 救捞船位移校核

在系统受外力平衡后，公式（4-82）的值即救捞船最终的位移。目前，对于救捞船多点系泊定位后其允许的位移没有统一的标准，应由作业场布置方案设计人员根据救捞船特点和作业要求确定，一般应在 10 m 以内。由此，即可对救捞船的位移进行校核，如果救捞船位移超出范围，可增加水鼓锚缆的预张力返回到 4. 2. 3. 2 节重新计算。

4. 2. 3 基于水鼓和定位锚的救捞船多点系泊系统稳定性分析方法研究

基于水鼓和定位锚的救捞船混合系泊系统的典型配置如图 4-33 所示。此图中系泊形式为单船前后呈“八”字形的布场形式；其中，1 号和 3 号锚缆采用系水鼓定位，2 号和 4 号锚缆则直接抛定位锚进行定位。

如图 4-33 所示，对 1 号和 3 号锚缆采用系水鼓方式定位的模型分析已在 4. 2. 2 节给出，而 2 号和 4 号直接抛锚进行定位的模型分析在 4. 1 节中也已给出。结合这两种模型，分析与建立基于水鼓和定位锚的救捞船多点系泊系统分析模型，计算流程图如图 4-34 所示。

如图 4-34 所示，在救捞船所受外力、水深、水鼓锚缆直径以及水鼓锚缆预张力、定位锚锚缆直径以及定位锚锚缆预张力的初始参数确定以后，即可开始对模型进行分析。

首先，在确定水鼓锚缆和定位锚锚缆的预张力后，即可确定各锚缆的状态参数，并在外力条件下分析作业船位移以及水鼓锚缆缆端和定位锚锚缆缆端位移大小；其次，4 条锚缆缆端位移确定以后，即可对各水鼓锚缆和定位锚锚缆在缆端发生缆端位移后的新的各锚缆特性参数进行确定；最后，各锚缆特性参数确定以后，利用各锚缆受力确定系泊系统锚泊力的合力，并将此合力与救捞船所受外力进行校核，判断系泊系统是否达到稳定。下面就通过理论分析与推导来建立基于水鼓和定位锚的救捞船多点系泊系统模型。

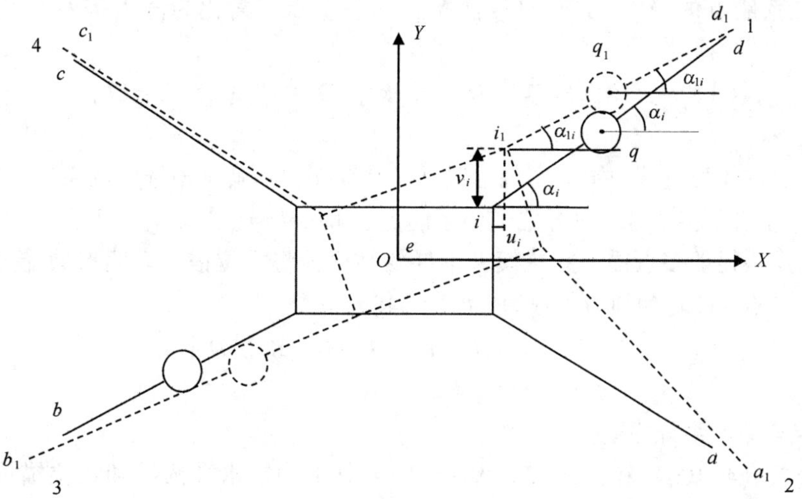

图 4-33　救捞船混合型锚泊系统

4.2.3.1　系泊系统受力与位移的分析模型

在水鼓锚缆和定位锚锚缆的初始预张力作用下，系泊系统处于平衡状态，当受到外力作用后，救捞船发生位移变化，将使得水鼓锚缆和定位锚锚缆的缆端发生位移，各锚缆产生了附加的回复力来达到与外力的平衡。本小节研究建立当系泊系统在外力作用下恢复平衡时所产生的救捞船位移的分析模型。

（1）系泊系统受力与位移分析总体模型

如图 4-33 所示，实线为系泊系统在初始锚缆预张力条件下的作业场位置图。在此时的作业场位置图中建立固定坐标系 OXY（将此坐标系称为船坐标系），并在救捞船上任取一点 e 作为位移参考点，将作用于救捞船各部位的已知水平力对 e 点合成，可得到救捞船外力在 e 点处的静力等效值：

$$\{F_0\} = [F_X,\ F_Y,\ M_Z]^T \tag{4-97}$$

设此外力导致救捞船参考点 e 的位移分量为：

$$\{D_e\} = [u_e,\ v_e,\ \phi_e]^T \tag{4-98}$$

各救捞船系缆点 i 将获得位移分量为：

$$\{D_i\} = \begin{bmatrix} u_i \\ v_i \end{bmatrix} = \{\lambda_i\}\{D_e\} = \begin{bmatrix} u_e - \phi_e \cdot \Delta Y_i \\ v_e + \phi_e \cdot \Delta X_i \end{bmatrix} \tag{4-99}$$

以下对上述总体模型中的各项参数分析模型进行研究。

（2）锚缆单缆缆端位移后的受力分析

如图 4-33 所示，1 号和 3 号是水鼓锚缆，2 号和 4 号是定位锚锚缆，两者的受力分析是不同的，下面分别对其进行分析。

对于 1 号和 3 号水鼓锚缆缆端位移后的受力分析在 4.2.3.3 节中已给出了推导，将水鼓定位锚对系船点的受力 $\{F_i\}$ 向救捞船运动参考点 e 简化为静力等效力 $\{F_i^e\}$，其关系为：

$$\{F_i^e\} = \{\lambda_i\}^T\{K_q\}\{D_q\} = \{K_i^e\}\{D_e\} + \{\lambda_i\}^T\{K_q\}\{L_\theta\} \tag{4-100}$$

其中：$i = 1，3$。

对于 2 号和 4 号直接抛锚的定位锚锚缆，其缆端位移就是该锚缆的系船点位移，如图 4-33 所示，相当于将 1 号和 3 号锚缆中系船点 i 和水鼓锚缆缆端 q 点重合，使得连接缆缆长为零，利用救捞船多点锚泊系统模型推导的结论，将定位锚对系船点的受力 $\{F_i\}$ 向救捞船运动参考点 e 简化为静力等效力 $\{F_i^e\}$，其关系为：

$$\{F_i^e\} = \{\lambda_i\}^T\{K_q\}\{D_q\} = \{K_i^e\}\{D_e\} \tag{4-101}$$

式中，$i = 24$。

(3) 混合系泊系统锚缆受力分析

利用公式（4-100）和公式（4-101）即可分别确定水鼓锚缆和定位锚锚缆的受力，然后就可以确定混合系泊系统的受力分析，而且在救捞船受力位移后，系统重新处于静止状态时，所有着缆点的系泊力应与外力平衡，则：

$$\{F_e\} = \sum_{i=1}^{4}\{F_i^e\} = \sum_{i=1,\ 3}\{F_i^e\} + \sum_{i=2,\ 4}\{F_i^2\}$$

式中，$\sum\limits_{i=1,3}\{F_i^e\}$ 为水鼓锚缆在外力作用下产生的锚缆系泊力，如公式（4-100）所示；$\sum\limits_{i=2,4}\{F_i^e\}$ 为定位锚锚缆在外力作用下产生的锚缆系泊力，如公式（4-101）所示。将两部分的具体表达式代入有：

$$\begin{aligned}\{F_e\} &= \sum_{i=1}^{4}\{F_i^e\} = \sum_{i=1,\ 3}\{F_i^e\} + \sum_{i=2,\ 4}\{F_i^e\} \\ &= \sum_{i=1,\ 3}\{\{K_i^e\}\{D_e\} + \{\lambda_i\}^T\{K_q\}\{L_\theta\}\} + \sum_{i=2,\ 4}\{K_i^e\}\{D_e\} \\ &= \sum_{i=1}^{4}\{K_i^e\}\{D_e\} + \sum_{i=1,\ 3}\{\lambda_i\}^T\{K_q\}\{L_\theta\} \\ &= \{K_e\}\{D_e\} + \sum_{i=1,\ 3}\{\lambda_i\}^T\{K_q\}\{L_\theta\}\end{aligned} \tag{4-102}$$

整个系统的受力分析完以后，就可以根据公式（4-102）对救捞船的位移进行计算。

(4) 救捞船位移的计算

对公式（4-102）的计算与 4.2.3 节对救捞船位移的计算方法是相同的，都需要进行多次迭代才能得出救捞船位移的值。但是由公式（4-102）得出作业船参考点 e 每次迭代的位移量为：

$$\begin{aligned}[D_e] = \begin{bmatrix} u_e \\ v_e \\ \phi_e \end{bmatrix} &= [K_e]^{-1}\left\{\{F_e\} - \sum_{i=1、3}\{\lambda_i\}^T\{K_q\}\{L_\theta\}\right\} \\ &= \frac{1}{|K_e|}\begin{bmatrix} ak_{11} & ak_{21} & ak_{31} \\ ak_{12} & ak_{22} & ak_{32} \\ ak_{13} & ak_{23} & ak_{33} \end{bmatrix}\begin{bmatrix} F_x + mpf_x - L'B_1 \\ F_y + mpf_y - L'B_2 \\ M_z + mpm - L'B_3 \end{bmatrix}\end{aligned} \tag{4-103}$$

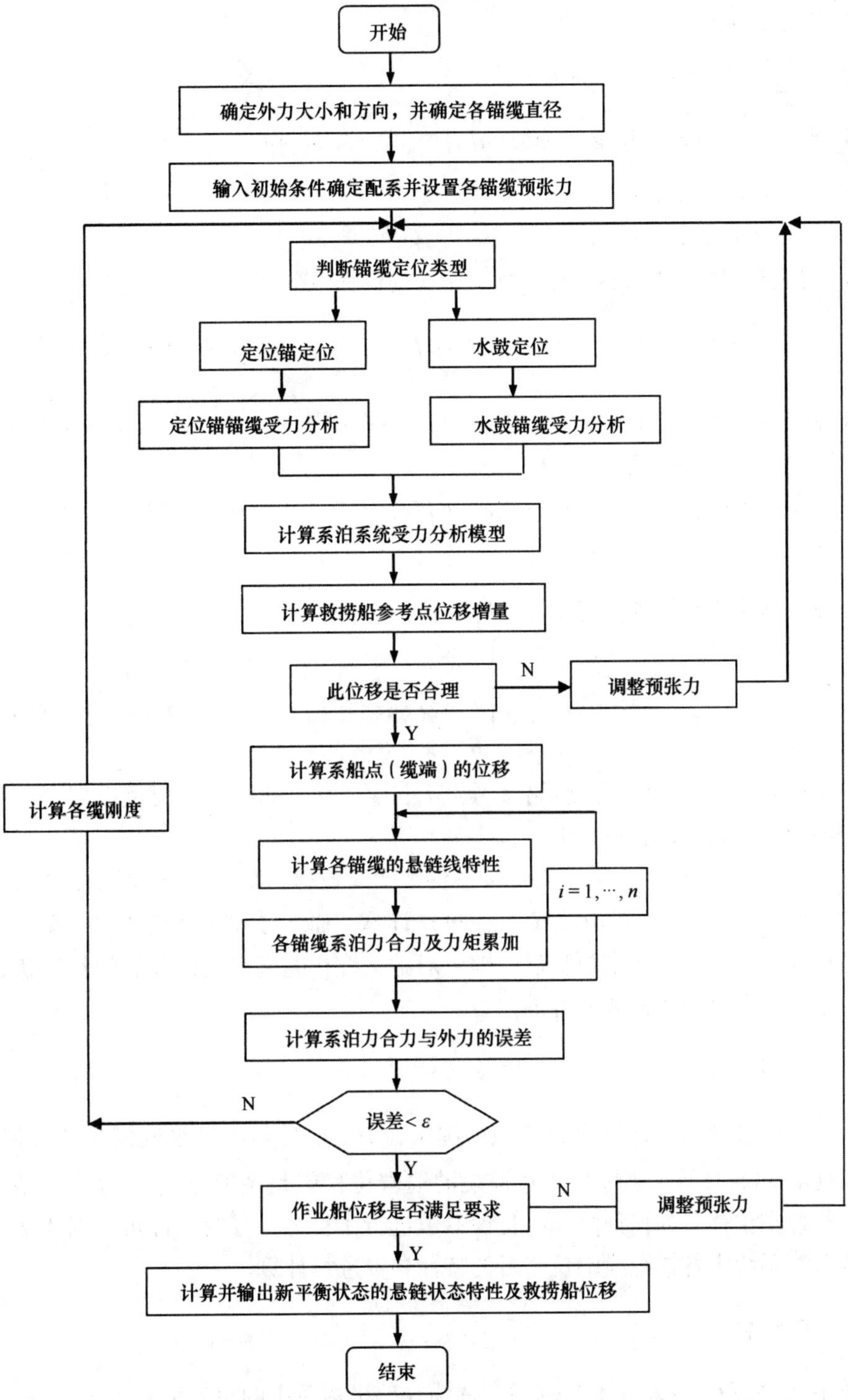

图 4-34　基于水鼓和定位锚的混合系泊系统模型分析流程图

式中，$B_1 = \sum_{i=1、3} (k_i l_i^2 gg_i + k_i m_i l_i hh_i)$

$B_2 = \sum_{i=1、3} (k_i l_i m_i gg_i + k_i m_i^2 hh_i)$

$B_3 = \sum_{i=1、3} [-\Delta Y_i(k_i l_i^2 gg_i + k_i l_i m_i hh_i) + \Delta X_i(k_i l_i m_i gg_i + k_i m_i^2 hh_i)]$

$gg_i = \cos(\alpha_i + \beta_i) - \cos\alpha_i$

$hh_i = \sin(\alpha_i + \beta_i) - \sin\alpha_i$

将上式展开，则作业船参考点 e 每次迭代的位移量分别为：

$$
\begin{aligned}
u_e &= [ak_{11}(F_x + mpf_x - L'B_1) + ak_{21}(F_y + mpf_y - L'B_2) + ak_{31}(M_z + mpm - L'B_3)] \cdot \frac{1}{|K_e|} \\
v_e &= [ak_{12}(F_x + mpf_x - L'B_1) + ak_{22}(F_y + mpf_y - L'B_2) + ak_{32}(M_z + mpm - L'B_3)] \cdot \frac{1}{|K_e|} \\
\phi_e &= [ak_{13}(F_x + mpf_x - L'B_1) + ak_{23}(F_y + mpf_y - L'B_2) + ak_{33}(M_z + mpm - L'B_3)] \cdot \frac{1}{|K_e|}
\end{aligned}
\tag{4-104}
$$

则作业船参考点离开原参考点 e 的实际位移为：

$$
\begin{cases}
X_e = X_e + u_e \\
Y_e = Y_e + v_e \\
\phi_z = \phi_z + \phi_e
\end{cases}
\tag{4-105}
$$

如图 4-34 所示，在求出救捞船参考点 e 位移 $\{D_e\}$ 的值后，便可根据公式（4-99）求解救捞船上各系船点的位移 $\{D_i\}$ 。

计算出系船点位移 $\{D_i\}$ 后，需计算各锚缆缆端位移，如图 4-33 所示，对于 1 号和 3 号水鼓锚缆缆端位移 $\{D_q\}$ 可由公式（4-74）计算，而 2 号和 4 号锚缆的缆端位移和系船点位移是相同的。求出各缆端位移后，即可对各锚缆在缆端发生位移后的新的状态参数进行求解，这个问题就是下面要研究的内容。

4.2.3.2 救捞船位移后各锚缆特性参数的计算

由上一节的推导已经计算出各锚缆的缆端位移，1 号和 3 号水鼓锚缆缆端位移 $\{D_q\}$ 可由公式（4-74）计算，2 号和 4 号锚缆的缆端位移就是系船点位移 $\{D_i\}$ 。在 4.2.2.3 节中已经对缆端位移后如何计算锚缆特性参数进行了推导，此时，即可根据 4.2.2.3 节分析对混合系泊系统中各锚缆缆端位移后的特性参数进行计算。

4.2.3.3 系统锚泊力合力与外力平衡的分析方法

如图 4-33 所示，在救捞船位移后，锚缆在船坐标系中的角度由 α_i 变成了 α_{1i} ；而且，在 4.2.4.2 节中，利用 4.2.2.3 节的结论可以推导出救捞船位移后各水鼓锚缆特性参数，而且系泊系统锚缆的合力即可用公式（4-93）进行计算，其中各参数可用 4.2.2.4 节的分析进行计算。

计算出系统锚泊力合力后，利用公式（4-95）即可对锚泊力合力与外力进行比较，判断系统是否达到平衡状态，如果已达到平衡状态，则此时的系统各参数为最终的状态参数，如果还未达到平衡，则需要进行迭代计算，使得系统达到平衡状态。

4.2.4　模型的验证分析

为保证所建立的模型方法在实际援救打捞作业场布置方案分析中使用的可靠性，对所建立的救捞船多点系泊系统稳定性分析模型对比实际工程进行验证是非常有必要的，而且通过实际工程验证可以对模型继续进行完善和改进。下面就利用实际工程中锚泊定位的实测数据对本文建立的方法与模型进行验证。

4.2.4.1　基于水鼓的救捞船多点系泊验证分析

在目前收集到的资料中，基于水鼓的多点系泊系统的实际工程数据非常少，但将基于水鼓的救捞船多点系泊系统分析模型中高分子缆的长度缩短为零时，就变成了多点锚泊定位模型。因此，多点锚泊定位是基于水鼓定位模型中的一种特例，通过实际工程中锚泊定位的实测数据对基于水鼓定位模型的验证也是很有价值的。

（1）基本情况

某救捞船使用定位锚布设多点系泊作业场，锚泊点水深 23 m，潮差 4 m，实测最大流速 2.35 kn，流向为回转流，海底底质为黏泥砂。在无风力作用的情况下，横向来流 90°、流速 2.0 kn 时，该救捞船开始走锚；该海区受季风影响较大，风力一般在 5~6 级、阵风 7 级，当风流同向时，走锚更为严重。

该救捞船锚泊系统基本配置如表 4-9 所示。该救捞船采用横风、流船位，抛 6 只锚的布场形式，锚泊方案的具体参数如表 4-10 所示。

表 4-9　锚泊系统配系表

项目		技术数据
定位锚	锚型	霍尔锚
	锚重（t）	3.50
	数量	4 只，备用 2 只
	锚缆直径（mm）	33.5
	锚缆长度（m）	每根长 1 100

表 4-10　锚泊系统布场方案

锚序号	锚型	锚重（t）	缆径（mm）	锚缆长（m）	锚向（°）
1	霍尔锚	3.50	33.5	850.00	45.00
2	霍尔锚	3.50	33.5	850.00	0.00
3	霍尔锚	3.50	33.5	850.00	290.00

续表

锚序号	锚型	锚重（t）	缆径（mm）	锚缆长（m）	锚向（°）
4	霍尔锚	3.50	33.5	850.00	250.00
5	霍尔锚	3.50	33.5	850.00	180.00
6	霍尔锚	3.50	33.5	850.00	135.00

（2）计算分析

使用所建立模型而开发的救捞船多点系泊系统稳定性分析软件，在上述锚泊方案下对该救捞船的锚位稳定性进行分析，分析结果如表 4-11 所示。

表 4-11　锚泊系统锚拉力计算

外力作用形式	环境条件			最大锚拉力（t）	单锚的锚抓力（t）	
	风级	浪级	流速		最小	最大
只计风、浪作用	5-	5-	0	7.97	7.50	12.00
	5-	5+	0	17.11	7.50	12.00
	5+	5-	0	9.60	7.50	12.00
	5+	5+	0	18.69	7.50	12.00
只计水流作用	0	0	2.0	5.44	7.50	12.00
	0	0	2.5	8.55	7.50	12.00
	0	0	3.0	12.15	7.50	12.00
风、流、浪作用	3+	3+	1.0	3.49	7.50	12.00
	3+	3+	1.5	5.16	7.50	12.00
	3+	3+	2.0	7.62	7.50	12.00
	4+	3+	1.0	4.52	7.50	12.00
	4+	3+	1.5	6.19	7.50	12.00
	4+	3+	2.0	8.61	7.50	12.00
	4+	4+	1.0	9.36	7.50	12.00
	4+	4+	2.0	13.39	7.50	12.00

注：a. 最大锚拉力指 6 只定位锚中受到水平拉力值最大的锚的水平锚拉力。

b. 风级、浪级中，数字后面的+、-号指其相应的参数取值取最大值或最小值。

根据情况介绍，该救捞船在作业现场实际发生走锚分为两种情况：

第一种情况：在无风力作用的情况下，横向来流 90°、流速 2.0 kn 时开始走锚；

第二种情况：该海区受季风影响较大，风力一般在 5～6 级、阵风 7 级，当风流同向时，走锚更为严重。

根据上述情况介绍，对比计算分析结果表明，计算结果与实际情况具有相当高的一致性。

a. 计算结果表明，当风级、浪级分别达到 3 级上限时，只要流速达到 2.0 kn，其锚位即存在着不稳定的可能。但海上实际是基本不存在完全无风情况的，而 3 级海况为常见的海况，这就说明：只要流速达到 2 kn，即使在比较低的海况条件下，仍然存在着走锚的可能性。这一结论与第一种实际情况是一致的。

b. 计算结果表明，当风级、浪级达到 5 级的下限时，该船即有走锚的可能性；而风级、浪级达到 5 级的上限时，该船将肯定发生走锚。因此，在风力达到 5~6 级，且又有一定海流流速的情况下，走锚将是非常严重的。这一结论与第二种实际情况是一致的。

因此，建立的基于水鼓的救捞船多点系泊作业场稳定性分析模型是合理的，可以用于指导实际工程方案的分析设计。

4.2.4.2　基于水鼓和定位锚的救捞船多点系泊验证分析

以实际的基于水鼓和定位锚的救捞船多点锚泊定位的实测数据对基于水鼓定位模型的验证是最有效的。

（1）基本情况

某救捞船采用水鼓和定位锚布设多点系泊作业场，其作业点水深为 39 m，海底底质为泥沙。该救捞船布场方案在风力 4 级，流速 0.7 kn，船右舷风流同向，底质为泥沙底，水深 39 m 时，锚位保持了稳定，如图 4-35 所示。

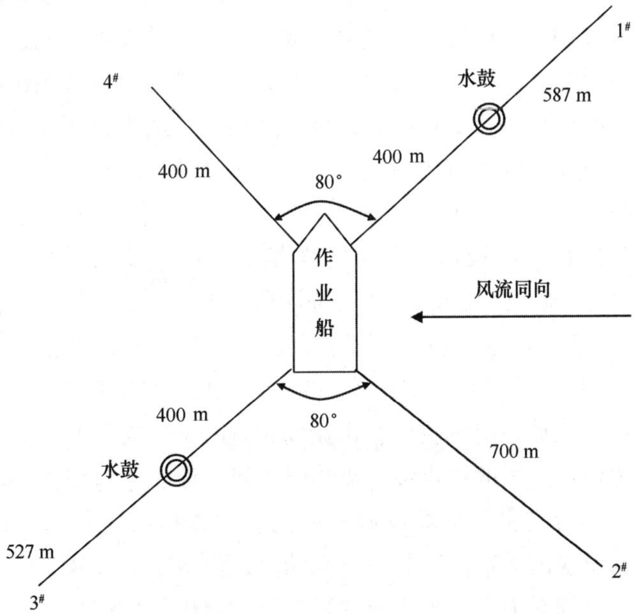

图 4-35　基于水鼓和定位锚的救捞船多点系泊布场方案

（2）计算分析

使用所建立模型而开发的基于水鼓和定位锚的救捞船多点系泊系统稳定性分析软件，在上述布场方案下对该救捞船的锚位稳定性进行分析，分析结果如表 4-12 所示。

表 4-12　锚位稳定性计算

锚序号	锚拉力（t）	锚缆抗拉强度（t）	锚缆缆端张力（t）	悬挂缆长（m）	卧底缆长（m）
1	4.05	21.4	4.26	248	339
2	18.25	38.7	18.62	388	312
3	16.88	21.4	17.07	500	27
4	5.37	38.7	5.73	213	187

从表 4-12 可以看出：

a. 锚拉力小于锚缆抗拉强度，因此锚缆强度满足要求；

b. 系泊系统配置中锚重 8 t，能承受最大拉力为 54 t，而计算结果最大为 18.25 t，因此锚拉力也满足要求；

c. 此时，锚缆预张力为 8.3 t，救捞船位移在 2 m 之内，满足作业船位移要求。

上述计算分析证明，所建立模型的计算分析结果和实际情况是相符的，可以用来指导实际工程方案分析设计。

4.3　救捞船动力定位能力评估

救捞船动力定位以两个方面的巨大优势正成为救捞船的发展方向，一是适用于大深度定位，二是作业场布设简单、快速。动力定位能力评估是动力定位系统设计中十分重要的环节，动力定位系统都必须进行定位能力分析。动力定位能力分析参考的依据主要有：国际标准《石油和天然气工业海上建筑物的特殊要求》第 7 部分：《浮动式海上建筑物和移动式海上设备的定位系统》（标准号：ISO19901-7-2005）、美国石油协会（API）的 RP 2SK 部分《浮式结构定位系统设计和分析的推荐做法》以及国际海事承包商协会（IMCA）的建议《动力定位能力曲线说明书》。设计单位或者厂家依据上述指导意见开发了自己的分析软件和方法。其中，Kongsberg 公司开发的软件 StatCap 在全球享有盛名，计算结果常被设计建造单位用来作为参考标准。CSSRC 也根据上述相关指导意见自编了动力定位能力评估软件。同样，在动力定位救捞船作业场布置时，也需要对动力定位作业场的稳定性进行评估。动力定位作业场的稳定性严重受限于风、流、浪等海洋环境，能否正确预测在一定的海洋环境下是否应主动撤场或调整船向，将直接决定救捞工作是否能够顺利进行，甚至直接影响到救捞的成败。因此，研究动力定位救捞船在风、流、浪作用下的作业场稳定性分析方法，可为动力定位救捞船的科学使用提供依据。

动力定位能力评估的数学描述就是求解带约束的非线性规划问题。常用求解方法有枚举法、牛顿法、最速下降法、序列二次规划法和信赖域法等。然而，由于动力定位系统通常配备有多推进器，非线性规划问题的解是多元、多局部极值的复杂空间解，即解空间存在无数个局部最优值。传统的算法在寻找全局最优点时，除非初值的选取非常地接近最优点，一般效率都非常低。同时，求得的最优点很可能是局部最优点，而很难确定结果的正确性。

在救捞船风、流、浪荷载计算方法研究的基础上，根据救捞船推进器典型布置情况，建立救捞船外载力与推进器推力的平衡方程，进而建立救捞船动力定位能力评估模型，开发计算程序，可为救捞船动力定位能力评估提供理论依据和方法手段。其中，风、流、浪力计算可选取与第二章中相同的计算方法，这里不再赘述。

4.3.1　动力定位能力的枚举评估法

根据环境荷载与动力定位救捞船推进器推力的平衡原理，建立动力定位能力评估模型，采用枚举法搜索推进器在不超载情况下所能抵御的最大风速[21]。

4.3.1.1　模型描述

该模型的关键是能够计算出在给定浪载和流载的条件下，动力定位救捞船所能承受的最大风速。从迎面来风开始，风向每偏转 10°，给出该风向时所能承受的最大风速。对于所能抵御的最大风速，本项目运用二分法求解：

（1）给出风速的下界 v_1、上界 v_2 和结果精度 $\delta=1$ kn，令 $v_1=0$；

（2）令 $v=\dfrac{v_1+v_2}{2}$，计算船是否能够承受风速 v；

（3）如果船能够承受 v，那么：

a. 若 $v_2-v_1<\delta$，则 v 是该风向下所能承受的最大风速，求解完毕。

b. 若 $v_2-v_1>\delta$，则令 $v_1=v$，转第（2）步。

（4）如果船不能够承受 v，那么：

a. 若 $v_2-v_1<\delta$，则 v_1 是该风向下所能承受的最大风速，求解完毕。

b. 若 $v_2-v_1>\delta$，则令 $v_2=v$，转第（2）步。

典型动力定位救捞船一般设置有五个推进器：艉部两个全回转推进器，可提供 360° 的推力，但要除去外侧 30° 范围；艏部三个管道推进器，只能提供侧向推力。为计算简便，建立图 4-36 所示坐标。各推进器的性能参数见表 4-13。

表 4-13　典型动力定位救捞船推进器性能参数

推进器编号	类型	位置	最大推力	X 方向实际推力	Y 方向实际推力
1	全回转	$(-a,\ 0)$	$F1$	$x1$	$y1$
2	全回转	$(a,\ 0)$	$F2$	$x2$	$y2$
3	管道式	$(0,\ h3)$	$F3$	$x3$	0
4	管道式	$(0,\ h4)$	$F4$	$x4$	0
5	管道式	$(0,\ h5)$	$F5$	$x5$	0

注意：艉部的两个全回转推进器不能旋转到坐标系中的阴影区域内。

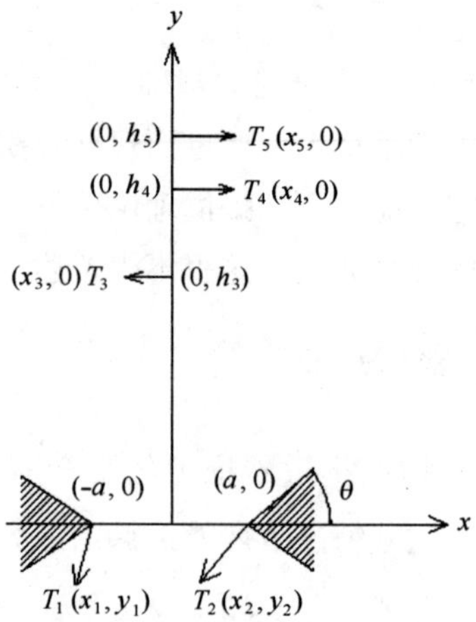

图 4-36　动力定位坐标系

4.3.1.2　基本算法

设合外力为 $F=(F_x, F_y)$，合外力矩为 M。根据受力平衡和力矩平衡，可以列出平衡方程：

由 X 方向受力平衡得：

$$x_1+x_2+x_3+x_4+x_5+F_x=0 \tag{4-106}$$

由 Y 方向受力平衡得：

$$y_1+y_2+F_y=0 \tag{4-107}$$

对船艉取矩，由力矩平衡得：

$$-ay_1+ay_2-h_3x_3-h_4x_4-h_5x_5+M=0 \tag{4-108}$$

为了简化方程式，作如下代换，记：

$$-F_x\rightarrow X;\quad -F_y\rightarrow Y;\quad \frac{M}{a}\rightarrow M;\quad \frac{h_3}{a}\rightarrow h_3;\quad \frac{h_4}{a}\rightarrow h_4;\quad \frac{h_5}{a}\rightarrow h_5 \tag{4-109}$$

将式（4-109）代入式（4-107）和式（4-108），得：

$$\begin{cases}x_1+x_2+x_3+x_4+x_5=X\\ y_1+y_2=Y\\ y_1-y_2+h_3x_3+h_4x_4+h_5x_5=M\end{cases} \tag{4-110}$$

约束条件为：

$$s.t.\begin{cases}\sqrt{x_1^2+y_1^2}\leqslant F_1 & (c1)\\ \sqrt{x_2^2+y_2^2}\leqslant F_2 & (c2)\\ -F_3\leqslant x_3\leqslant F_3 & (c3)\\ -F_4\leqslant x_4\leqslant F_4 & (c4)\\ -F_5\leqslant x_5\leqslant F_5 & (c5)\\ x_1\geqslant -|y_1|\cot\theta & (c6)\\ x_2\leqslant -|y_2|\cot\theta & (c7)\end{cases}\tag{4-111}$$

在上面的约束条件中，$c1$ 和 $c2$ 表示艉部两个全回转推进器的推力不能超出其最大值；$c3$、$c4$、$c5$ 表示三个管道推进器的推力不能超过其最大值；$c6$ 和 $c7$ 表示全回转推进器不能转到张角为30°的阴影区域内。

求解上式含有7个变量，3个方程，7个约束条件的线性方程组。

令

$$h_3x_3+h_4x_4+h_5x_5=K\tag{4-112}$$

则有

$$|K|\leqslant h_3F_3+h_4F_4+h_5F_5\tag{4-113}$$

将式（4-112）代入式（4-110），y_1 和 y_2 可表示为：

$$y_1=\frac{1}{2}(Y+M-K)\tag{4-114}$$

$$y_2=\frac{1}{2}(Y-M+K)\tag{4-115}$$

上式解出的 y_1，y_2 必须满足：

$$s.t.\begin{cases}|y_1|\leqslant F_1\\ |y_2|\leqslant F_2\end{cases}\tag{4-116}$$

这样由 $c1$、$c2$、$c6$、$c7$ 可得 x_1 和 x_2 的取值范围为：

$$s.t.\begin{cases}-\min\left[L|y_1|,\ \sqrt{F_1^2-y_1^2}\right]\leqslant x_1\leqslant\sqrt{F_1^2-y_1^2}\\ -\sqrt{F_2^2-y_2^2}\leqslant x_2\leqslant\min\left[L|y_2|,\ \sqrt{F_2^2-y_2^2}\right]\end{cases}\tag{4-117}$$

式中，$L=\cot\theta$，

$$L|y_i|<\sqrt{F_i^2-y_i^2}\Leftrightarrow|y_i|<F_i\cdot\sin\theta(i=1,\ 2)$$

$$L|y_i|>\sqrt{F_i^2-y_i^2}\Leftrightarrow|y_i|>F_i\cdot\sin\theta(i=1,\ 2)$$

为了简化形式，记：

$$L_1=\sqrt{F_1^2-y_1^2}=\sqrt{F_1^2-\frac{1}{4}(Y+M-K)^2}\tag{4-118}$$

$$L_2=\sqrt{F_2^2-y_2^2}=\sqrt{F_2^2-\frac{1}{4}(Y-M+K)^2}\tag{4-119}$$

则 x_1+x_2 的取值范围为：

$$-\min\{L|y_1|,\ L_1\} - L_2 \leqslant x_1 + x_2 \leqslant L_1 + \min\{L|y_2|,\ L_2\} \qquad (4-120)$$

下面由约束条件 $c3$、$c4$、$c5$ 和式（4-112）确定 $x_3+x_4+x_5$ 的范围：

设 $x_3 + x_4 + x_5 = s$ ，这样 $x_3 + x_4 + x_5 = s$ 的约束条件为：

$$s.t.\begin{cases} h_3x_3 + h_4x_4 + h_5x_5 = K \\ -F_3 \leqslant x_3 \leqslant F_3 \\ -F_4 \leqslant x_4 \leqslant F_4 \\ -F_5 \leqslant x_5 \leqslant F_5 \end{cases} \qquad (4-121)$$

这是一个线性规划问题，它的解一定当至少两个自变量达到边界值时取得，这样可以用枚举法来求其取值范围。由于 $0<h_3<h_4<h_5$，所以：

s 取得最大值时的情况有以下三种情况：

a. X_3 取得最大值，X_4 取得最大值；

b. X_3 取得最大值，X_5 取得最小值；

c. X_4 取得最大值，X_5 取得最小值。

s 取得最小值时的情况有以下三种情况：

a. X_3 取得最小值，X_4 取得最小值；

b. X_3 取得最小值，X_5 取得最大值；

c. X_4 取得最小值，X_5 取得最大值。

对应的 k 和 s 的范围为：

$$\max s = \begin{cases} F_3 + F_4 + (k - F'_3 - F'_4)/h_5, & \text{当 } F'_3 + F'_4 - F'_5 \leqslant K \leqslant F'_3 + F'_4 + F'_5 \\ F_3 + (k - F'_3 + F'_5)/h_4 - F_5, & \text{当 } F'_3 - F'_4 - F'_5 \leqslant K \leqslant F'_3 + F'_4 - F'_5 \\ (k + F'_4 + F'_5)/h_3 - F_4 - F_5, & \text{当 } -F'_3 - F'_4 - F'_5 \leqslant K \leqslant F'_3 - F'_4 - F'_5 \end{cases} \qquad (4-122)$$

$$\min s = \begin{cases} -F_3 - F_4 + (k + F'_3 + F'_4)/h_5, & \text{当 } -F'_3 - F'_4 - F'_5 \leqslant K \leqslant -F'_3 - F'_4 + F'_5 \\ -F_3 + (k + F'_3 - F'_5)/h_4 + F_5, & \text{当 } -F'_3 - F'_4 + F'_5 \leqslant K \leqslant -F'_3 + F'_4 + F'_5 \\ (k - F'_4 - F'_5)/h_3 + F_4 + F_5, & \text{当 } -F'_3 + F'_4 + F'_5 \leqslant K \leqslant F'_3 + F'_4 + F'_5 \end{cases} \qquad (4-123)$$

式中，$F'_3 = h_3x_3$，$F'_4 = h_4x_4$，$F'_5 = h_5x_5$

由式（4-120）可以看出，x_1+x_2 的取值范围由 K 确定，由式（4-122）和式（4-123）可以看出，$x_3+x_4+x_5$ 的范围也由 K 确定，所以 $x_1+x_2+x_3+x_4+x_5$ 的范围由 K 值确定。

由式（4-110）对于 X 存在两种情况：

a. X 不在 $x_1+x_2+x_3+x_4+x_5$ 的范围内，也就是说给定的 K 使原方程组无解。

b. X 在 $x_1+x_2+x_3+x_4+x_5$ 的范围内，这样取到的一组 x_1、x_2、x_3、x_4、x_5 就是原方程组的一个解。

这样问题的关键就是寻求 K 的过程，通过计算机程序，以一定的取值精度，使 K 跑遍该区域，如果有 K 使得 X 在 $x_1+x_2+x_3+x_4+x_5$ 的范围内，则有解，反之则无解。

针对所建模型开发计算机程序，该程序可在输入风、流、浪侧向力系数和流速大小后，计算出动力定位救捞船所能抵御的最大风速以及在给定具体风速下计算出各推力器所产生推力合力的大小。

4.3.1.3　模型验证

根据所建模型，对在四级海况 2 kn 流，风、流、浪同向这一特殊海况条件下计算假设船动力定位能力，并将计算结果与挪威 Konsberg Simrad 公司 StartCap 的计算结果进行比较，对比结果见图 4-37。

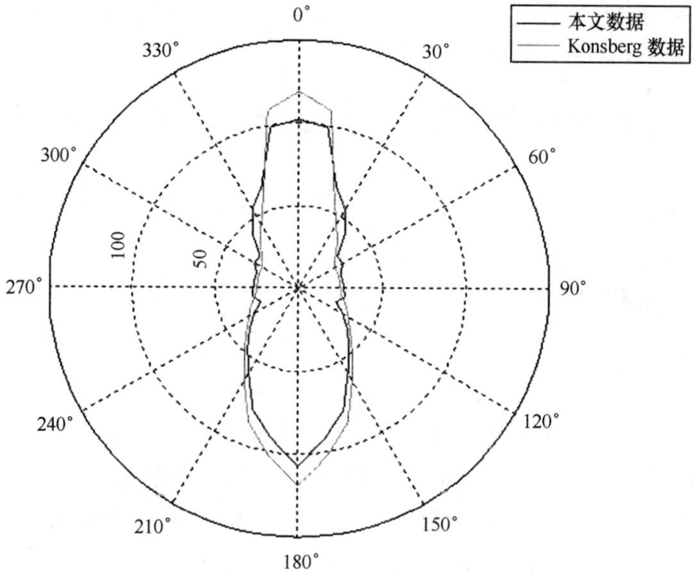

图 4-37　计算结果对比图

对比结果表明，除 30°和 60°时误差在 20%以上，其余角度时误差都在 10%左右，这主要是由于在风、流、浪的侧向力系数的计算上与 Konsberg Simrad 公司存在一定的差异。但总体上可以说明该算法是正确的，本模型可以作为救捞船动力定位能力的评估模型。

4.3.2　动力定位能力评估的模拟退火算法

模拟退火算法在处理带约束的非线性规划这类问题中较为成功。模拟退火算法源于对固体退火过程的模拟，采用 Metropolis 接受准则，并用一组称为冷却进度表的参数来控制算法进程，使得算法在多项式时间里给出一个近似最优解。固体退火过程的物理现象和统计性质是模拟退火算法的物理背景，Metropolis 接受准则使算法能够跳离局部最优的“陷阱”，是模拟退火算法能够获得整体最优解的关键，而冷却进度表的合理选择是算法应用的关键。

本节将主要介绍模拟退火算法在动力定位能力分析中的应用，对实例进行了控位能力计算，并将计算结果与 Kongsberg 的计算结果进行比较分析[22]。

4.3.2.1 动力定位能力评估模型

动力定位系统主要通过控制推进器发出的推力来抵消外界环境外力的影响，仅考虑水平面的运动控制，即纵荡、横荡以及艏摇的控制。

动力定位能力分析的目的就是计算船舶所能承受的各方向上最大的风速，即最恶劣的海况，因此风、浪、流被假定为同向的，力可以相互叠加。风、浪、流等外界环境力可以通过数值计算或者试验方法获得，结合推进器的位置布局及性能参数，可以建立动力定位能力分析数学模型如下：

目标函数 f：$\max V_w$ 约束条件：

$$\begin{cases} \sum_{i=1}^{n} \rho_i T_i \cos(\theta_i) + F_{xw} + F_{xc} + F_{xwa} + F_{xa} = 0 \\ \sum_{i=1}^{n} \rho_i T_i \sin(\theta_i) + F_{yw} + F_{yc} + F_{ywa} + F_{ya} = 0 \\ \sum_{i=1}^{n} \rho_i T_i (x_i \sin\theta_i - y_i \cos(\theta_i)) + N_w + N_c + N_{wa} + N_a = 0 \end{cases} \tag{4-124}$$

推进器性能约束：

$$|T_i| \leqslant T_{i\max},\ \theta_i \in D_i \tag{4-125}$$

V_w 表示风速。方程（4-124）中，ρ_i 表示第 i 个推进器的状态，$\rho_i = 1$ 表示该推进器工作，$\rho_i = 0$ 表示该推进器不工作，$0 < \rho_i < 1$ 表示该推进器工作，但是推力有损失。T_i 为第 i 个推进器推力，θ_i 为该推力角度，（x_i，y_i）分别表示第 i 个推进器在选定坐标系中的位置。F、N 表示外界力和力矩。下标 x，y 分别表示纵向和横向，下标 ω，c，ωa，a 表示风，流，波浪以及附加外力。方程（4-125）表示推进器的约束条件，D_i 推进器可执行的角度区域。

通常，海流速度假设是已知的，波浪是由风生成的。波浪和风之间的关系可以参考海区和相关资料决定。结合方程（4-124）和方程（4-125），可以对各工作模式下的动力定位能力进行评估。在海流已知的条件下，从迎面来风（0°角）开始，求得该风向下，动力定位船舶所能承受的最大风速以及此时的各推进器的推力分配；该风向计算完成时，风向角增加特定角度并进行该方向最大风速的求解，一直增加至360°完成整个周向计算。根据不同风向所得的最大风速，可以画出该动力定位船舶的控位能力玫瑰图。计算流程如图 4-38 所示。

各方向最大风速的求解就是一个非线性约束优化问题，可以采用模拟退火算法进行计算。下面将对模拟退火算法进行介绍。

4.3.2.2 模拟退火算法

模拟退火算法是基于 Monte Carlo 迭代求解策略的一种随机寻优算法，其出发点是基于物理中固体物质的退火过程与一般组合优化问题之间的相似性。在某一温度下，伴随温度参数的不断下降，结合概率突跳特性在解空间中随机寻找目标函数的全局最优解，即在

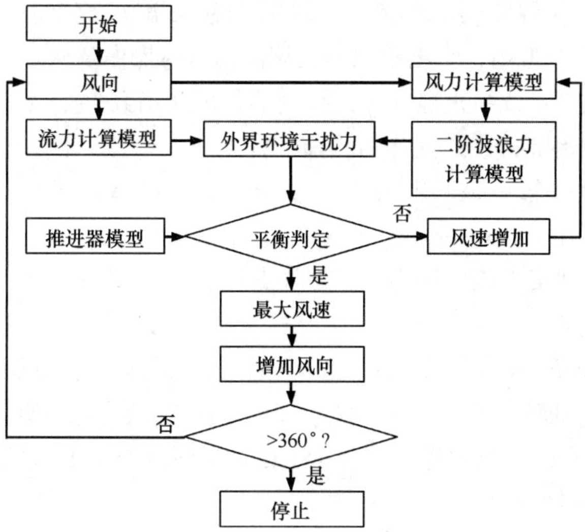

图 4-38　动力定位能力评估程序流程图

局部最优解能概率性地跳出并最终趋于全局最优。具体步骤如下：

在模拟退火算法中，设优化问题的控制参数为 t 时的一个解 x_i^t 及其非负目标函数 $f(x_i^t)$ 分别与固体在某一温度下的一个微观状态 i 及其能量 E_i 等价，设随着算法进程递减其值的控制参数 t 相当固体退火过程中的温度的角色，则对于控制参数 t 的每一取值，算法持续进行“产生新解—判断—接受/舍弃”的迭代过程就对应着固体在某一恒定温度下趋于热平衡的过程，也就是执行了一次 Metropolis 算法。与 Metropolis 算法从某一初始状态出发，通过计算系统的时间演化过程，求出系统最终达到的状态相似，模拟退火算法从某个初始解出发，经过大量解的变换后，可以求得给定控制参数值 t 合优化问题的相对最优解 x_{opt}^t。然后减少控制参数 t 的值，重复执行 Metropolis 算法，就可以在控制参数 t 趋于零时，最终求得组合优化问题的整体最优解。由于固体退火必须“徐徐”降温，才能使固体在每一温度下都达到热平衡，最终趋于能量最小的基态，控制参数的值也必须缓慢衰减，才能确保模拟退火算法最终趋于组合优化问题的整体最优解集。

模拟退火算法用 Metropolis 算法产生组合优化问题解的序列，并由与 Metropolis 准则对应的转移概率 P：

$$P_t x_i^t \Rightarrow x_j^t = \begin{cases} 1, & f(x_j^t) \leqslant f(x_i^t) \\ \exp\dfrac{f(x_i^t) - f(x_j^t)}{t}, & f(x_j^t) > f(x_i^t) \end{cases} \tag{4-126}$$

确定是否接受从当前解 x_i^t 到新解 x_j^t 的转移。式（4-126）中的 $t \in R^+$ 表示控制参数。开始让 t 取较大的值（与固体的熔解温度相对应），在进行足够多的转移后，缓慢减少 t 的值（与“徐徐”降温相对应），如此重复，直至满足某个停止准则是算法终止。因此，模拟退火算法可视为递减控制参数值时 Metropolis 算法的迭代。

设 $t_k = T(t_{k-1})$ 表示 Metropolis 算法第 k 次迭代时控制参数 t 的值，T（t）表示控制参

数更新函数，t_f 表示终止温度。L_k 表示 Metropolis 算法第 k 次迭代时产生的变换个数。下面以最小化目标函数 $f(x)$ 为例，给出模拟退火算法的具体操作步骤：

（1）设置初始温度 t_0，终止温度 t_f 及控制参数更新函数 T(t)；

（2）随机产生初始解 x_0，以此作为当前最优点 $x_{opt} = x_0$，计算目标函数值 $f(x_{opt})$；

（3）对当前最优点作一随机变动，产生一新解 x_k，计算新解的目标函数值 $f(x)$，并计算目标函数值增量 $\Delta f = f(x) - f(x_{opt})$；

（4）若 $\Delta < 0$，则接受该新解为当前最优点，$x_{opt} = x$，若 $\Delta \geqslant 0$，则以概率 p 的方式接受该新解为当前最优点；

(5) 若 $k = L_k$，则 $k \leftarrow k+1$，转（4）；$t_k = T(t_{k-1})$。设置 L_k，令循环计数器初值 $k = 0$；

（6）若 $t \geqslant T_f$，则转（3）；若 $t < T_f$，则输出当前最优点，算法结束。

模拟退火算法具有渐近收敛性，在理论上已被证明以概率 1 收敛于全局最优解，其具体操作流程如图 4-39 所示。

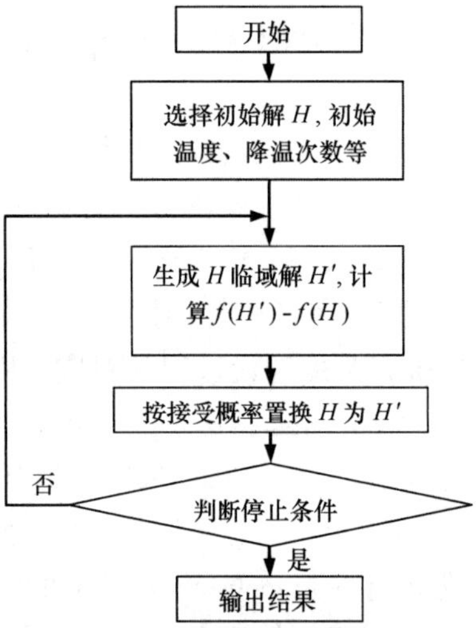

图 4-39 模拟退火算法操作流程图

模拟退火算法依据 Metropolis 准则接受新解，因此除接受优化解外，还在一个限定范围内接受恶化解，这正是模拟退火算法与其他局部搜索算法的本质区别所在。开始时 t 值大，可能接受较差的恶化解；随着 t 值的减少，只能接受较好的恶化解；最后在 t 值趋于零时，就不再接受任何恶化解了。这就使模拟退火算法既可以从局部最优的“陷阱”中跳出，更能求得组合优化问题的整体最优解。模拟退火算法通用性强，对问题信息依赖较少，因此在诸多工程和学术领域中得到了研究和应用。

4.3.2.3 算例验证

下面将通过具体算例对模拟退火算法在动力定位能力评估的应用进行检验，验证其有效性。

槽道推进器（Tunnel）和全回转推进器（Azimuth）是动力定位船舶中最经常用到的推进器，以下将采用两个算例进行计算，并与 Kongsberg 的结果进行比较。

（1）某工程船动力定位能力分析

某工程船上的推进器布局如图 4-40 所示。推进器性能指标见表 4-14。

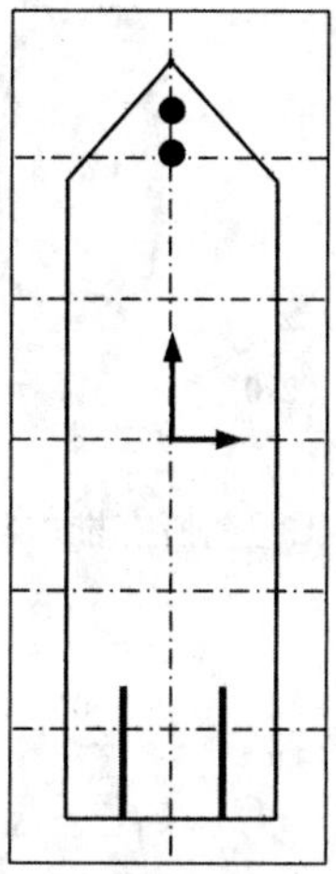

图 4-40　某工程船推进器布局图

风、浪和流力根据 Kongsberg 报告中相关系数曲线进行预报，下面对完整工作模式以及局部推进器失效模式下的动力定位能力进行计算，结果如图 4-41 至图 4-44 所示。

表 4-14　某工程船推进器性能指标

序号	类型	位置坐标		最大推力	功率
		X（m）	Y（m）	T（tf）	Pe（kW）
1	Azimuth	-27.5	-3.0	14.0	2 210
2	Azimuth	-27.5	3.0	14.0	2 210
3	Tunnel	20.0	0	3.9	600
4	Tunnel	22.5	0	3.9	600

从图 4-41 至图 4-44 的对比中可以看出，利用模拟退火算法计算的动力定位能力和 Kongsberg 计算结果符合得相当好。在 90°和 270°风向角附近，计算结果扰动的原因是对这些方向的风力系数、二阶波浪力系数插值引入的误差而导致的。可见，模拟退火算法在控位能力分析中的应用整体上是成功的、可靠的。

为了进一步给出该方法计算结果与 Kongsberg 的区别，下面将利用两个算例仔细分析两种评估方法对力以及力矩平衡约束的满足程度。

（2）某铺管船动力定位能力分析

某铺管船上各推进器的位置布局如图 4-45 所示。各推进器的位置及性能指标如表 4-15 所示。

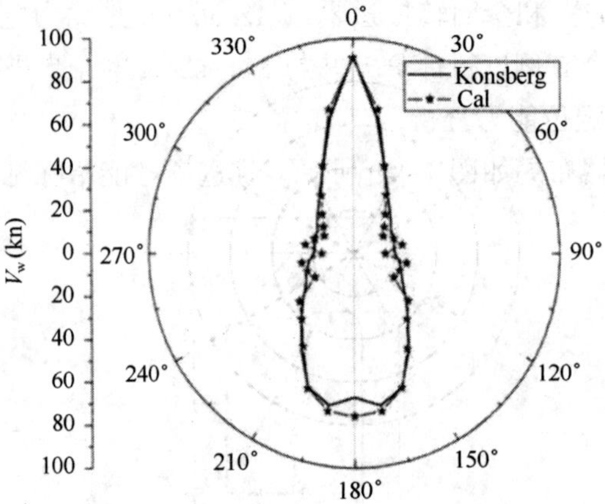

图 4-41　某工程船所有推进器均正常工作

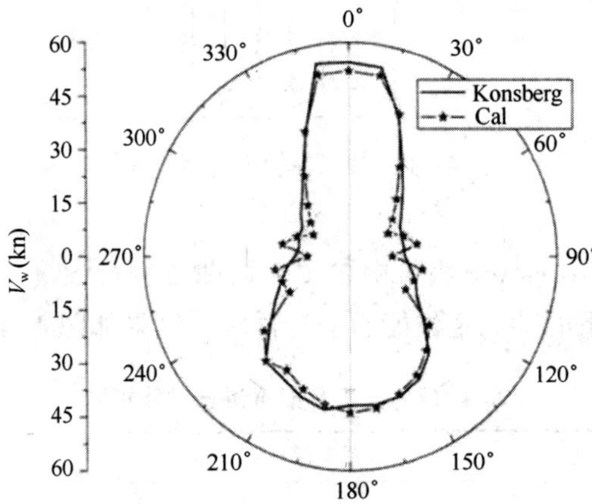

图 4-42　某工程船推进器 2 不工作

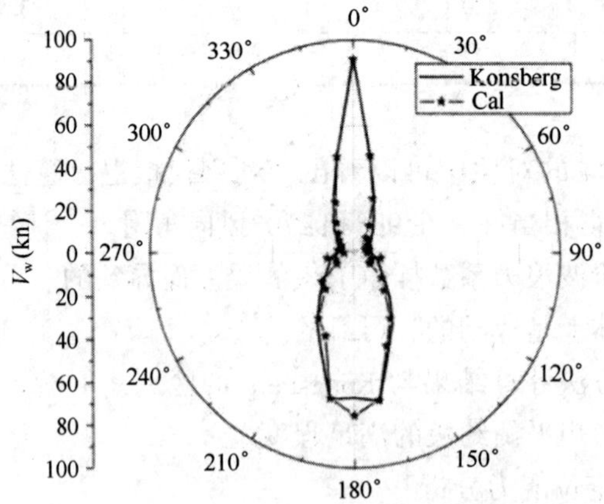

图 4-43　某工程船推进器 4 不工作

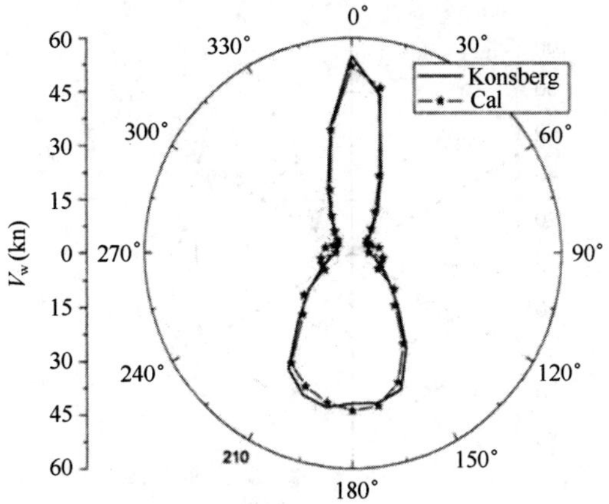

图 4-44　某工程船推进器 2、3 不工作

表 4-15　某铺管船推进器位置坐标及性能指标

序号	类型	位置坐标		最大推力	功率
		X（m）	Y（m）	T（tf）	Pe（kW）
1	Azimuth	-93.8	-9.45	67.9	4 500
2	Azimuth	93.8	-9.45	67.9	4 500
3	Azimuth	-12.6	-15.4	53.7	3 200
4	Azimuth	-12.6	15.4	53.7	3 200
5	Azimuth	37.8	-14.1	53.7	3 200
6	Azimuth	37.8	14.1	53.7	3 200
7	Azimuth	82.6	0	53.7	3 200

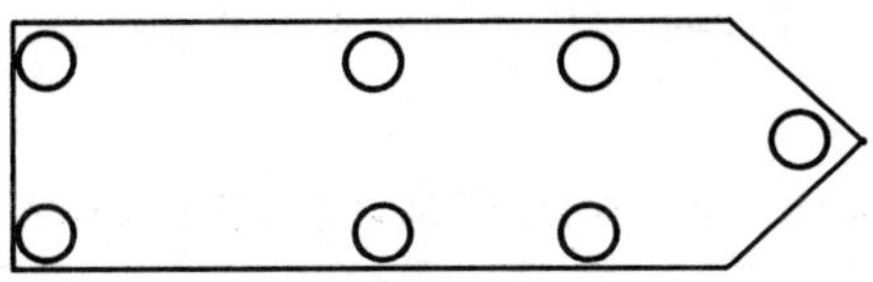

图 4-45　某铺管船推进器布局示意图

风、浪和流力根据 Kongsberg 报告中相关曲线进行预报，对完整工作模式以及局部推进器失效模式下的动力定位能力进行计算，结果如图 4-46 和图 4-47 所示。各方向的合力（合力矩）相对误差如表 4-16 和表 4-17 所示。

从图 4-46 和图 4-47 的对比中可以看出，计算结果与 Kongsberg 提供的结果吻合得相当好。在 60°和 300°附近，该船所能承受的极限风速最小，即在该方向上控位能力最差。在 0°风向，即顶风时，该船的控位能力最强。

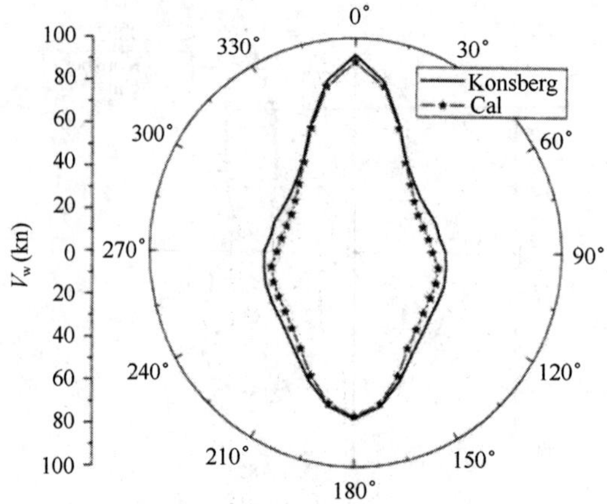

图 4-46　某铺管船完整工作模式

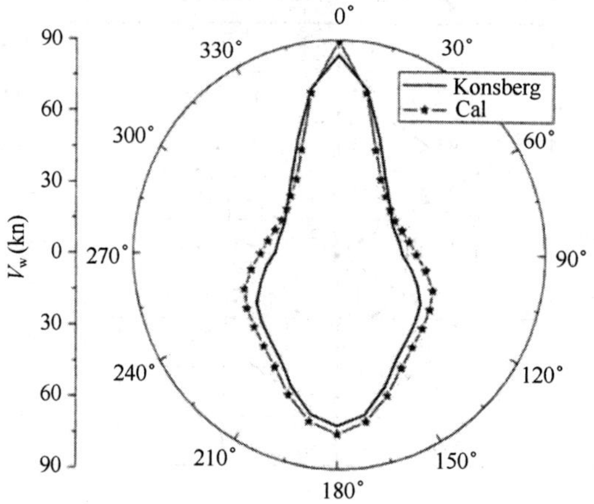

图 4-47　某铺管船 7 号推进器失效

表 4-16　各方向合力相对误差（完整工作模式）

风向角（°）	Kongsberg 计算结果（%）			本文计算结果（%）		
	纵向	横向	艏摇	纵向	横向	艏摇
0	10. 01	0	0. 01	0. 6	0	0
30	16. 19	1. 60	0. 61	0	0	0
60	0. 39	2. 60	8. 15	0. 06	1. 18	1. 16
90	0. 06	3. 13	11. 30	0. 01	0. 58	0. 49
120	9. 62	1. 33	15. 47	0. 06	0. 34	0. 38
150	1. 69	2. 31	16. 86	1. 67	3. 92	6. 08
180	2. 92	0	0. 01	0	0	0
210	1. 69	2. 31	16. 86	0. 08	0. 12	0. 19

续表

风向角（°）	Kongsberg 计算结果（%）			本文计算结果（%）		
	纵向	横向	艏摇	纵向	横向	艏摇
240	9.62	1.33	15.47	0.05	0.34	0.37
270	0.06	3.13	11.30	0.02	0.51	0.45
300	0.54	2.63	8.13	0	0	0
330	16.42	1.89	7.56	0	0.01	0.01
360	10.01	0	0.01	0.60	0	0

表 4-17　各方向合力相对误差（7 号推进器失效）

风向角（°）	Kongsberg 计算结果（%）			本文计算结果（%）		
	纵向	横向	艏摇	纵向	横向	艏摇
0	9.43	0	0	0.71	0	0
30	0.41	3.34	0.59	0.10	1.00	1.00
60	0.16	0.02	17.06	0	0.04	0.04
90	0.28	1.42	18.10	0	0.01	0.01
120	0.31	2.11	16.80	0.18	0.82	0.40
150	1.67	2.15	16.51	0.19	0.24	0.40
180	3.32	0	0	0.07	0	0
210	1.67	2.15	16.51	0	0	0
240	0.31	2.11	16.80	0.18	0.82	0.40
270	0.25	1.18	19.06	0	0.01	0.01
300	0	0.03	20.03	0	0.15	0.16
330	0.93	1.73	0.73	0.05	0.29	0.32
360	9.43	0	0	0.71	0	0

从表 4-16 和表 4-17 可以看出，在动力定位能力评估时，Kongsberg 对三方向上合力及力矩的约束不严格，尤其对力矩的约束，在某些角度达到 20%左右；而利用模拟退火算法求解时，误差基本控制在 1%以内，严格地满足了力的平衡和力矩的平衡条件，说明基于模拟退火算法的动力定位能力评估方法是可靠的。

第五章　救捞装备的海洋环境效应

海上救捞任务主要有失事难船（飞机、人员）的搜索与水面援救、失事沉没潜艇的水下援救、沉船沉物打捞等，在执行这些救捞任务中将使用大量的救捞装备，如执行水下搜索任务的水下航行器、侧扫声呐等，执行水面援救任务的救生艇、直升机等，执行打捞援救作业的无人遥控潜水器、深潜救生艇、吊船、浮筒等，复杂多变的海洋环境严重影响这些海上救捞装备的使用效果、效率和安全，进而对于海上救捞装备使用的指挥决策提出了较高的要求，决策失误轻则延误救捞时机，造成不必要的损失，重则可能救捞失败而造成人员牺牲和装备损失。通过开展海洋环境对救捞装备影响规律研究，可为海上救捞决策指挥和装备研制提供依据。

5.1　无人遥控潜水器吊放运动及安全性分析

海面锚泊或动力定位的救捞船在风、流、浪的作用下将产生多个方向的运动，其中，横摇、纵摇和垂荡将严重影响到救捞装备的吊放与回收安全。水下无人遥控潜水器（以下称 ROV）、潜水钟等救捞装备一般通过救捞船舷侧的小型 A 形门吊进行吊放与回收，能否在一定的海况环境下正确预测 ROV、潜水钟的吊放是否安全，以及采取何种措施有助于保证吊放安全，将直接决定救捞工作是否能够顺利进行。

根据救捞船横摇、纵摇和垂荡规律，结合救捞船舷侧小型 A 形门架（以下简称小 A 形门架）结构特点，建立 ROV 吊放过程的非线性运动学模型，进行仿真计算及规律分析，对 ROV 吊放进行安全性评估。研究结论同样适用于开式潜水钟的吊放分析。

5.1.1　救捞船纵摇、横摇和垂荡运动模型

救捞船的船体运动是救捞装备吊放与回收运动规律研究的基础。以静止于海面上的救捞船重心位置 G 为坐标原点建立右手船体坐标系，x 轴在中线面内，平行于基面，指向船首为正，y 轴指向右舷为正，z 轴垂直向下为正。如图 5-1 所示。

船体的纵摇、横摇、垂荡，是由波浪强迫作用所形成，其运动方程为：

$$\begin{cases}\theta = \theta_0 \cos \omega_1 t \\ \varphi = \varphi_0 \cos \omega_2 t \\ z = z_0 \cos \omega_3 t\end{cases} \tag{5 - 1}$$

式中，θ_0，φ_0，z_0 为纵摇、横摇、垂荡在该波浪频率下的幅值；ω_1 为船舶纵摇频率，ω_2 为船舶横摇频率，ω_3 为船舶垂荡频率。

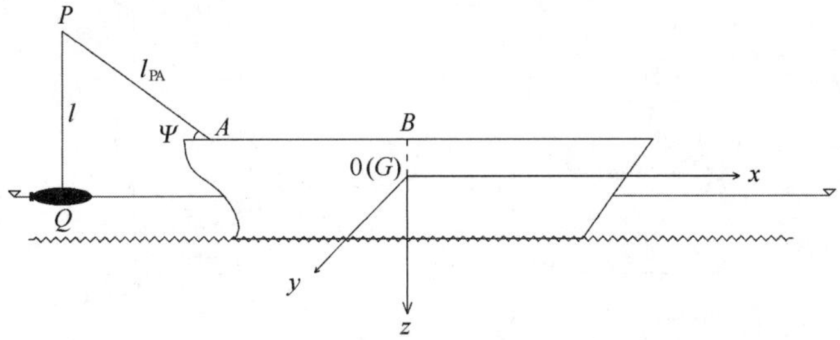

图 5-1　船体坐标系

采用 STF 切片理论，假定船体的横向运动（横荡、横摇、艏摇）和纵向运动（纵荡、垂荡、纵摇）相互独立，可以分别进行规则波运动响应预报；计算中流体动力的黏性成分只考虑对横摇阻尼的影响，船体及附体的横摇阻尼由兴波、黏性、兴涡和升力项等组成；不规则波中运动预报采用线性叠加原理，由非线性阻尼和横摇引起的横向运动的非线性采用横摇角的非线性迭代进行计算。按照上述方法，可计算出救捞船在不同海况、航速和浪向条件下纵荡、横荡、垂荡、横摇、纵摇、艏摇及重要部位的垂向位移、垂向速度和垂向加速度的有义值，以及艏部甲板上浪、螺旋桨飞车和艏部砰击的发生频度。

5.1.2　小 A 形门架上吊点运动分析模型

ROV 吊放装置由小 A 形门架和起吊绞车组成，为吊放装置的主体结构，其上布置的定滑轮通过吊缆与 ROV 连接。起吊绞车是吊放装置的起升机构，为 ROV 的起吊提供提升力，能够提供 0~0.5 m/s 的连续起吊速度。

在吊放和回收 ROV 过程中，救捞船运动引起小 A 形门架上吊点的运动，进而通过吊缆使 ROV 产生空间摆动。

根据 ROV 及吊放装置的结构特点和吊放原理，对模型建立作如下假设：

（1）因为小 A 形架固结在船体上，小 A 形门架与船体没有相对运动。

（2）ROV 通过吊缆与小 A 形门架上布置的定滑轮直接相连，忽略空气及摩擦阻力，假设 ROV 以小 A 形门架运动为激励，以定滑轮为吊点做无阻尼空间摆动。

（3）ROV 吊放过程中最危险工况有两个：一是在小 A 形门架外摆过程中，ROV 的纵向摆动可能会与小 A 形门架发生碰撞；二是在小 A 型门架外摆到最大角度后，从开始吊放到入水的过程，ROV 的横向摆动可能会与船舷发生碰撞。

根据装备结构、吊放特点及假设，将 ROV 吊放简化为图 5-2 所示。图中，M 点表示位于小 A 形门架顶部的吊点；N 点表示 ROV；K 点表示小 A 形门架底端与甲板连接点；l_{KM} 为 A 形门架高度；l 表示 ROV 从吊点至入水的距离；η 为小 A 形门架的外摆角；$S_{安全}$ 为开式潜水钟距船舷安全距离。

假设船体纵摇、横摇和垂荡运动对吊点 M 的作用是相互独立的，分别计算出船体纵摇、横摇、垂荡引起的吊点 M 的运动，最后叠加得到吊点 M 的运动方程，即吊点 M 对 ROV 的激励方程。

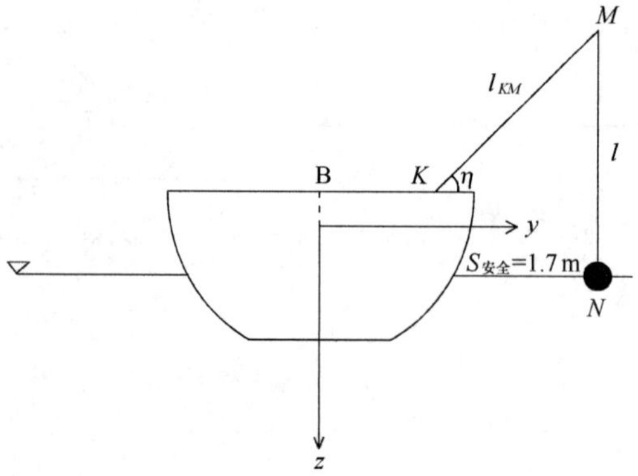

图 5-2　ROV 吊放模型图

5.1.2.1　船体纵摇使吊点 *M* 产生的运动

$M_0(x_{M_0}, y_{M_0}, z_{M_0})$ 为吊点 *M* 的初始平衡位置，$K_0(x_{K_0}, y_{K_0}, z_{K_0})$ 为小 A 形架底端 *K* 的初始平衡位置，当船体产生一个微小的纵摇角 θ 后，吊点 *M* 发生的位置变化如图 5-3 所示。图中，*O-xz* 坐标表示船体平衡时的船体坐标；*O-x'z'* 坐标表示船体产生纵摇角 θ 后的船体坐标；*KM* 表示小 A 形门架。

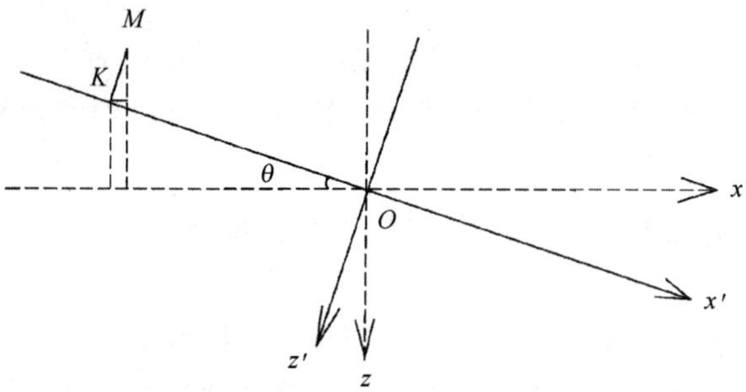

图 5-3　纵摇使吊点 *M* 产生的位置变化

则由几何关系可以得出纵摇使吊点 *M* 的坐标增量为：

$$\begin{cases}\Delta x_1 = x_{M_0}\cos\theta - z_{M_0}\sin\theta - x_{M_0} \\ \Delta y_1 = 0 \\ \Delta z_1 = x_{M_0}\sin\theta + z_{M_0}\cos\theta - z_{M_0}\end{cases} \tag{5-2}$$

5.1.2.2　船体横摇使吊点 *M* 产生的运动

当船体产生一个微小的横摇角 ϕ 后，吊点 *M* 发生的位置变化如图 5-4 所示。图中，*O-yz*坐标表示船体平衡时的船体坐标；*O-y'z'* 坐标表示船体产生横摇角 ϕ 后的船体坐标；l_{OB} 表示甲板面距坐标原点的距离。

则由几何关系可以得出船体横摇使吊点 *M* 的坐标增量为：

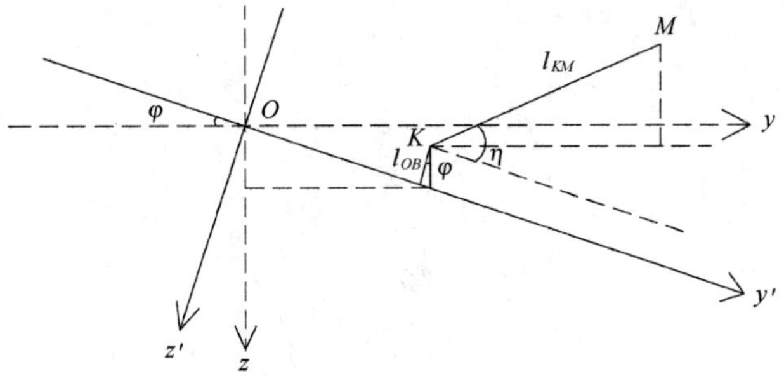

图 5-4 横摇使吊点 M 发生的位置变化

$$\begin{cases}\Delta x_2 = 0 \\ \Delta y_2 = y_{K_0}\cos\varphi - z_{K_0}\sin\varphi + l_{KM}\cos(\eta - \varphi) - y_{M_0} \\ \Delta z_2 = - l_{KM}\sin(\eta - \varphi) + y_{K_0}\sin\varphi + z_{K_0}\cos\varphi - z_{M_0}\end{cases} \tag{5-3}$$

5.1.2.3 船体垂荡使吊点 M 产生的运动

当船体产生一个微小的垂荡 z 后，吊点 M 发生坐标增量为：

$$\begin{cases}\Delta x_3 = 0 \\ \Delta y_3 = 0 \\ \Delta z_3 = z\end{cases} \tag{5-4}$$

5.1.2.4 船体纵摇、横摇、垂荡使吊点 M 产生的合运动

由式（5-2）至式（5-4）可以得出救捞船纵摇、横摇、垂荡使吊点 M 产生的合运动为：

$$\begin{cases}x_M = x_{M_0} + \Delta x_1 + \Delta x_2 + \Delta x_3 \\ y_M = y_{M_0} + \Delta y_1 + \Delta y_2 + \Delta y_3 \\ z_M = z_{M_0} + \Delta z_1 + \Delta z_2 + \Delta z_3\end{cases} \tag{5-5}$$

5.1.3 无人遥控潜水器吊放运动分析模型及求解

采用空间摆模型描述 ROV 相对于惯性坐标系的位置，ROV 相对于吊点 M 的方位用角 ρ 和 σ 来表示。假设开始时吊缆和 z 轴平行，将吊缆和 y 轴、z 轴一起绕过 M 点且平行于惯性轴 x 轴的轴线旋转 ρ 角度，这样就形成了 $M-x'y'z'$ 坐标系，再将吊缆绕新轴 y' 旋转 σ 角度，到达摆动位置，如图 5-5 所示。

5.1.3.1 吊物系统运动学方程的建立

由吊点 M 的坐标 $M(x_M, y_M, z_M)$ 及摆动角 ρ、σ，可以得出 ROV 在 N 点的坐标 $N(x_N, y_N, z_N)$：

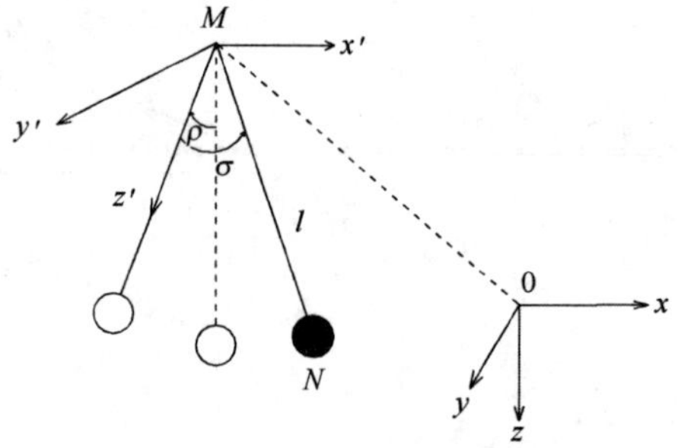

图 5-5　ρ 角与 σ 角示意图

$$\begin{cases} x_N = x_M + l\sin\sigma \\ y_N = x_M + l\sin\rho\cos\sigma \\ z_N = z_M + l\cos\rho\cos\sigma \end{cases} \tag{5-6}$$

对时间求导得到 ROV 的速度为：

$$\begin{cases} \dot{x}_N = \dot{x}_M + \dot{l}\sin\sigma + \dot{\sigma}l\cos\sigma \\ \dot{y}_N = \dot{y}_M - \dot{l}\sin\rho\cos\sigma + \dot{\rho}l\cos\rho\cos\sigma - \dot{\sigma}l\sin\rho\sin\sigma \\ \dot{z}_N = \dot{z}_M + \dot{l}\cos\rho\cos\sigma - \dot{\rho}l\sin\rho\cos\sigma - \dot{\sigma}l\cos\rho\sin\sigma \end{cases} \tag{5-7}$$

在图 5-5 中，取 M 点平衡位置为势能零点，考虑 ROV 的升降运动，构造系统的拉格朗日函数。

ROV 的动能 T_N 为：

$$\begin{aligned} T_N &= \frac{1}{2}m_1(\dot{x}_N^2 + \dot{y}_N^2 + \dot{z}_N^2) \\ &= \frac{1}{2}m[\dot{x}_M^2 + \dot{y}_M^2 + \dot{z}_M^2 + \dot{l} + l^2\dot{\rho}^2\cos\sigma^2 \\ &\quad + l^2\dot{\sigma}^2 + 2\dot{y}_M(\dot{l}\sin\rho\cos\sigma + \dot{\rho}l\cos\rho\cos\sigma - \dot{\sigma}l\sin\rho\sin\sigma) \\ &\quad + 2\dot{x}_M(\dot{l}\sin\sigma + \dot{\sigma}l\cos\sigma) + 2\dot{z}_M(\dot{l}\cos\rho\cos\sigma - \dot{\rho}l\sin\rho\cos\sigma \\ &\quad - \dot{\sigma}l\cos\rho\sin\sigma)] \end{aligned} \tag{5-8}$$

ROV 的势能 V_N 为：

$$V_N = -mgl\cos\sigma\cos\rho \tag{5-9}$$

构造拉格朗日函数 L：

$$\begin{aligned} L &= T - V \\ &= \frac{1}{2}m[\dot{x}_M^2 + \dot{y}_M^2 + \dot{z}_M^2 + \dot{l} + l^2\dot{\rho}^2\cos\sigma^2 + l^2\dot{\sigma}^2 + 2\dot{y}_M(\dot{l}\sin\rho\cos\sigma \\ &\quad + \dot{\rho}l\cos\rho\cos\sigma - \dot{\sigma}l\sin\rho\sin\sigma) + 2\dot{x}_M(\dot{l}\sin\sigma + \dot{\sigma}l\cos\sigma) \\ &\quad + 2\dot{z}_M(\dot{l}\cos\rho\cos\sigma - \dot{\rho}l\sin\rho\cos\sigma - \dot{\sigma}l\cos\rho\sin\sigma)] + mgl\cos\sigma\cos\rho \end{aligned} \tag{5-10}$$

根据拉格朗日方程：

$$\frac{d}{dt}\left(\frac{\partial L}{\partial \dot{q}_j}\right)-\frac{\partial L}{\partial q_j}=F_{q_i} \tag{5-11}$$

式中，q_i 表示广义坐标 ρ 和 σ；Q_i 表示在 q_i 坐标下除有势力之外的所有外力。在 ρ 和 σ 广义坐标下 ROV 的摆动阻尼很小，可以忽略不计，即认为 F_α 与 F_β 为 0。

由式（5-6）至式（5-11）可以得到 ROV 吊物系统的运动学方程为：

$$\begin{cases}\ddot{\rho}\cos\sigma-2\dot{\rho}\dot{\sigma}\sin\sigma+\dfrac{g}{l}\sin\rho+\dfrac{\ddot{y}_M}{l}\cos\rho-\dfrac{\ddot{z}_M}{l}\sin\rho+\dfrac{2\dot{\rho}\dot{l}}{l}=0\\ \ddot{\sigma}+\dot{\rho}^2\sin\sigma\cos\sigma+\dfrac{g}{l}\cos\rho\sin\sigma-\dfrac{\ddot{y}_M}{l}\sin\rho\sin\sigma+\dfrac{\ddot{x}_M}{l}\cos\sigma-\\ \dfrac{\ddot{z}_M}{l}\cos\rho\sin\sigma+\dfrac{2\dot{\sigma}\dot{l}}{l}=0\end{cases} \tag{5-12}$$

5.1.3.2 吊物系统运动学方程的求解

构造方程组：

$$\begin{cases}f_1=\rho\\ f_2=\sigma\\ f_3=\dot{\rho}\\ f_4=\dot{\sigma}\end{cases} \tag{5-13}$$

对式（5-13）进行求导，得

$$\begin{cases}\dot{f}_1=f_3\\ \dot{f}_2=f_4\\ \dot{f}_3=\ddot{\rho}\\ \dot{f}_4=\ddot{\sigma}\end{cases} \tag{5-14}$$

对吊点 M 运动方程式（5-7）求导，得到吊点 M 的速度方程为：

$$\begin{cases}\dot{x}_M=4.59\cos\theta\cdot\dot{\theta}+28.65\sin\theta\cdot\dot{\theta}\\ \dot{y}_M=4.59\cos\phi\cdot\dot{\phi}-10.76\sin\phi\cdot\dot{\phi}\\ \dot{z}_M=-28.65\cos\theta\cdot\dot{\theta}+4.59\sin\theta\cdot\dot{\theta}+10.76\cos\phi\cdot\dot{\phi}+4.59\sin\phi\cdot\dot{\phi}+\dot{z}\end{cases} \tag{5-15}$$

对式（5-15）求导，得到吊点 M 的加速度方程为：

$$\begin{cases}\ddot{x}_M = -4.59\sin\theta\cdot\dot{\theta}^2 + 4.59\cos\theta\cdot\ddot{\theta} + 28.65\cos\theta\cdot\dot{\theta}^2 + 28.65\sin\theta\cdot\ddot{\theta}\\ \ddot{y}_M = -4.59\sin\phi\cdot\dot{\phi}^2 + 4.59\cos\phi\cdot\ddot{\phi} - 10.76\cos\phi\cdot\dot{\phi}^2 - 10.76\sin\phi\cdot\ddot{\phi}\\ \ddot{z}_M = 28.65\sin\theta\cdot\dot{\theta}^2 - 28.65\cos\theta\cdot\ddot{\theta} + 4.59\cos\theta\cdot\dot{\theta}^2 + 4.59\sin\theta\cdot\ddot{\theta}\\ -10.76\sin\phi\cdot\dot{\phi}^2 + 10.76\cos\phi\cdot\ddot{\phi} + 4.59\cos\phi\cdot\dot{\phi}^2 + 4.59\sin\phi\cdot\ddot{\phi} + \ddot{z}\end{cases} \tag{5-16}$$

根据式（5-14）和式（5-16）吊物系统的运动学方程可以变形为：

$$\begin{cases}\dot{f}_1 = f_3\\ \dot{f}_2 = f_4\\ \dot{f}_3 = (2\dot{\rho}\dot{\sigma}\sin\sigma - \dfrac{g}{l}\sin\rho - \dfrac{\ddot{y}_M}{l}\cos\rho + \dfrac{\ddot{z}_M}{l}\sin\rho - \dfrac{2\dot{\rho}\dot{l}}{l})/\cos\sigma\\ \dot{f}_4 = -\dot{\rho}^2\sin\sigma\cos\sigma - \dfrac{g}{l}\cos\rho\sin\sigma + \dfrac{\ddot{y}_M}{l}\sin\rho\sin\sigma - \dfrac{\ddot{x}_M}{l}\cos\sigma +\\ \dfrac{\ddot{z}_M}{l}\cos\rho\sin\sigma - \dfrac{2\dot{\sigma}\dot{l}}{l}\end{cases} \tag{5-17}$$

将式（5-1）船体纵摇、横摇、垂荡运动方程对时间求导，得其速度方程为：

$$\begin{cases}\dot{\theta} = -\theta_0\omega_1\sin\omega_1 t\\ \dot{\varphi} = -\varphi_0\omega_2\sin\omega_2 t\\ \dot{z} = -z_0\omega_1\sin\omega_2 t\end{cases} \tag{5-18}$$

将上式再对时间求导，得其加速度方程为：

$$\begin{cases}\ddot{\theta} = -\theta_0\omega_1^2\cos\omega_1 t\\ \ddot{\varphi} = -\varphi_0\omega_2^2\cos\omega_2 t\\ \ddot{z} = -z_0\omega_1^2\cos\omega_2 t\end{cases} \tag{5-19}$$

将式（5-18）、式（5-19）和式（5-16）代入式（5-17），在 MATLAB 软件平台上运用数值方法得到ρ和σ的值，即解得该运动学方程。

采用上述模型，对某救捞船吊放 ROV 的摇摆进行了仿真计算，与海上实测数据进行比较，除了个别浪向时仿真结果与实测数据误差超过 20%以外，其余浪向的误差均小于 20%，在允许范围内，所以本模型可以作为 ROV 摇摆预测模型，为 ROV 的安全吊放及优化使用提供数据支撑。

5.1.4 无人遥控潜水器吊放安全性分析

5.1.4.1 分析思路

根据式（5-6），ROV 偏离其原来位置的幅度为：

$$\begin{cases}\Delta x_N = l\sin\sigma \\ \Delta y_N = l\sin\rho\cos\sigma \\ \Delta z_N = l(\cos\rho\cos\sigma - 1)\end{cases}$$

由 5.1.2 节分析可知，ROV 吊放与回收的最危险工况有两个：一是在小 A 形门架外摆过程中，ROV 的纵向摆动可能会与小 A 形门架发生碰撞；二是在小 A 型门架外摆到最大角度后，从开始吊放到入水的过程，ROV 的横向摆动可能会与船舷发生碰撞。以某救捞船为例，通过船体及装备结构分析，得到 ROV 距小 A 形门架左右间距为 0.7 m，所以在纵向上只需判断 Δx_N 是否小于 0.7 m 即可；在横向上 ROV 可以吊放到舷外的最大距离为 1.7 m，所以在横向只要判断 Δy_N 是否小于 1.7 m 即可。由上面分析可知，ROV 可安全作业的摆动条件为：

$$\begin{cases}l\sin\sigma \leqslant 0.7 \\ l\sin\rho\cos\sigma \leqslant 1.7\end{cases}$$

5.1.4.2 ROV 吊放安全性分析

针对假设的救捞船型，考虑安全因素，将 ROV 在四级海况条件下，在吊放速度分别为 0.1 m/s 与 0.5 m/s 时，进行纵向摆动位移 Δx_N 和横向摆动位移 Δy_N 的仿真计算，见表 5-4 和表 5-5。其中限影区域表示 ROV 摇摆幅度大于安全距离，即 ROV 不可以安全吊放的区域。

由以上数据可以得出如下结论：

（1）四级海况条件下 ROV 在纵向的摆动幅度始终处于安全范围内，也就是说四级海况条件下吊放 ROV，钟体不会与小 A 形门架发生碰撞。

（2）吊放速度对吊放过程中的摆动有较大影响，随着吊放速度的增大，摆角有明显的减小趋势。在实际作业中，应尽可能地增大吊放速度，以减小 ROV 的摆动幅度。

（3）随着吊放速度由 0.1 m/s 增加到 0.5 m/s，ROV 可安全吊放的浪向角范围由 0°~40°、150°~180°增加到 0°~50°、130°~180°，说明增大吊放速度可以明显扩大 ROV 的作业范围。

5.2 深潜救生艇吊放运动及安全性分析

深潜救生艇作为援潜救生的核心装备，是通过救捞船艉端的 A 型门吊进行吊放与回收，其吊放与回收安全亦受到救捞船在风、流、浪的作用下的横摇、纵摇和垂荡的严重影响。

表 5-4　四级海况下，0.1 m/s 吊放速度时 ROV 吊放安全性分析

κ（°）	0	10	20	30	40	50	60	70	80	90	100	110	120	130	140	150	160	170	180
α（rad）	0.00	0.10	0.20	0.20	0.25	0.22	0.35	0.30	0.36	0.38	0.35	0.35	0.38	0.30	0.40	0.20	0.20	0.10	0.00
β（rad）	0.08	0.12	0.15	0.14	0.10	0.09	0.06	0.04	0.03	0.02	0.03	0.05	0.07	0.10	0.13	0.15	0.15	0.14	0.10
Δx（m）	0.31	0.47	0.58	0.55	0.39	0.35	0.24	0.16	0.11	0.08	0.12	0.19	0.27	0.39	0.51	0.58	0.58	0.55	0.39
Δy_Q（m）	0.00	0.81	1.62	1.62	2.02	1.58	2.60	2.11	2.57	2.03	2.30	2.40	2.03	2.01	3.18	1.62	1.62	0.81	0.00

表 5-5　四级海况下，0.5 m/s 吊放速度时 ROV 吊放安全性分析

κ（°）	0	10	20	30	40	50	60	70	80	90	100	110	120	130	140	150	160	170	180
α（rad）	0.00	0.10	0.10	0.20	0.20	0.20	0.22	0.22	0.28	0.28	0.28	0.28	0.30	0.20	0.20	0.20	0.10	0.10	0.00
β（rad）	0.06	0.09	0.10	0.10	0.08	0.06	0.04	0.02	0.02	0.01	0.02	0.03	0.05	0.06	0.08	0.12	0.12	0.10	0.06
Δx（m）	0.23	0.35	0.39	0.39	0.31	0.23	0.16	0.09	0.06	0.05	0.07	0.12	0.18	0.25	0.32	0.47	0.47	0.39	0.25
Δy（m）	0.00	0.81	0.81	1.62	1.62	1.62	1.58	1.68	1.76	1.87	2.06	2.06	1.83	1.62	1.62	1.62	0.81	0.81	0.00

能否在一定的海况环境下正确预测深潜救生艇的吊放是否安全，以及采取何种措施有助于保证吊放安全，将直接决定援潜工作是否能够顺利进行。

根据救捞船横摇、纵摇和垂荡规律，结合救捞船艉端A形门架（以下A形门架）结构特点，建立深潜救生艇吊放过程的非线性运动学模型，进行仿真计算及规律分析，对深潜救生艇吊放进行安全性评估。其中，救捞船纵摇、横摇和垂荡运动已在上节进行了分析，这里不再赘述。

5.2.1　船尾A形门架吊点运动分析模型

5.2.1.1　深潜救生艇吊放系统的组成

深潜救生艇吊放系统主要由A形门架、摆动架组件、起吊绞车组成[23]，如图5-6所示。

图5-6　深潜救生艇吊放系统

（1）A形门架：A形门架布置在救捞船尾部，是一个门形框架结构，为深潜救生艇起吊过程中的承重部分。A形门架下部与甲板底座以铰接形式连接，运动范围为救捞船后甲板到船舷以外海面，具有将深潜救生艇从甲板放入水中和从水中收回到甲板的功能。

（2）摆动架组件：摆动架组件为框架结构，分为摆动架、伸缩架、对接装置及纵摇液压缸、伸缩液压缸、横摇液压缸等部分。摆动架以铰接方式安装在A形架上部横梁的耳座上，垂挂在横梁下方。

（3）起吊绞车：起吊绞车是吊放装置的起升机构，为深潜救生艇的起吊提供提升力，能够提供0~0.5 m/s连续的起吊速度。

5.2.1.2　A运动模型建立假设

根据深潜救生艇吊放装置的结构特点及工作原理，为模型建立做如下假设：

（1）因 A 形门架固结在船体上，假设 A 形门架与船体没有相对运动。

（2）摆动架是通过回转轴连接在门架横梁上，所以在船体横向上摆动架组件固结于吊点，没有相对运动，在纵向上可以绕回转轴来回摆动。在摆动架与横梁之间设置了 4 台纵摇缓冲液压缸，以缓冲摆动架在纵向的摆动，所以认为摆动架组件在船体纵向上做有阻尼摆动。

（3）由于摆动架上有横向和纵向 4 个液压缓冲装置，假设在打开锁紧装置前，摆动架组件和深潜救生艇是固结在一起的整体。

（4）假设打开锁紧装置后，深潜救生艇以摆动架组件末端为吊点，通过吊缆做无阻尼的空间摆动运动。

（5）深潜救生艇吊放与回收的最危险工况是 A 形门架外摆到最大角度，从紧锁装置打开到深潜救生艇入水的过程，针对这种工况进行安全研究。

（6）假设船体纵摇、横摇和垂荡运动对吊点 P 的作用是相互独立的。

5.2.1.3　A 形门架上吊点 P 的运动方程

根据上述假设，建立 A 形门架上吊点 P 的运动模型。

根据救捞船和 A 形门架的结构尺寸、吊放特点，分别计算出船体纵摇、横摇、垂荡引起的吊点 P 的运动，最后叠加得到吊点 P 的运动模型，即吊点 P 对深潜救生艇的激励模型[24-25]。

（1）船体纵摇使吊点 P 产生的运动

吊点 P 的初始平衡平衡位置为 $P_0(x_{P_0}, y_{P_0}, z_{P_0})$，当船体产生一个微小的纵摇角 θ 后，吊点 P 发生的位置变化如图 5-7 所示。

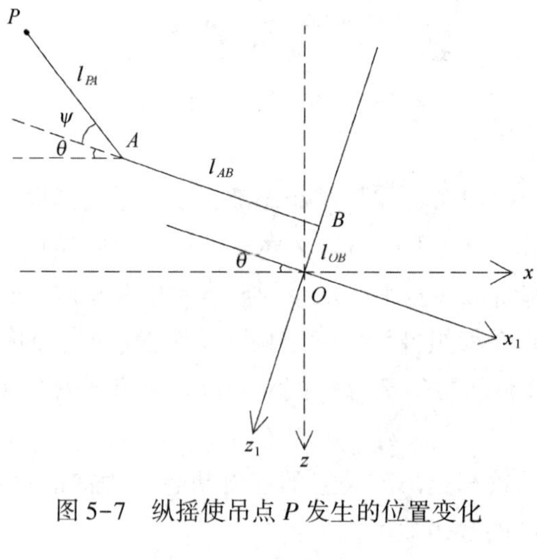

图 5-7　纵摇使吊点 P 发生的位置变化

其中：$O-xz$ 坐标表示船体平衡时的船体坐标；$O-x_1z_1$ 坐标表示船体产生纵摇角 θ 时的船体坐标；P 为 A 形门架顶端吊点；PA 为 A 形门架；l_{PA} 为 A 形门架高度；ψ 为 A 形门架的外摆角；l_{AB} 为 A 形门架底部距船中间的距离；l_{OB} 为甲板面距原点的距离。

由几何关系可以得出纵摇使吊点 P 的坐标增量为：

$$\begin{cases}\Delta x_1 = -\left[l_{PA}\cos(\psi + \theta) + l_{AB}\cos\theta - l_{OB}\sin\theta\right] - x_{P_0} \\ \Delta y_1 = 0 \\ \Delta z_1 = -\left[l_{PA}\sin(\psi + \theta) + l_{AB}\sin\theta + l_{OB}\cos\theta\right] - z_{P_0}\end{cases} \tag{5-20}$$

（2）船体横摇使吊点 P 产生的运动

吊点 P 的初始平衡平衡位置为 $P_0(x_{P_0}, y_{P_0}, z_{P_0})$，当船体产生一个微小的横摇角 φ 后，吊点 P 发生的位置变化如图 5-8 所示。

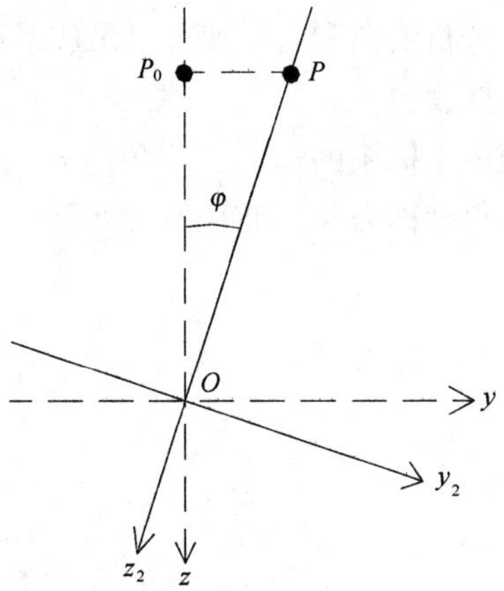

图 5-8　横摇使吊点 P 发生的位置变化

其中：$O-yz$ 坐标表示船体平衡时的船体坐标；$O-y_2z_2$ 坐标表示船体产生横摇角 ϕ 时的船体坐标。

由几何关系可以得出纵摇使吊点 P 的坐标增量为：

$$\begin{cases}\Delta x_2 = 0 \\ \Delta y_2 = -z_{P_0}\sin\varphi \\ \Delta z_2 = z_{P_0}(1 - \cos\phi)\end{cases} \tag{5-21}$$

（3）船体垂荡使吊点 P 产生的运动

吊点 P 的初始平衡平衡位置为 $P_0(x_{P_0}, y_{P_0}, z_{P_0})$，当船体产生一个微小的垂荡 z 后，吊点 P 发生坐标增量为：

$$\begin{cases}\Delta x_3 = 0 \\ \Delta y_3 = 0 \\ \Delta z_3 = z\end{cases} \tag{5-22}$$

（4）船体运动使吊点 P 产生的合运动

由式（5-20）至式（5-22）可以得到救捞船纵摇、横摇、垂荡使吊点 P 产生的合运动为：

$$\begin{cases} x_p = x_{p_0} + \Delta x_1 + \Delta x_2 + \Delta x_3 \\ y_p = y_{p_0} + \Delta y_1 + \Delta y_2 + \Delta y_3 \\ z_p = z_{p_0} + \Delta z_1 + \Delta z_2 + \Delta z_3 \end{cases} \tag{5 - 23}$$

5.2.2 深潜救生艇吊放运动模型与解算

深潜救生艇在吊点 P 的激励下做空间摆动，运用拉格朗日运动学方程建立深潜救生艇吊放系统的三维非线性运动学模型。其模型为时变非线性二阶微分方程，且状态变量相互耦合。通过数值仿真计算，分析浪向和起吊速度对吊放系统运动响应的影响，进而得出深潜救生艇在吊放过程中的摇摆规律。

对于深潜救生艇相对于船体坐标系的运动，用角度 α、β 和 γ 来进行描述。将摆动架组件沿 x 方向偏离平衡位置的角度称为 γ，如图 5-9 所示。

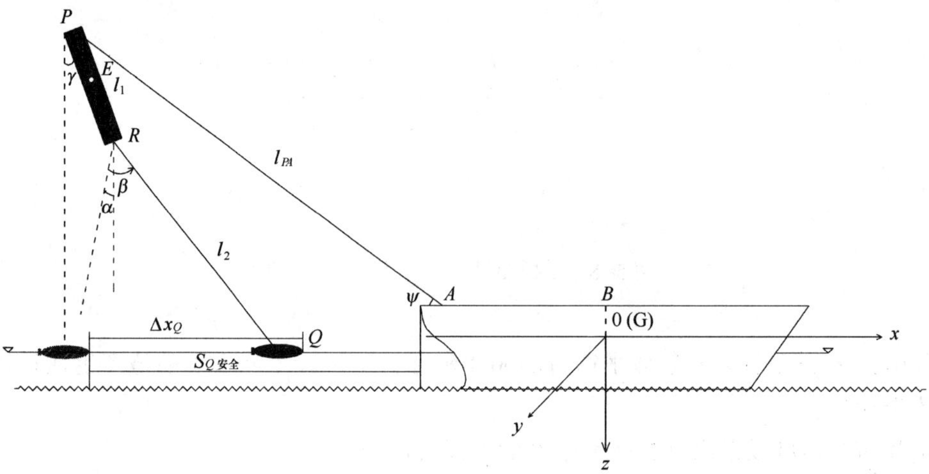

图 5-9 深潜救生艇吊放摆动模型图

其中：PR 表示摆动架组件，看做一个刚体；l_1 表示摆动架长度；l_2 表示吊缆长度，随吊放速度而变化；l_{PA}表示 A 形门架长度；ΔX_Q 表示深潜救生艇偏离平衡位置的纵向距离；$S_{Q安全}$表示深潜救生艇距离能碰到船尾的安全距离。

深潜救生艇相对于摆动架底端 R 的方位用角度 α 和 β 表示，假设平衡状态时吊缆和 z 轴平行，将吊缆与 y 轴、z 轴一起绕过 R 点且平行于惯性轴 x 轴的轴线旋转 α 角度，这样就形成了 $R-x'y'z'$ 坐标系，再将吊缆绕新轴 y'旋转 β 角度，到达摆动位置，如图 5-10 所示。

5.2.2.1 深潜救生艇吊放运动模型

由吊点 P 的坐标 $P(x_P, y_P, z_P)$ 及 α、β、γ，根据图 5-9 所示几何关系，可以得出摆动架组件重心 E 点坐标 $E(x_E, y_E, z_E)$ 和深潜救生艇 Q 点坐标 $Q(x_Q, y_Q, z_Q)$ 的表达式

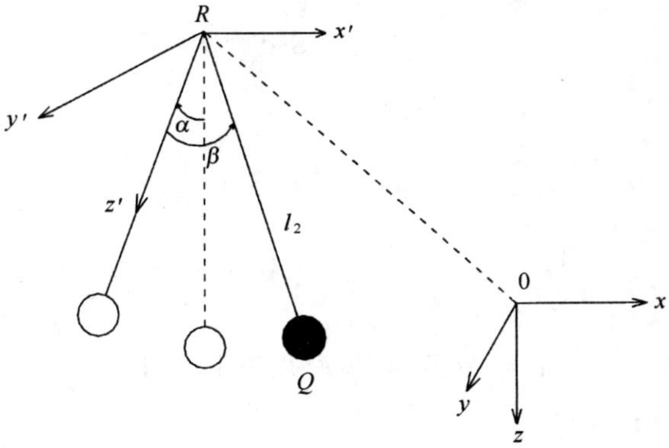

图 5-10　α 角和 β 角示意图

(5-24) 和式 (5-25)。

$$\begin{cases} x_E = x_P + \dfrac{1}{2}l_1\sin\gamma \\ y_E = y_P \\ z_E = z_P + \dfrac{1}{2}l_1\cos\gamma \end{cases} \tag{5-24}$$

$$\begin{cases} x_Q = x_P + l_1\sin\gamma + l_2\sin\beta \\ y_Q = y_P + l_2\sin\alpha\cos\beta \\ z_Q = z_P + l_1\cos\gamma + l_2\cos\alpha\cos\beta \end{cases} \tag{5-25}$$

对时间求导得到摆动架组件 E 和吊重 Q 的速度为：

$$\begin{cases} \dot{x}_E = \dot{x}_P + \dfrac{1}{2}l_1\cos\gamma\cdot\dot{\gamma} \\ \dot{y}_E = \dot{y}_P \\ \dot{z}_E = \dot{z}_P - \dfrac{1}{2}l_1\sin\gamma\cdot\dot{\gamma} \end{cases} \tag{5-26}$$

$$\begin{cases} \dot{x}_Q = \dot{x}_P + l_1\dot{\gamma}\cos\gamma + \dot{l}_2\sin\beta + l_2\dot{\beta}\cos\beta \\ \dot{y}_Q = \dot{y}_P + \dot{l}_2\sin\alpha\cos\beta + l_2\dot{\alpha}\cos\alpha\cos\beta - l_2\dot{\beta}\sin\alpha\sin\beta \\ \dot{z}_Q = \dot{z}_P - l_1\dot{\gamma}\sin\gamma + \dot{l}_2\cos\alpha\cos\beta - l_2\dot{\alpha}\sin\alpha\cos\beta - l_2\dot{\beta}\cos\alpha\sin\beta \end{cases} \tag{5-27}$$

在图 5-15 中，取吊点 P 的平衡位置为势能零点，考虑紧锁装置打开后深潜救生艇的升降运动即吊放速度，构造系统的拉格朗日函数。

摆动架组件的动能 T_E 和势能 V_E 分别为：

$$T_E = \frac{1}{2}m_1(\dot{x}_E^2 + \dot{y}_E^2 + \dot{z}_E^2) \tag{5-28}$$

$$V_E = -\frac{1}{2}m_1 g l_1 \cos\gamma \tag{5-29}$$

深潜救生艇的动能 T_Q 和势能 V_Q 分别为：

$$T_Q = \frac{1}{2}m_2(\dot{x}_Q^2 + \dot{y}_Q^2 + \dot{z}_Q^2) \tag{5-30}$$

$$V_Q = -mg(l_1\cos\gamma + l_2\cos\alpha\cos\beta) \tag{5-31}$$

构造拉格朗日函数 L：

$$L = T - V = T_E + T_Q - V_E - V_Q \tag{5-32}$$

根据拉格朗日方程：

$$\frac{d}{dt}\left(\frac{\partial L}{\partial \dot{q}_j}\right) - \frac{\partial L}{\partial q_j} = F_{q_j} \tag{5-33}$$

式中，q_j 表示广义坐标 α，β，γ；F_{q_i} 表示在 q_i 坐标下除有势力之外的所有外力。在 α 与 β 广义坐标下认为深潜救生艇摆动的阻尼可以忽略不计，即认为 F_α 与 F_β 为 0。在 γ 广义坐标下摆动架组件做有阻尼运动，并且受到黏性阻尼 F_γ 的作用。

$$F_\gamma = c\,\dot{x}_Q \tag{5-34}$$

$$c = 2\zeta m\omega_n \tag{5-35}$$

其中：ζ 为阻尼比，该系统 ζ 为 1，ω_n 为系统受迫频率，取纵摇频率 ω_1。

由式（5-24）至式（5-35）可以得到吊物系统的运动学方程式（5-36）：

$$\begin{cases}
l_2\ddot{\alpha}\cos^2\beta + 2\dot{l}_2\dot{\alpha}\cos^2\beta - 2l_2\dot{\alpha}\dot{\beta}\cos\beta\sin\beta + \ddot{y}_P\cos\alpha\cos\beta + \\
l_1\ddot{\gamma}\sin\alpha\cos\beta\sin\gamma + l_1\dot{\gamma}^2\sin\alpha\cos\beta\cos\gamma - \ddot{z}_P\sin\alpha\cos\beta + g\sin\alpha\cos\beta = 0 \\
l_2\ddot{\beta} + 2\dot{l}_2\dot{\beta} + l_2\dot{\alpha}^2\cos\beta\sin\beta - \ddot{y}_P\sin\alpha\sin\beta + l_1\ddot{\gamma}\sin\beta\cos\gamma + \\
l_1\ddot{\gamma}\cos\alpha\sin\beta\sin\gamma + l_1\dot{\gamma}^2\cos\alpha\sin\beta\cos\gamma + \ddot{x}_P\cos\beta - \ddot{z}_P\cos\alpha\sin\beta - \\
l_1\dot{\gamma}^2\cos\beta\sin\gamma + g\cos\alpha\sin\beta = 0 \\
m_1 l_1[\ddot{x}_P\cos\gamma - \ddot{z}_P\sin\gamma + 0.5l_1\ddot{\gamma} + g\sin\gamma] + m_2 l_1[2l_1\ddot{\gamma} + 2\ddot{x}_P\cos\gamma - 2\ddot{z}_P\sin\gamma + \\
4\dot{l}_2\dot{\alpha}\sin\alpha\cos\beta\sin\gamma - 4\dot{l}_2\dot{\beta}\cos\alpha\sin\beta\sin\gamma + 2l_2\ddot{\alpha}\sin\alpha\cos\beta\sin\gamma + \\
2l_2\dot{\alpha}^2\cos\alpha\cos\beta\sin\gamma - 4l_2\dot{\alpha}\dot{\beta}\sin\alpha\sin\beta\sin\gamma + 2l_2\ddot{\beta}\cos\beta\cos\gamma - \\
2l_2\dot{\beta}^2\sin\beta\cos\gamma + 4\dot{l}_2\dot{\beta}\cos\beta\cos\gamma + 2l_2\ddot{\beta}\cos\alpha\sin\beta\sin\gamma + \\
2l_2\dot{\beta}^2\cos\alpha\cos\beta\sin\gamma + 2gl_1\sin\gamma] = 2c\cdot\dot{x}_Q
\end{cases} \tag{5-36}$$

5.2.2.2 深潜救生艇吊放运动解算

构造方程组：

$$\begin{cases} f_1 = \alpha \\ f_2 = \beta \\ f_3 = \gamma \\ f_4 = \dot{\alpha} \\ f_5 = \dot{\beta} \\ f_6 = \dot{\gamma} \end{cases} \tag{5-37}$$

对其求导得到：

$$\begin{cases} \dot{f}_1 = f_4 \\ \dot{f}_2 = f_5 \\ \dot{f}_3 = f_6 \\ \dot{f}_4 = \ddot{\alpha} \\ \dot{f}_5 = \ddot{\beta} \\ \dot{f}_6 = \ddot{\gamma} \end{cases} \tag{5-38}$$

根据式（5-36）和式（5-38），吊物系统的运动学方程可以变形为式（5-39）：

$$\begin{cases}\dot{f}_1 = f_4 \\ \dot{f}_2 = f_5 \\ \dot{f}_3 = f_6 \\ \dot{f}_4 = (-2\dot{l}_2\dot{\alpha}\cos^2\beta + 2l_2\dot{\alpha}\dot{\beta}\cos\beta\sin\beta - \ddot{y}_P\cos\alpha\cos\beta + \ddot{z}_P\sin\alpha\cos\beta - \\ l_1\dot{\gamma}^2\sin\alpha\cos\beta\cos\gamma - l_1\ddot{\gamma}\sin\alpha\cos\beta\sin\gamma - g\sin\alpha\cos\beta +)/l_2\cos^2\beta \\ \dot{f}_5 = (-2l_2\dot{\beta} - l_2\dot{\alpha}^2\cos\beta\sin\beta - \ddot{x}_P\cos\beta - l_1\ddot{\gamma}\cos\beta\cos\gamma - \\ l_1\ddot{\gamma}\cos\alpha\sin\beta\sin\gamma + l_1\dot{\gamma}^2\cos\beta\sin\gamma + \ddot{y}_P\sin\alpha\sin\beta + \ddot{z}_P\cos\alpha\sin\beta - \\ l_1\dot{\gamma}^2\cos\alpha\sin\beta\cos\gamma - g\cos\alpha\sin\beta)/l_2 \\ \dot{f}_6 = [2c\cdot\dot{x}_Q - m_1l_1(\ddot{x}_P\cos\gamma - \ddot{z}_P\sin\gamma + g\sin\gamma) - 2m_2l_1(\ddot{x}_P\cos\gamma + \\ 2\dot{l}_2\dot{\alpha}\sin\alpha\cos\beta\sin\gamma + 2\dot{l}_2\dot{\beta}\cos\alpha\sin\beta\sin\gamma + l_2\ddot{\alpha}\sin\alpha\cos\beta\sin\gamma + \\ l_2\dot{\alpha}^2\cos\alpha\cos\beta\sin\gamma - 2l_2\dot{\alpha}\dot{\beta}\sin\alpha\sin\beta\sin\gamma + l_2\ddot{\beta}\cos\alpha\sin\beta\sin\gamma + \\ l_2\dot{\beta}^2\cos\alpha\cos\beta\sin\gamma - \ddot{z}_P\sin\gamma + 2\dot{l}_2\dot{\beta}\cos\beta\cos\gamma + \\ l_2\ddot{\beta}\cos\beta\cos\gamma - l_2\dot{\beta}^2\sin\beta\cos\gamma + g\sin\gamma)]/(0.5m_1 + 2m_2)l_1^2\end{cases} \tag{5-39}$$

对式（5-39）进行求导，并代入相关参数，得吊点 P 的速度方程为：

$$\begin{cases}\dot{x}_p = 10.98\cos\theta\cdot\dot{\theta} + 72.7\sin\theta\cdot\dot{\theta} \\ \dot{y}_p = 10.98\cos\phi\cdot\dot{\phi} \\ \dot{z}_p = -72.7\cos\theta\cdot\dot{\theta} + 10.98\sin\theta\cdot\dot{\theta} - 10.98\sin\phi\cdot\dot{\phi} + \dot{z}\end{cases} \tag{5-40}$$

对式（5-40）求导，得吊点 P 的加速度方程为：

$$\begin{cases}\ddot{x}_P = -10.98\sin\theta\cdot\dot{\theta}^2 + 10.98\cos\theta\cdot\ddot{\theta} + 72.7\cos\theta\cdot\dot{\theta}^2 + 72.7\sin\theta\cdot\ddot{\theta} \\ \ddot{y}_P = -10.98\sin\phi\cdot\dot{\phi}^2 + 10.98\cos\phi\cdot\ddot{\phi} \\ \ddot{z}_P = 72.7\sin\theta\cdot\dot{\theta}^2 - 72.7\cos\theta\cdot\ddot{\theta} + 10.98\cos\theta\cdot\dot{\theta}^2 + 10.98\sin\theta\cdot\ddot{\theta} \\ -10.98\cos\phi\cdot\dot{\phi}^2 - 10.98\sin\phi\cdot\ddot{\phi} + \ddot{z}\end{cases} \tag{5-41}$$

将式（5-41）船体纵摇、横摇、垂荡运动方程对时间求导，得其速度方程为：

$$\begin{cases}\dot{\theta} = -\theta_0\omega_1\sin\omega_1 t \\ \dot{\phi} = -\phi_0\omega_2\sin\omega_2 t \\ \dot{z} = -z_0\omega_1\sin\omega_2 t\end{cases} \tag{5-42}$$

将式（5-42）再对时间求导，得其加速度方程为：

$$\begin{cases}\ddot{\theta} = -\theta_0\omega_1^2\cos\omega_1 t \\ \ddot{\phi} = -\phi_0\omega_2^2\cos\omega_2 t \\ \ddot{z} = -z_0\omega_1^2\cos\omega_2 t\end{cases} \tag{5-43}$$

将式（5-41）、式（5-42）、式（5-43）代入式（5-39），在 MATLAB 软件平台上运用数值方法得到 α、β、γ 的值，即解得该运动学模型。

采用上述模型，对某救捞船吊放深潜救生艇的摇摆进行了仿真计算，与海上实测数据进行比较，除了在 90°浪向角时与实测数据误差超过 20%以外，其余误差均小于 10%，在允许范围内，所以本模型可以作为深潜救生艇摇摆预测模型，对深潜救生艇的安全吊放及优化使用提供数据支撑。

5.2.3　深潜救生艇吊放过程的安全性分析

在四级海况条件下，在 0°~180°浪向角时的 α、β、γ 角，计算出深潜救生艇在不同浪向角下的摇摆幅度，通过与安全距离进行对比，进行安全性分析。

（1）分析思路

由式（5-25）可知，潜救生艇在吊放过程中，偏离其平衡位置的幅度为：

$$\begin{cases}\Delta x_Q = l_1\sin\gamma + l_2\sin\beta \\ \Delta y_Q = l_2\sin\alpha\cos\beta \\ \Delta z_Q = l_1(\cos\gamma - 1) + l_2(\cos\alpha\cos\beta - 1)\end{cases} \tag{5-44}$$

在 A 形门架外摆过程中，深潜救生艇与摆动架组件一直处于紧锁状态，紧锁装置打开之前，认为深潜救生艇与 A 形门架没有相对运动。因此，最危险工况出现在 A 形门架外摆到最大角度后，从紧锁装置打开到深潜救生艇入水的这段过程。在这一过程中，由于 A 型门架已经摆到最大角度，深潜救生艇在横向上的摆动已不可能与 A 形门架发生碰撞，吊放装置在垂向上带有波浪补偿功能，所以只需考虑深潜救生艇纵向上的摆动能否与船尾发生碰撞即可，即只需判断 Δx_Q 是否小于 $S_{安全}$。

（2）深潜救生艇吊放安全性分析

针对假设的救捞船型，考虑安全因素，将深潜救生艇在四级海况条件下，在吊放速度分别为 0.1 m/s 与 0.5 m/s 时，进行深潜救生艇纵向摆动位移 Δx_Q 仿真计算，如表 5-6 和表 5-7 示。其中阴影区域表示深潜救生艇摇摆幅度大于安全距离，即深潜救生艇不可以安全吊放的区域。

表 5-6　四级海况下，0.1 m/s 吊放速度时深潜救生艇吊放纵向运动计算

κ（°）	0	10	20	30	40	50	60	70	80	90	100	110	120	130	140	150	160	170	180
α（rad）	0.00	0.02	0.10	0.10	0.10	0.10	0.09	0.08	0.08	0.08	0.08	0.08	0.10	0.10	0.10	0.10	0.05	0.04	0.00
β（rad）	0.30	0.40	0.40	0.42	0.40	0.34	0.25	0.15	0.09	0.08	0.11	0.17	0.28	0.37	0.42	0.41	0.45	0.40	0.34
γ（rad）	0.18	0.31	0.35	0.30	0.28	0.20	0.12	0.07	0.04	0.03	0.05	0.07	0.13	0.20	0.30	0.37	0.39	0.34	0.20
Δx_Q（m）	3.82	5.54	5.81	5.63	5.33	4.29	2.98	1.79	1.06	0.88	1.30	1.96	3.30	4.53	5.63	6.02	6.47	5.74	4.29

表 5-7　四级海况下，0.5 m/s 吊放速度时深潜救生艇吊放纵向运动计算

κ（°）	0	10	20	30	40	50	60	70	80	90	100	110	120	130	140	150	160	170	180
α（rad）	0.00	0.02	0.05	0.05	0.05	0.05	0.05	0.05	0.05	0.05	0.06	0.05	0.05	0.05	0.05	0.05	0.05	0.03	0.00
β（rad）	0.15	0.24	0.27	0.24	0.21	0.16	0.12	0.06	0.04	0.04	0.04	0.08	0.12	0.17	0.22	0.28	0.28	0.25	0.16
γ（rad）	0.12	0.18	0.18	0.17	0.15	0.11	0.07	0.05	0.02	0.02	0.03	0.05	0.08	0.12	0.12	0.16	0.20	0.18	0.13
Δx_Q（m）	2.14	3.33	3.58	3.26	2.86	2.16	1.53	0.88	0.51	0.44	0.59	1.00	1.60	2.31	2.73	3.52	3.80	3.41	2.30

由以上计算可以得到以下结论：

（1）随着浪向角在0°~180°间变化，深潜救生艇的纵向摆动幅度基本符合正弦规律，在浪向角为20°时达到最大，在浪向角为90°时达到最小。

（2）吊放速度对深潜救生艇的摆动有较大影响，随着吊放速度的增大，深潜救生艇摆幅有明显的减小趋势。在实际作业中，应尽可能地增大吊放速度，以减小深潜救生艇的摆动幅度。

（3）随着吊放速度由0.1 m/s增加到0.5 m/s，深潜救生艇可安全吊放的浪向角范围也由70°~110°增加到40°~140°，说明增大吊放速度可以明显扩大深潜救生艇适应作业的海况范围。

5.3　难船拖航航向稳定性分析

因遭遇海难事故无法航行的船舶在原地放置不仅妨碍其他船舶的航行，甚至有可能引起新的海难事故，因此需要尽快地将其拖至安全海域、港湾或修船厂。被拖带难船的航向稳定性是保证拖带船舶与遇难船舶航行安全的重要问题。

被拖带难船的航向稳定性研究，即是对被拖船在风、浪作用下的拖航运动特性进行研究，这是一个复杂的问题。在实际拖航过程中，一方面，拖船、拖缆、被拖船之间存在着力的相互作用；另一方面，拖船、拖缆、被拖船都受到风、浪作用。因此，在对被拖带船舶的航向稳定性进行研究时，应将拖船、拖缆、被拖船作为一个整体，即拖航系统，进行研究。以下以拖航系统为研究对象，建立非线性拖航系统整体拖带动力学模型，采用被拖带点位置匹配技术来确定拖缆张力，即被拖船与拖缆的运动学条件，进而在被拖船的运动模型中引入风、浪的作用力和力矩，即可通过数值模拟，分析风、规则波作用下被拖船的运动和被拖船航向稳定性，可得到对拖带作业具有指导意义的航向稳定性极坐标图[26-27]。

5.3.1　拖带船舶与被拖带船舶运动方程

通常船舶操纵性所采用的坐标系如图5-11所示。惯性坐标系为 $E\xi\eta V$，运动坐标系为 $o_ix_iy_iz_i$，下标 $i=1$、2分别表示拖船与被拖船（下同）。φ_1、φ_2 是拖点处拖缆与船体垂直面内夹角，θ_1、θ_2 是拖点处拖缆与船体水平面内夹角。

为了简化问题，拖带船舶的运动方程采用水平面内3个自由度的操纵性运动方程：

$$\begin{cases} m(\dot{u} - vr - x_g r^2) = X \\ m(\dot{v} + ur + x_g \dot{r}) = Y \\ I_z \dot{r} + m x_g (v + ur) = N \end{cases} \tag{5-45}$$

式中：m 为船舶质量，x_g 为船舶重心的纵向坐标，I_z 为绕 Oz 轴的转动惯量，X、Y 为作用于船体上沿 Ox、Oy 方向上的水动力，N 为绕 Oz 的外力矩，u、v 为坐标原点的速度在船体运动

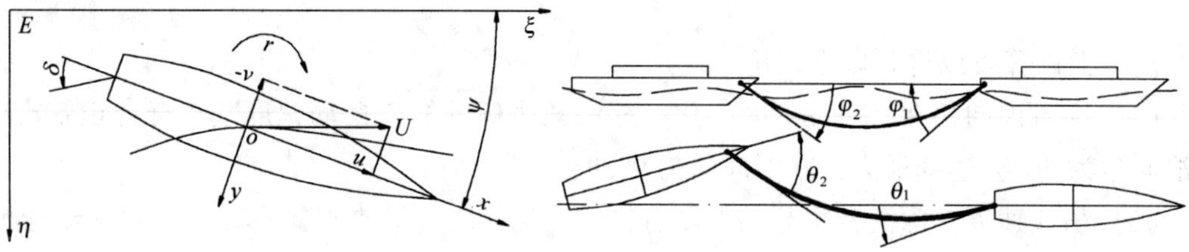

图 5-11 坐标系定义

坐标系 Ox 、Oy 轴上的投影分量，r 为绕 Oz 轴的转动角速度。按照 MMG 分离模型的方法，上式等号右端水动力表达如下：

$$\begin{cases} X = X_H + X_P + X_R \\ Y = Y_H + Y_R \\ N = N_H + N_R \end{cases} \tag{5-46}$$

式中，下标 H 、P 、R 分别表示船体、螺旋桨和舵。为简化起见，不考虑拖缆张力对拖带船舶运动的影响，而将焦点集中在被拖船与拖缆的相互作用上，即在上式中不包含拖缆的张力。

而被拖带船舶则采用 4 个自由度的操纵性运动方程，即考虑了横摇运动与水平面运动的耦合，运动方程如下：

$$\begin{cases} m(\dot{u} - vr - x_g r^2) = X \\ m(\dot{v} + ur + x_g \dot{r}) = Y \\ I_z \dot{r} + m x_g (v + ur) = N \\ I_x \dot{p} = K \end{cases} \tag{5-47}$$

方程右端包括以下部分的水动力：

$$\begin{cases} X = X_H + X_T + X_W + X_S \\ Y = Y_H + Y_T + Y_W + Y_S \\ N = N_H + N_T + N_W + N_S \\ K = K_H + K_T + K_W + K_S \end{cases} \tag{5-48}$$

式中，下标 T 、W 、G 分别表示拖缆张力、浪作用力、风作用力在运动坐标系下的投影分量，p 为绕 Ox 的转动角速度。

将拖带船舶与被拖带船舶的运动作为一个整体来考虑，它们之间通过拖缆来联系。拖缆的拖点与拖带船舶保持运动一致，拖缆被拖点的张力传递给被拖带船舶作为主动力。令拖缆在被拖点的张力为 T_T ，将张力投影到被拖带船舶运动坐标系上，得到力和力矩为：

$$\begin{cases} X_T = T_T \cdot \cos\theta_2 \cdot \cos\varphi_2 \\ Y_T = T_T \cdot \sin\theta_2 \cdot \cos\varphi_2 \\ N_T = Y_T \cdot x_{TP} \\ K_T = - Y_T \cdot z_{TP} \end{cases} \tag{5-49}$$

式中，x_{TP} 、z_{TP} 为被拖点在被拖船运动坐标系中的位置坐标，并隐含了拖点位于船对称面上的假定。

风作用力和力矩的表达式采用通常的形式：

$$\begin{cases} X_S = \frac{1}{2}\rho_s \cdot U_S^2 \cdot S \cdot C_{XS} \\ Y_S = \frac{1}{2}\rho_s \cdot U_S^2 \cdot S \cdot C_{YS} \\ K_S = \frac{1}{2}\rho_s \cdot U_S^2 \cdot S \cdot L \cdot C_{KS} \\ N_S = \frac{1}{2}\rho_s \cdot U_S^2 \cdot S \cdot L \cdot C_{NS} \end{cases} \tag{5-50}$$

式中，U_S 、ρ_S 、S 、L 分别为风速、风质量密度、被拖船受风面积、被拖船船长。风作用力和力矩系数 C_{XS} 、C_{YS} 、C_{KS} 、C_{NS} 根据模型试验结果确定，风作用力和力矩系数大小与风向角有关。

目前，大部分的研究方法是直接在运动方程中叠加波浪力，这种方法在势流理论范围内在用双时标展开法时被证明是可行的。这里按照船舶耐波性线性理论的划分，将波浪力分为辐射力、入射力和绕射力。辐射力以附加质量计入，对于波浪的入射力和绕射力，仅计入一阶高频波浪谐振力，把入射力和绕射力做线性叠加后，波浪力和力矩如下

$$\begin{cases} X_W = 0 \\ Y_W = \bar{Y}_W\cos(\omega_e t + \varepsilon_y) \\ K_W = \bar{K}_W\cos(\omega_e t + \varepsilon_k) \\ N_W = \bar{N}_W\cos(\omega_e t + \varepsilon_n) \end{cases} \tag{5-51}$$

式中，上标符号“—”表示波浪力幅值，根据切片理论计算。ε 为波浪力初始相位，ω_e 是遭遇频率，且

$$\omega_e = \omega_0(1 + \frac{\omega_0}{g}U\cos\chi) \tag{5-52}$$

式中，ω_0 为规划波自然圆频率；U 为船舶水平面航速；χ 为浪向角，180°为顺浪，0°为顶浪。

上述拖船-缆-被拖船动力学模型归纳为：拖船简化为 3 自由度水平面运动方程，忽略了风和拖缆对它运动的影响；被拖船运动的主动力是拖缆张力，其动力学模型中考虑了横摇运动与水平面运动的耦合影响，风的影响以作用力和力矩的形式计入；拖缆张力由下一节的拖缆动力学模型确定，并且通过拖缆拖点和被拖点的边界条件确定其唯一性。

5.3.2 拖缆运动方程

按照 Ablow 方法，拖缆微元段缆 δS（图 5-12）的矢量方程为：

$$\frac{\partial \vec{T}}{\partial S} + \vec{W} + \vec{F} + \vec{B} = 0 \tag{5-53}$$

式中，$\vec{T}$ 为拖缆断面张力矢量；$\vec{W}$、$\vec{B}$ 分别为单位缆长重力和浮力矢量；$\vec{F}$ 为单位缆长流体动力。在拖缆局部坐标系下展开后得到拖缆的动力学方程为：

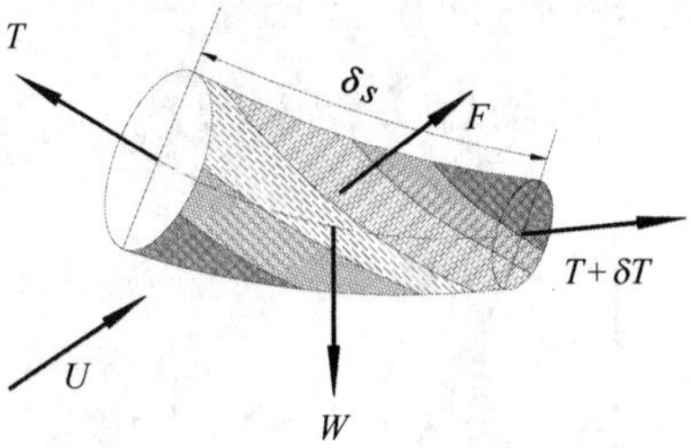

图 5-12　拖缆微元段力学模型

$$My' = N\dot{y} + q \tag{5 - 54}$$

式中，变量 $y = (T,\ U_t,\ U_n,\ U_b,\ \theta,\ \varphi)^T$ 分别是微元段拖缆的张力、切向速度、2 个法向速度、局部坐标系到惯性坐标系转换的 2 个欧拉角，上标"′"和"·"分别表示对缆长、时间的微分，系数矩阵 M、N、q 如下式：

$$M = \begin{vmatrix} 1 & 0 & 0 & 0 & 0 & 0 \\ 0 & 0 & 0 & 0 & 0 & T \\ 0 & 0 & 0 & 0 & T\cos\varphi & 0 \\ 0 & 1 & 0 & 0 & -U_b\cos\varphi & -U_n \\ 0 & 0 & 1 & 0 & U_b\sin\varphi & U_t \\ 0 & 0 & 0 & 1 & U_t\cos\varphi - U_n\sin\varphi & 0 \end{vmatrix} q = \begin{vmatrix} w_1\sin\varphi + \sqrt{1+eT}\pi C_t U_t \cdot |U_t| \\ w_1\cos\varphi + \sqrt{1+eT} C_n u_n \cdot \sqrt{u_n^2 + u_b^2} \\ \sqrt{1+eT} C_b u_b \cdot \sqrt{u_n^2 + u_b^2} \\ 0 \\ 0 \\ 0 \end{vmatrix}$$

$$N = \begin{vmatrix} \dfrac{-mU_t e}{1+eT} & m & 0 & 0 & -m_1 U_b\cos\varphi & m_1 U_n \\ \dfrac{-m_1 U_n e}{1+eT} & 0 & m_1 & 0 & m_1 U_b \sin\varphi & mU_t \\ \dfrac{-m_1 U_b e}{1+eT} & 0 & 0 & m_1 & mU_t\cos\varphi - m_1 U_n \sin\varphi & 0 \\ e & 0 & 0 & 0 & 0 & 0 \\ 0 & 0 & 0 & 0 & 0 & (1+eT) \\ 0 & 0 & 0 & 0 & (1+eT)\cos\varphi & 0 \end{vmatrix}$$

且，$e = 1/EA$，$w_1 = m - \rho A$，$m_1 = m + \rho A$。E 为拖缆的弹性模量，A 为拖缆截面面积，m 为单位缆长质量，ρ 为水的质量密度，C_t 为单位缆长切向水动力无因次系数，C_b 和 C_n 为单位缆长法向水动力无因次系数，对于圆形截面两者相等。

上述拖缆动力学方程中，包括了拖缆的几何与材料属性。对一段有限长度拖缆将其离散为 n 段，则共有 6×n 个独立的方程（（5-53）式），（n+1）个节点共有 6×（n+1）个未知数，所以尚需通过拖缆 2 个端点的边界条件确定拖缆运动的唯一性。

5.3.3　拖缆的边界条件

拖带系统由拖船、拖缆、被拖船构成。拖缆是连接拖船和被拖船的中间物，其拖点和被拖点的边界条件决定了这个系统唯一运动。其中拖点张力大小与方向影响到拖船的运动，为了简化起见并不影响问题的处置，直接取拖船对应点的数值。拖缆的被拖点张力对被拖船而言是主动力，决定了被拖船的运动，同时被拖船的运动状态（包括位）又影响到拖缆的形态，也就是影响到拖缆被拖点的大小和方向，这又影响到被拖船的运动状态，所以，在处理拖缆被拖点的边界条件时，提出了位置匹配方法，具体实现步骤在数值计算中给出。

拖点处的边界条件可以这样考虑，拖带船舶在拖点处的运动速度与拖缆拖点的运动速度应该一致，拖带船舶在拖点处的运动速度是通过拖带船舶的运动方程唯一确定的，所以，拖缆拖点的运动速度是唯一的。

设拖带船舶坐标系原点的运动速度和角速度分别为 $\vec{V}$ 、$\vec{\Omega}$，拖点在船体运动坐标系下位置为 $\vec{r}_{TP1}$（x_{TP1}，y_{TP1}，z_{TP1}），则船体运动坐标系下拖点速度 $\vec{U}_p$（U_{xp}，U_{yp}，U_{zp}）不难得到：

$$\vec{U}_p = \vec{V} + \vec{\Omega} \times \vec{r}_{TP1} \tag{5-55}$$

先将 $\vec{U}_p$ 转换到惯性坐标系（$E\xi\eta V$）中，如下所示

$$\begin{cases} U_{\xi p} = U_{xp}\cos\psi_1 - U_{yp}\sin\psi_1 \\ U_{\eta p} = U_{xp}\sin\psi_1 + U_{yp}\cos\psi_1 \\ U_{\zeta p} = U_{zp} \end{cases} \tag{5-56}$$

式中，ψ_1 为拖带船舶的航向角。再将上式转换到拖缆的局部坐标系中，得到拖点在局部坐标系下的 3 个运动速度（U_{tp}，U_{np}，U_{bp}）：

$$\begin{cases} U_{tp} = U_{\xi p}\cdot\cos\theta\cdot\cos\varphi + U_{\eta p}\cdot\sin\theta\cdot\cos\varphi - U_{cp}\cdot\sin\varphi \\ U_{np} = -U_{\xi p}\cdot\cos\theta\cdot\sin\varphi - U_{\eta p}\cdot\sin\theta\cdot\sin\varphi - U_{cp}\cdot\cos\varphi \\ U_{bp} = -U_{\xi p}\cdot\sin\theta + U_{\eta p}\cdot\cos\theta \end{cases} \tag{5-57}$$

（5-57）式为拖缆运动方程的 3 个补充方程。

对于拖缆尾端点的边界条件，与自由拖带边界条件不同，这里提出位置边界条件：拖缆张力 T_T 作用下被拖带船舶拖点的位置 $\vec{r}_T$ 作为拖缆尾端点的位置，根据拖曳系统的几何关系不难得到：

$$\vec{r}_T = \int_0^l (1 + eT)\vec{t}\cdot\mathrm{d}s \tag{5-58}$$

且 l 为拖缆长度，矢量 $\vec{t}$ 为拖缆局部坐标系下缆切向单位矢量。将上式转换到惯性坐标系下，并写成分量形式：

$$
\begin{cases}
\xi_T = \int_0^l (1 + eT) \cdot \cos\theta \cdot \cos\varphi \cdot ds \\
\eta_T = \int_0^l (1 + eT) \cdot \sin\theta \cdot \cos\varphi \cdot ds \\
\zeta_T = -\int_0^l (1 + eT) \cdot \sin\varphi \cdot ds
\end{cases}
\tag{5-59}
$$

将拖缆运动式（5-59）离散后，与拖点边界条件式（5-57）和被拖点边界条件式（5-58）（离散后）构成拖缆系统封闭的动力学运动方程。

5.3.4　缆船非线性系统拖带数值计算

5.3.4.1　数值计算步骤

拖船-拖缆-被拖船构成的非线性拖带系统的数值计算步骤为：选取计算时间步长 Δt，根据拖船动力学方程计算下一时刻的运动；根据拖点和被拖点的边界条件，由拖缆动力学方程确定拖缆的阵形及被拖点的张力 T_T；由被拖点的张力 T_T 和被拖带船舶的动力学方程，计算下一时刻的运动，包括被拖点的坐标位置。

由于被拖船的主动力是拖缆，所以拖缆张力大小和状态（φ_2 和 θ_2）确定了被拖船的运动，包括被拖点的位置，而被拖点的位置又确定拖缆张力大小和状态，所以，被拖船的运动必须通过被拖点位置的迭代匹配实现。在数值计算中，假定一个合理的被拖点位置 $\vec{r}_{T0}$ 作为初始值，该初始值作为拖缆的边界条件（5-59）式，由封闭的拖缆动力学方程计算得到被拖点张力 T_{T0} 和状态 φ_{20}、θ_{20}，将此代入到被拖带船舶运动方程中，根据被拖带船舶的动力学方程计算得到被拖点的位置 $\vec{r}_{T1}$，若 $|\vec{r}_{T1} - \vec{r}_{T0}| < 0.01$ m，则迭代结束，进入到下一时间步长计算，否则取 $(\vec{r}_{T1} + \vec{r}_{T0})/2$ 作为新的被拖点位置，继续计算直到满足迭代精度要求。

研究中，拖带船舶的运动仅仅提供一个拖点的运动，没有考虑拖带船舶和拖缆的相互作用影响，而拖缆与被拖带船舶则通过被拖点位置的匹配计入了拖缆和被拖带船舶的相互作用，构成了缆-船非线性的整体动力学方法。

5.3.4.2　计算模型参数

本文选取拖带船舶和被拖带船舶的排水量分别约为 5 000 t、3 000 t，船体水动力无因次系数如表 5-8 所示。拖缆选取直径为 43 mm 的圆截面钢缆。

表 5-8 拖船与被拖船的船体无因次水动力系数

	符号数值×10⁻³			符号数值×10⁻³	
	拖带船	被拖船		拖带船	被拖船
m'_{11}	0.035 6	0.028 0	Y'_{vvv}	-87.550	-87.336 0
m'_{22}	3.068 0	2.796 0	Y'_{rrr}	0.000 0	0.000 0
m'_{66}	0.172 4	0.123 3	N'_{v}	-4.004 0	-3.936 0
m'_{26}	0.000 0	0.242 7	N'_{r}	-1.512 5	-1.536 9
X'_{vr}	-2.070 6	-1.942 0	N'_{vvr}	0.000 0	0.000 0
Y'_{v}	-8.650 0	-8.650 0	N'_{vrr}	22.550 0	24.996 0
Y'_{r}	1.120 0	1.041 6	N'_{vvv}	33.430 0	33.248 0
Y'_{vvr}	0.000 0	0.000 0	N'_{rrr}	0.000 0	0.000 0
Y'_{vrr}	-6.177 5	-5.740 6			

对拖缆缆长 $l=300$ m，被拖点位置坐标 $x'_{TP}=0.48$，拖带航速 $U=8$ kn 的状况进行了大量的数值计算。计算的初始条件为拖带船航速 $U_0=8$ kn，初始航向角 $\psi_0=0°$，目标航向角 $\psi_T=0°$。拖带船的转舵规律取 PD 控制：

$$\delta = k_p \cdot \Delta\psi + k_d \cdot \Delta\dot{\psi} \tag{5-60}$$

其中：$\Delta\psi$ 、$\Delta\dot{\psi}$ 分别为航向偏差和偏差角速度；系数 k_p 、k_d 分别为 PD 控制参数。风向角χ从 0°到 180°，每 10°为一个计算点。

5.3.4.3 风作用下拖带非线性系统运动数值计算分析

风向角为 80°和 130°的计算结果分别如图 5-13、图 5-14 所示，图中分别给出了拖带运动稳定与不稳定的典型计算曲线图。曲线图中各角度含义为：ψ 为被拖带船的航向角；β 为被拖船的漂角；φ 为被拖船的横倾角；θ 为拖缆与被拖船纵中剖面夹角（见图 5-11 中的 θ_2）。

从计算图线可以看出，在其他条件相同的情况下随着风级的加大（风速增加），被拖带船由航向稳定运动变为航向不稳定。同时还发现，拖带若具有航向稳定性，则横向能够保持稳定，若拖带不具有航向稳定性，则最终拖缆张力 T 与被拖带船纵中剖面出现过大的角度 θ，将导致横倾力矩过大，横向稳性丧失。

根据上述计算结果绘制了在该状态下被拖带船舶抗风能力的航向稳定性极坐标图（见图 5-15），图中等半径圆表示风级。该极坐标区域图表明，在顶风（$\chi=0°$）航行状态被拖带船舶具有较大的抵抗风力作用的航向稳定性能力，但是其抵抗风力的航向稳定性能力的区域非常有限，而在顺风情况（$\chi=180°$）下其航向稳定性能力较顶风状态差。从整个风力航向稳定性极坐标区域图可以看出，顺斜风状态下较顶斜风状态具有更加宽广的航向稳定性能力。

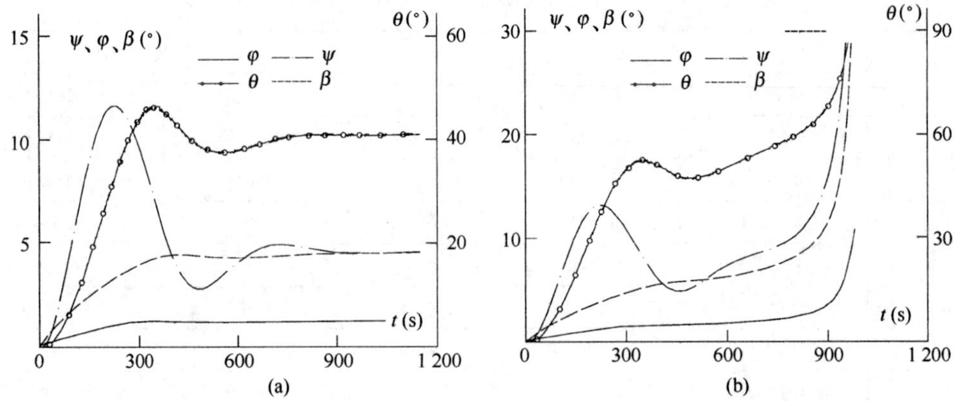

图 5-13　风向角χ = 80°，风级（a）= 2.4，（b）= 2.6

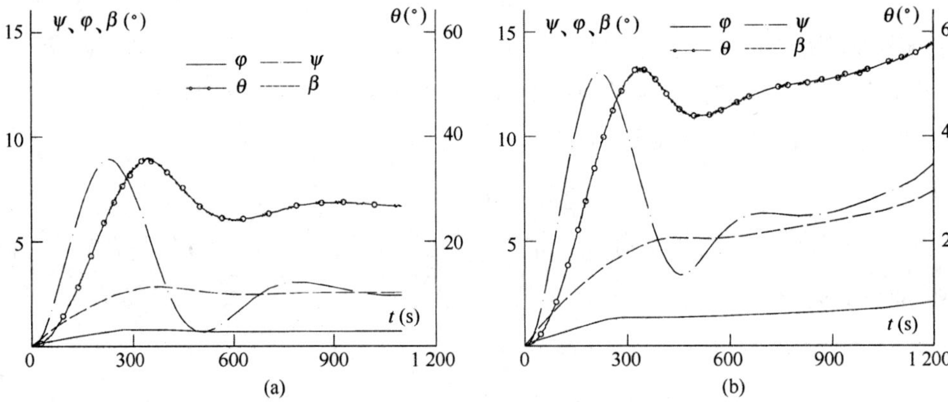

图 5-14　风向角χ = 130°，风级（a）= 3.8，（b）= 4.2

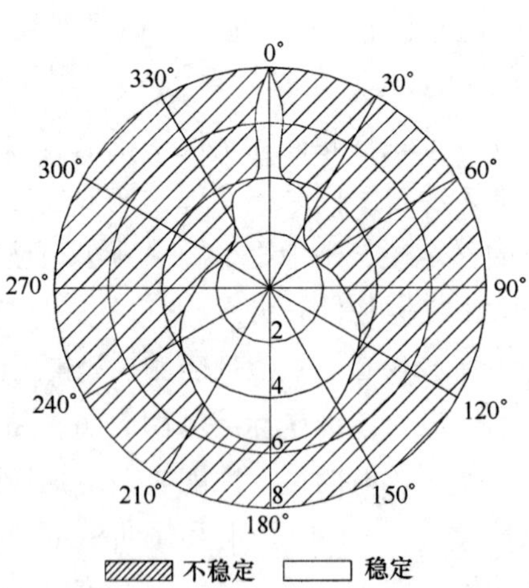

图 5-15　风力作用下航向稳定性极坐标区域图

5.3.4.4　波浪作用下拖带非线性系统运动数值计算分析

浪向角χ从0°到180°，每10°为一个计算点，进行波浪作用下缆船拖带非线性系统运动数值计算。浪中运动仿真结果表明，被拖带船舶抵抗波浪保持航向稳定的能力非常低，其运动特性有以下3种情况。

（1）浪作用下被拖带船舶航向角ψ和横倾角φ幅值很小，拖带运动航向稳定，同时横向运动也稳定，如图5-16所示。

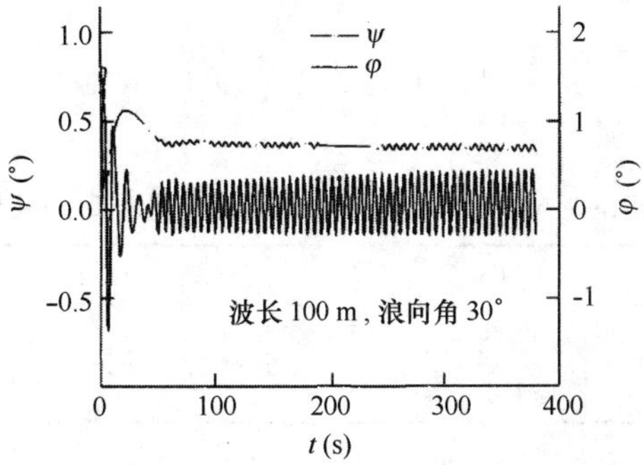

图5-16　波浪作用下被拖带舰船航向角和横倾角变化过程

（2）波浪作用下被拖带船舶航向角ψ呈现低频振荡，幅值没有明显增大趋势，横倾角φ呈现高频振荡，幅值在一定范围内也无明显增大趋势。拖带运动处于稳定与不稳定临界状态，如图5-17所示。

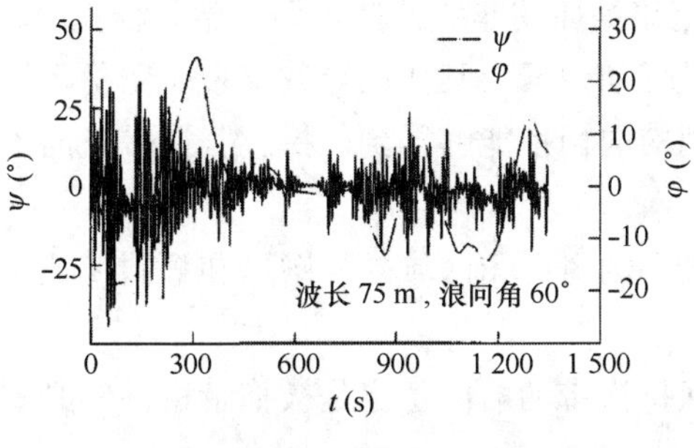

图5-17　波浪作用下被拖带舰船航向角和横倾角变化过程

（3）波浪作用下被拖带船舶航向角ψ和横倾角φ呈现低频振荡，并且幅值明显增大发散。拖带运动不稳定，如图5-18所示。

上述3个特性表明，在拖带航速、拖缆长度、拖点位置一定的条件下，各浪向角下被拖带船舶运动稳定性在一个不确定区域，即被拖带船舶的运动不表现明显的稳定性和不稳定性，在这个区域以外则呈现明显的稳定或不稳定运动。表5-9归纳出大致的稳定和不稳定波长。

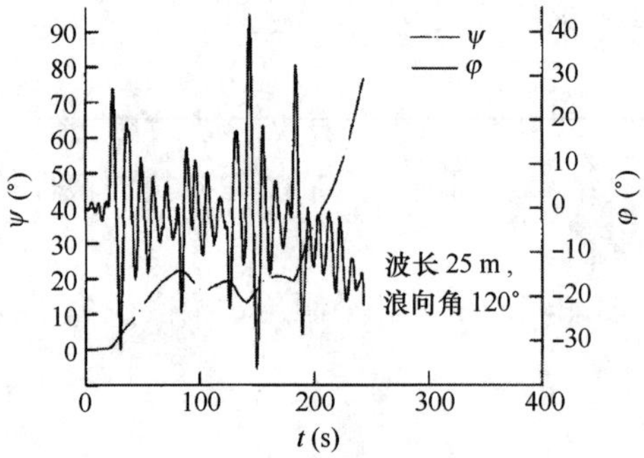

图 5-18　波浪作用下被拖带舰船航向角和横倾角变化过程

表 5-9　各个浪向角下对应稳定与不稳定的波长

浪向角χ (°)	0	30	60	90	120	150	180
稳定波长 λ (m)	75	100	50	10	10	25	25
不稳定波长 λ (m)	125	150	100	25	25	50	50

以上以拖缆动力学方程和被拖带船舶动力学方程为基础，提出了被拖点位置匹配方法，构建了拖船-拖缆-被拖船整体的非线性拖带动力学方程，被拖带船考虑了风、波浪的作用，并采用了水平面 4 个自由度的运动方程，通过数值计算手段实现了时间域内任意拖带运动的模拟。对一艘具有航向稳定性船进行了拖带运动数值计算，讨论了风作用对被拖带船的航行运动以及横向运动的影响。对计算结果的分析认为：

（1）拖船-拖缆-被拖船整体的非线性拖带动力学方程在时域内能有效模拟拖带运动；

（2）风、波浪力都是扰动因素，其作用导致拖带航向稳定性降低；

（3）拖带航向稳定则横向稳性能够得到保持，若拖带航向不稳定，则往往可能导致横向不稳定；

（4）除了顶风拖带较小的风向角区域外，顺风和顺斜风比顶斜风具有更加宽广的拖带稳定性区域；

（5）波浪中拖带，保持拖带的航向稳定是被拖带稳性的必要条件。

5.4　吊船起吊稳性分析

在吊船设计中，已对一般情况下的吊船稳性进行了分析，因此，在吊船打捞沉船工程中，一般并不需要对吊船稳性进行分析。但在起吊特殊力或在特殊环境下进行起吊时，仍然存在着对吊船稳性进行分析的可能；同时，了解吊船稳性计算与校核的一般过程、内容和方法，对于掌握吊船起吊的影响因素和影响规律，保证起吊安全是十分必要的。

吊船依靠船体支承在水面上，当起重机自重偏心或受到水平风力时，起重机和支承它的船体将产生倾斜。倾斜角度较大时，起重机就将产生较大的摇摆，当倾角增大到甲板入水或船底露出水面时，船体将会翻倒。吊船稳定分析就是计算船体最大允许倾角。

5.4.1 基于稳性的吊船设计要求

5.4.1.1 吊船稳定性计算

吊船受力倾侧的情况如图 5-19 所示。设吊船的总重（包括浮船、起重机自重及起升力）为 D，它的重心在离船底高度为 Z 的 G 点。若总重心位于平底船的中线，则浮力与重力重叠并通过中线，因而浮船不倾侧，即处于“正浮”位置（图 5-19a）。若总重心从 G 移向 K，则浮船倾侧，浮心也从 C 点移向 C_1，浮力作用线垂直于水平面并与浮船横剖面中线交于 m 点，m 点称为稳心。将总重力 D 的作用点移到 G 点再附加一力偶：$M_D = D \cdot e$，则受力不变。从图 5-19b 可得：

$$\tan \theta_{st} = e/h = \frac{M_D}{D \cdot h} \tag{5-61}$$

稳心在重心之上的高度 h 称为稳性高。根据船舶静力学理论，h 可按下式计算：

$$h = \frac{B^3 \cdot L}{12V} + \frac{T}{2} - Z \tag{5-62}$$

式中，e——总重的横向偏心距 GK；

V——总排水体积；

T——吃水；

L——平底船水线长，按平底船型长计算；

B——平底船水线宽，按平底船型宽计算；

Z——总重心与船底的垂直距离。

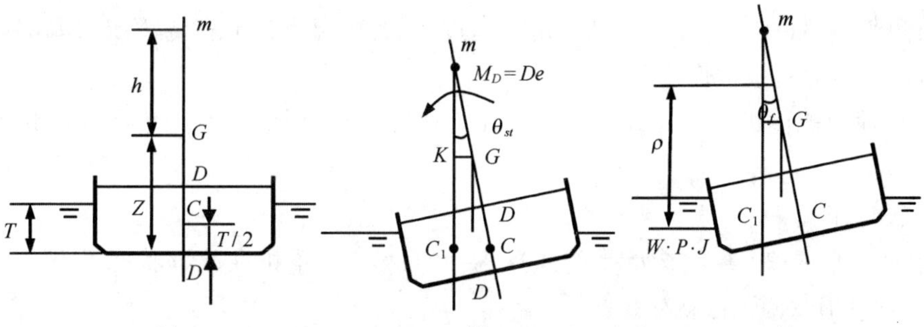

图 5-19 吊船倾角计算简图

若除偏心重力之外还受到水平力矩 M_H（风力及惯性力矩）作用，则附加的倾角为：

$$\tan \theta_H = \frac{M_H}{D \cdot h} \tag{5-63}$$

由于实际的倾角均很小（$\theta < 6°$），因此可用 θ 代替 $\tan \theta$。

如图 5-19b 所示，只要浮船不倾翻，在静态之下，吊船倾覆力矩总是与浮力产生的复原力矩相平衡。但是在突然施加或去除倾覆力矩时，船体将产生摆动，最后趋于静平衡位置。摆动达到的动倾角比式（5-62）计算的静倾角大，这点可用静稳性曲线来说明。图 5-20表示倾角从零开始的稳性曲线，横坐标表示浮船的倾角，纵坐标是由浮力产生的复原力矩。由图 5-20 可见，当浮船倾角增加时复原力矩也随之增加，随后，曲线斜率逐渐减小直至为零，接着复原力矩随倾角增大而减小，这意味着船底边已出水或甲板已入水。假定处于水平位置的浮船受到倾覆力矩的突然作用，倾覆力矩 M_D 所做的功（用图形面积 $oab\theta_{st}$ 表示）将大于倾角从零到静倾角 θ_{st} 所吸收的功，于是浮船继续倾侧直至动倾角为止，当稳性曲线为直线而且无阻尼时，动倾角 θ_d 是静倾角 θ_{st} 的两倍（ $\Delta o\theta_{st}b = \Delta bcd$ ）。

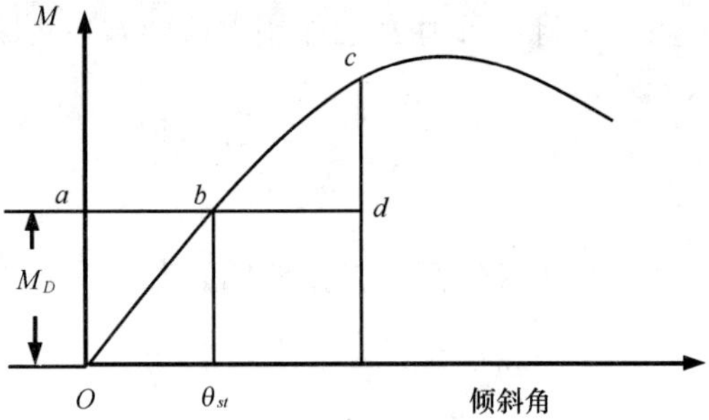

图 5-20　吊船的稳性曲线

5.4.1.2　吊船稳定性校核标准

吊船的稳性要求如下。

（1）吊船的稳定性设计应符合 GB/T 3811 起重机设计规范的有关规定，并应考虑船体最大静横倾角不超过 5°、最大静纵倾角不超过 2° 的情况下，能在港湾或对海浪有良好遮蔽的海域内安全而有效地作业。

（2）作业时船体最小干舷应大于 300 mm，并保证所形成的横倾角和纵倾角不超过出水角。

（3）设计工况

a. 作业时船体和上层结构承受的风速为 20 m/s，起重机在放置状态下并考虑相应的防风措施承受的风速为 55 m/s。

b. 设计浪高应大于 $L/20$ m（L 为船体长）。

5.4.2　吊船起吊中的稳性分析方法

对回转式吊船，当起重机回转时浮船倾斜的方向也随之变化。当起重机臂架垂直于船体纵中剖面时，船体横向的倾角最大，此角通常称为横倾角；当臂架平行浮船纵中剖面时，浮船的纵向倾角最大，此角通常称为纵倾角。稳性分析要分别对横倾角和纵倾角进行计算校核，并使它们小于规定的允许值。

稳性分析的工况为如下三种。

5.4.2.1　正常起吊状态下的稳性分析

为了保证吊船安全又平稳地工作，必须分析在自重、起升力和最大工作风力作用下的浮船静倾角，并使它小于规定的允许值。

正常工作状态的静倾角分满载和空载两种。

（1）满载状态下的稳性验算

满载状态规定为：起吊装置处于最大幅度，起吊该幅度下允许的最大力，起重机承受向前的最大工作风力（风力矩与起升力力矩同向）。

由于实际倾角很小，可近似地认为 $\tan\theta=\theta$ 。因此根据式（5-63）可导出满载静倾角的近似计算公式：

$$\theta_{st} = 57.3\,\frac{M_{Q+G} + M_w}{(Q + G)h} \tag{5-64}$$

式中，M_{Q+G} ——由起升力和起重机自重产生的倾覆力矩；

M_w ——起重机（包括沉船）总风力产生的倾覆力矩，计算方法见下节；

Q ——起升力，$Q = Q_0 + G_0$；

Q_0——起升的沉船的重力；

G_0——取物装置的重力；

G ——起重机的总自重。

式中系数 57.3 是将“rad”化为“°”而引进的常数，因此由式（5-64）计算得到静倾角单位是“°”。

（2）空载状态下的稳性验算

空载状态规定为：起吊装置处于最小幅度（即起重机臂架处于最高位置），起重机除受自身重力之外，还受到向后方向的最大工作风力的作用（风矩与自重总力矩同向）。空载状态的倾角近似计算公式如下：

$$\theta_{st} = 57.3\,\frac{M_{Q+G} + M'_w}{(Q + G)h'} \tag{5-65}$$

式中，M_{Q+G} ——起重机自重及取物装置质量产生的倾覆力矩；

M'_w ——臂架处于最高位置时最大工作风力矩，计算方法见下节；

h' ——空载（臂架位置最高）时的稳心高度。

5.4.2.2　沉船脱落时的稳性分析

沉船脱落时相当于臂架端部受到向上的弹性力作用，这时浮船将产生较大的动倾角。要分析最不利情况下的动倾角值，并保证在此动倾角下船底边不露出水面并具 300 mm 的干舷。沉船脱落验算的最不利工况是：臂架处于最高位置，最大工作风载向后作用[28]。

图 5-21 显示出吊船沉船脱落时浮船摆动情况。图中水线的转动代表浮船的摆动，θ_0 表示空载情况下浮船的静倾角。沉船脱落后，浮船将绕着空载静平衡位置摆动，摆动的角

振幅为：

$$\Delta\theta = \theta_{st} + \theta_0 \tag{5-66}$$

式中，θ_{st} 为臂架处于最高位置时空载、风载向后的静倾角。

从图 5-21 可见，在不考虑阻尼时，则最大动倾角为：

$$\theta_d = \theta_0 + \Delta\theta = \theta_{st} + 2\theta_0 \tag{5-67}$$

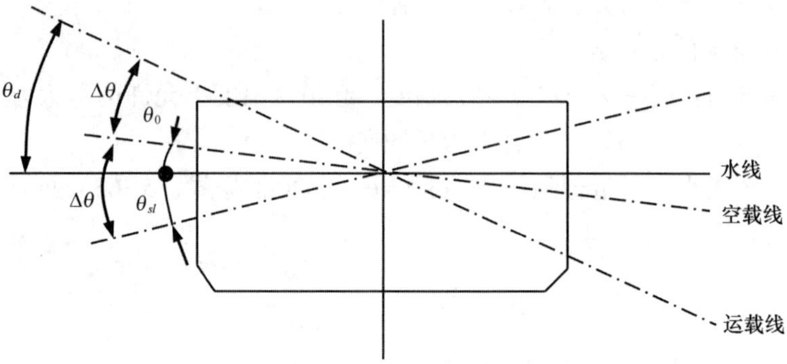

图 5-21　动倾角计算简图

考虑到浮船摆动时受到水的阻尼，上式等号右边第二项的系数 2 可用（1.6~1.7）系数取代。将有关的力矩代入上式，得动倾角的计算公式如下：

$$\theta_d = 57.3\left[(1.6 \sim 1.7)\frac{M_{Q+G} + M'_w}{(Q+G)h'} + \frac{M_{Q+G} + M_w}{(Q+G)h}\right] \tag{5-68}$$

计算的最大动倾角 θ_d 不应大于横向船舭出水角 θ_b：

$$\theta_b = \cot\frac{2d}{B} \tag{5-69}$$

同时，θ_d 也不应大于横向甲板入水角 θ_a：

$$\theta_a = \tan\frac{2f}{B} \tag{5-70}$$

式中，f——无载状态下平底船的干舷高度；

d——无载状态下平底船的吃水；

B——无载状态下平底船的船型宽。

5.4.2.3　非工作状态的稳性验算

非工作状态稳性是指在非工作最大风载作用下的最大动倾角不应大于 θ_a 和 θ_b，其验算条件为：由于起吊作业通常选择在气象较好的时间，吊船在工作状态下所受的风力较小，而在非工作可能受到较大的风力，对于最大风载甚至是考虑极限风力[29]。

$$\theta_d = 57.3\left[1.65\frac{M_{wm}}{Gh_n} + \frac{M_D}{Gh_n}\right] < \min(\theta_a,\ \theta_b) \tag{5-71}$$

式中，M_D——由起重机自重产生的倾覆力矩；

M_{wm} ——由非工作最大风载产生的倾覆力矩，计算方法见下节；

h_n ——非工作状态时吊船稳心高度。

式中的系数 1.65 是考虑风的突发作用引起的浮船的摆动影响。

5.4.3 风力计算

5.4.3.1 风力计算的说明

上两节的计算公式中都涉及风力作用的计算，但没有作详细的说明，因此，这里予以介绍。在介绍之前，需要作以下两点说明：

（1）工作风压

所谓工作风压就是允许起重机作业的最大风压，也就是说，当风压值达到这个极限值时，起重机就应该停止作业。这里就有一个如何识别实际的风压和如何给出信号的问题。最好的方法是在起重机的相应位置装设风速仪，当风速仪测到极限风速（风压）时，就自动切断起重机电源，或提前发出警示。表 5-10 所示是风压与风速的对照表，可供调试风速仪参考；如果风速仪装的位置不是离地，就应该按高度系数予以调整。表中风压与风速的关系可以按式计算得到，风速是指瞬时风速（平均）。表中还列出了风速与风级的对照，这只是近似的关系；如果不装风速仪，也可以根据天气预报的风级决定是否允许起重机作业。

表 5-10 风压与风速的对照

风压 p（N/m^2）	150	250	500	600	1 000	1 500
风速 v（m/s^2）	16	20	29	31	40	50
风级	6	7	9	9	11	12

（2）风压值

风压是指以一定的风速垂直方向吹向无限大的光滑实体表面而产生的压力。但起重机的挡风面都是有限的，而且是粗糙又漏空的。因此，在计算起重机挡风面的风力时，要乘以风力系数 C，以便考虑这些影响。另外，给出的计算风压是指离地 10 m 高层的值，随着高度的变化，还要乘以高度修正系数 K_h，于是，垂直于一个面积为 A 的挡风面的风力，按下式计算：

$$F_w = CK_hpA \tag{5-72}$$

5.4.3.2 高度变化修正系数

自然风的风速，或者说风压，是随离地高度按指数曲线增加的。设在离地高处的风压为 p，那么离地高度为危的风压 p_h 按式计算：

$$p_h = (\frac{h}{10})^{\alpha}p = K_hp \tag{5-73}$$

根据我国的风压统计资料，对海洋，指数 $\alpha = 0.30$。在实际设计计算中，由于工作风压对计算力的影响不大，为了简化计算，对工作风压的计算一律采用 10 m 高度的值，也就是说取 $K_h = 1$；而在非工作风压中则要乘高度修正系数。

5.4.3.3 风力系数

风力系数 C 与挡面的结构粗糙度和漏空的形式等有关，一般通过实验测得。表 5-11 给出了风力系数 C 的经验值，可供选择，现说明如下。

（1）对于单根型钢结构件，风力系数 C 与空气动力细长比 l/b 和 l/D 有关；对于圆管单根构件，还与 Dv_s 值有关，v_s 为风速；而对于矩形单根构件，还与矩形的两边比 b/d 有关。

（2）对于由钢管做成的桁架，C 只与 Dv_s 有关，由直边型钢制成的桁架，$C=1.7$。

表 5-11 风力系数 C 值

<table>
<tr><th rowspan="2">类型</th><th rowspan="2" colspan="2">说明</th><th colspan="6">空气动力长细比 l/b 或 l/D</th></tr>
<tr><th>≤ 5</th><th>10</th><th>20</th><th>30</th><th>40</th><th>≥ 50</th></tr>
<tr><td rowspan="8">单根构件</td><td colspan="2">轧制型钢、矩形型材、空心型材、钢板</td><td>1.30</td><td>1.35</td><td>1.60</td><td>1.65</td><td>1.70</td><td>1.90</td></tr>
<tr><td rowspan="2">圆形型钢构件</td><td>$Dv_s<6\ m^2/s$</td><td>0.75</td><td>0.80</td><td>0.90</td><td>0.95</td><td>1.00</td><td>1.10</td></tr>
<tr><td>$Dv_s \geq 6\ m^2/s$</td><td>0.60</td><td>0.65</td><td>0.70</td><td>0.70</td><td>0.75</td><td>0.80</td></tr>
<tr><td rowspan="5">箱形截面构件，大于 350 mm 的正方形和 250 mm×450 mm 的矩形</td><td>b/d</td><td colspan="6"></td></tr>
<tr><td>≥ 2</td><td>1.55</td><td>1.75</td><td>1.95</td><td>2.10</td><td>2.20</td><td></td></tr>
<tr><td>1</td><td>1.40</td><td>1.55</td><td>1.75</td><td>1.85</td><td>1.90</td><td></td></tr>
<tr><td>0.5</td><td>1.00</td><td>1.20</td><td>1.30</td><td>1.35</td><td>1.40</td><td></td></tr>
<tr><td>0.25</td><td>0.80</td><td>0.90</td><td>0.90</td><td>1.00</td><td>1.00</td><td></td></tr>
<tr><td rowspan="3">单片平面桁架</td><td colspan="2">直边型钢桁架结构</td><td colspan="6">1.70</td></tr>
<tr><td rowspan="2">圆形型钢桁架结构</td><td>$Dv_s<6\ m^2/s$</td><td colspan="6">1.20</td></tr>
<tr><td>$Dv_s \geq 6\ m^2/s$</td><td colspan="6">0.80</td></tr>
<tr><td rowspan="2">机器房等</td><td colspan="2">地面上或实体基础上的矩形外壳结构</td><td colspan="6">1.10</td></tr>
<tr><td colspan="2">空中悬置的机器房或平衡重等</td><td colspan="6">1.20</td></tr>
</table>

注：（1）单片平面桁架式结构上的风力可按单根构件的风力系数逐根计算后相加，也可按整片方式选用直边型钢或圆形型钢桁架结构的风力系数进行计算；当桁架结构由直边型钢和圆形型钢混合制成时，宜根据每根构件的空气动力长细比和不同气流状态（$Dv_s<6\ m^2/s$ 或 $Dv_s \geq 6\ m^2/s$，D 为圆形型钢直径，单位为 m），采用逐根计算后相加的方法。

（2）除了本表提供的数据之外，由风洞试验或者实物模型试验获得的风力系数值，也可以使用。

5.4.3.4 有效挡风面积

所谓有效挡风面积，就是迎风结构物在垂直风向平面上实际的投影面积，分下列几种情况。

（1）单片桁架结构

单片桁架结构的有效挡风面积按下式计算，通常是乘以挡风结构物的充满率，即：

$$A = \varphi \cdot A_0 \tag{5-74}$$

式中，A_0——单片桁架在垂直于风向平面上的轮廓面积；

φ——单片桁架迎风面的充满率，对于图 5-22 所示的桁架，φ 按下式计算：

$$\varphi = \frac{\sum_{i}^{n} l_i b_i}{LB} \tag{5-75}$$

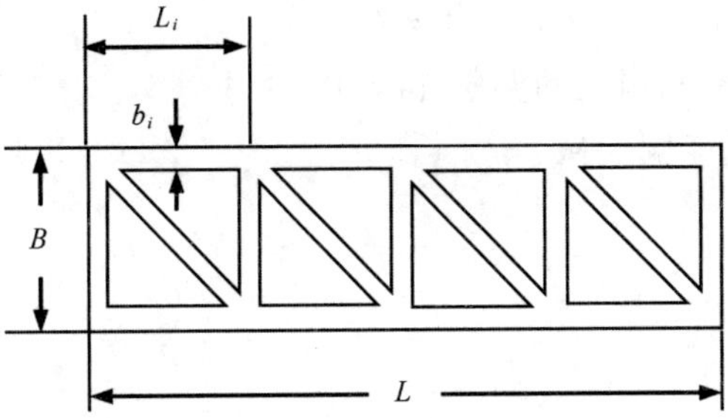

图 5-22　桁架充满率计算示意

（2）多片桁架结构

当多片桁架或其他构件相互重叠时，第一片和后面没有被遮挡部分的挡风面，其挡风面积仍然按单片的计算；被前面结构物挡住的面积仍会受到风力作用，但挡风面积要适当地减少，通常用折减系数 η 与面积 A 相乘，η 随间距与高度比 a/b 或 a/B 的值变化，a 为结构物间距，按表 5-12 选择。

表 5-12　挡风折减系数 η

间隔比 a/b、a/B	结构迎风面充实率 φ					
	0.1	0.2	0.3	0.4	0.5	0.6
0.5	0.75	0.40	0.32	0.21	0.15	0.10
1.0	0.92	0.75	0.59	0.43	0.25	0.10
2.0	0.95	0.80	0.63	0.50	0.33	0.20
4.0	1.00	0.88	0.76	0.66	0.55	0.45
5.0	1.00	0.95	0.88	0.81	0.75	0.68
6.0	1.00	1.00	1.00	1.00	1.00	1.00

（3）桁架式塔架

对于矩形桁架式塔架，风力系数 C 和折减系数同时考虑，可按表 5-13 选取。

表 5-13　矩形桁架式塔架的风力系数

由直边形型钢制成的塔架	1.7	
圆管制成的塔架	$Dv_s<6\ m^2/s$	1.4（1+η）
	$Dv_s\geq 6\ m^2/s$	1.4

注：表中 η 按上表中 $a/b=1$ 时的相应的值选取。

（4）当风向与挡风面的法线成 θ 角时，不仅面积要投影，而且风的反力也要投影，这时是把挡风面作两次投影，即挡风面积按下式计算：

$$A = A_{\theta}\cos^{2}\theta \tag{5-76}$$

式中，θ——挡风面的法线与风向的夹角（$\theta<90°$）；

A_{θ}——挡风物体的轮廓面积。

参考文献

[1] 张永刚.军事海洋学概论[M].北京:海潮出版社,2006.

[2] 小川阳弘.强潮流域における船の转覆にっぃて—Shear Flow 中の船体运动の计算にょる解析[J].日本航海学会论文集,1977,(57):119-128.

[3] M.Kashiwagi.A New Method for Calculating the Maneuvering Motion of a Ship in Non-uniform Current and Its Application in Naruto Kaikyou [J].日本航海学会论文集,1986,(75):55-67.

[4] 杨盐生,方祥麟.不均匀流中船舶操纵运动仿真模型及应用[J].中国造船,1998,140(1):30-34.

[5] 国际海事组织/国际民用航空组织.国际航空和海上搜寻救助手[M].人民交通出版社,2003.4.

[6] 刘汉明等.风、流、浪联合作用下的水面失事难船漂流运动仿真模型研究[C].中国救捞学会 2007 年度学术年会论文集,2007.8.

[7] 祝传刚,刘汉明.海上失事船舶搜寻救助辅助决策系统设计[C].救捞专业委员会 2006 年学术交流会论文集,2006.9.

[8] 杨雪帆等.船舶漂流分析平台开发的研究[J].武汉理工大学学报,2006,(2):23-28.

[9] 刘汉明.救捞工程土壤力学实验系统的设计研究[C].西安:第六届中国国际救捞论坛论文集,2010:136-139.

[10] 隋吉林.基于 ANSYS 模拟潜坐结构吸附力[J].中国水运,2009,(6):193-195.

[11] 张富刚,钟后阳,曾广会.打捞吸附力数值模拟研究[C].上海:第八届中国国际救捞论坛论文集,2014:158-163.

[12] 赵孟信."长征"轮打捞中关于扳正力的分析[J].航海技术,1995,4:76-78.

[13] 汤久望,何绍华,高久好.液力传动机程机械推土作业过程动态仿真与分析[J].中国机械工程学报,2006,4(4):410-414.

[14] 任露泉.土壤黏附力学[M].北京:机械工业出版社,2011.3.

[15] 仲宇,吴钟权.游泳推进力与阻力测试系统的研制[J].西安体育学院学报,2005,22(5):64-67.

[16] 缴桂越.游泳阻力测量设备分析[J].首都体育学院学报,2006,18(4):63-65.

[17] 李润培.海洋平台强度分析[M].上海:上海交通大学出版社,1992.2.

[18] 刘汉明,韩伟.基于定位锚和水鼓的救捞船混合多点系泊系统定位能力研究[J].大连海事大学学报,2010,36(2):15-18.

[19] 夏运强,李华军.水鼓式防风单点系泊系统研究与应用[D].中国海洋大学博士研究生学位论文,2007.6.

[20] 中华人民共和国国家军用标准——防风系船水鼓(GJB1119A-2006)[S].国防科学技术工业委员会,2006.5

[21] 张峥.某型救生船的流体动力性能和动力定位能力评估[J].船舶,2007,(3):19-23.

[22] 刘正锋,刘长德,匡晓峰等.模拟退火算法在动力定位能力评估中的应用[J].船舶力学,2013,17(4):376-382.

[23] 穆岩,陈黎明,祝捷等.深潜救生艇收放装置关键技术研究[J].船舶科学,2009,31(5):116-119.
[24] 王学林,尤心一,胡于进.规则波作用下起重船吊重动力学仿真[J].中国机械工程,2010,9(21).
[25] 任会礼,王学林等.起重船吊物系统动力响应仿真分析[J].系统仿真学报,2007,19(12):23-29.
[26] 朱军,李炜.浪作用下缆船拖带系统非线性运动数值模拟[J].海洋工程,2006,24(3):56-62.
[27] 曾广会,朱军,邵优华.风作用下缆船拖带非线性系统运动数值模拟[J].海军工程大学学报,2006,18(6):96-101.
[28] 张明霞,夏益美.起重船吊重跌落后的动静稳性分析[J].中国造船,2009,50(3):74-83.
[29] 陈帅,王雷,王彪.浮吊船的动力计算与安全分析[J].船海工程,2009,38(1):12-15.